suhrkamp taschenbuch 5133

Als Extremismusforscherin stellen sich Julia Ebner folgende Fragen: Wie rekrutieren, wie mobilisieren Extremisten ihre Anhänger? Was ist ihre Vision der Zukunft? Mit welchen Mitteln wollen sie diese Vision erreichen? Um Antworten zu finden, schleust sich Julia Ebner ein in zwölf radikale Gruppierungen quer durch das ideologische Spektrum. Sozusagen von der anderen Seite beobachtet sie Planungen terroristischer Anschläge, Desinformationskampagnen, Einschüchterungsaktionen, Wahlmanipulationen. Sie erkennt, Radikalisierung folgt einem klaren Skript: Rekrutierung, Sozialisierung, Kommunikation, Mobilisierung, Angriff.

Julia Ebner, geboren 1991 in Wien, forscht am Institute for Strategic Dialogue in London zu Online-Extremismus. Sie arbeitet mit zahlreichen Regierungsorganisationen und Polizeiorganen zusammen, sie ist Online-Extremismus-Beraterin der UN, NATO und der Weltbank. Sie schreibt regelmäßig für den *Guardian* und die *Süddeutsche Zeitung*, war unter anderem bei Markus Lanz, den Tagesthemen und dem heute-journal zu Gast. Ihr Buch *Wut. Was Islamisten und Rechtsextreme mit uns machen* war ein SPIEGEL-Bestseller. *Radikalisierungsmaschinen* wurde 2020 als »Wissenschaftsbuch des Jahres« vom österreichischen Bundesministerium für Wissenschaft und Forschung ausgezeichnet, war ebenfalls ein SPIEGEL-Bestseller und stand auf der Sachbuch-Bestenliste.

Julia Ebner

Radikalisierungs-maschinen

Wie Extremisten die neuen Technologien nutzen und uns manipulieren

Aus dem Englischen von
Kirsten Riesselmann

Suhrkamp

Erste Auflage 2021
suhrkamp taschenbuch 5133

Suhrkamp Taschenbuch Verlag

Umschlaggestaltung: Brian Barth, unter Verwendung
eines Motivs von iStockphoto (Foto: Alexey Boldin)
Satz: Satz-Offizin Hümmer GmbH, Waldbüttelbrunn
Druck und Bindung: CPI books GmbH, Leck
Printed in Germany
ISBN 978-3-518-47133-3

Radikalisierungs-maschinen

Für meine Eltern

Inhalt

5 *Mobilisierung*

6 *Angriff*

Christchurch: Ein Nachtrag

Einführung

Im März 2016 fingen Drucker überall in den USA plötzlich an, Neonazi-Flyer auszudrucken. Bei den Bundestagswahlen im September 2017 verdankte sich der Kampagnenerfolg der AfD zu großen Teilen den Aktivitäten der Troll-Armee Reconquista Germanica. Ein Jahr später launchte die Hamas eine gefakte Dating-App und attackierte Hunderte Soldaten der israelischen Armee mit einer Schadsoftware, die sich hinter den gestohlenen Profilen junger Frauen verbarg. Das gesamte Jahr 2018 über bekam das Lager der Brexit-Hardliner massive Unterstützung vom internationalen verschwörungstheoretischen Netzwerk QAnon. Kurz vor Weihnachten 2018 stellten rechte Hacker die privaten Daten von Hunderten deutscher Politikerinnen und Politiker ins Netz. Im März 2019 ging der Live-Stream des antimuslimischen Terroranschlags in Neuseeland mit 1,5 Millionen geteilten Videos viral.

Neue Technologien haben Extremisten neue Plattformen zur Anwerbung sowie neue Handlungsfelder beschert. Sie haben gleichzeitig auch bewirkt, dass Extremisten heute stärker miteinander vernetzt sind als jemals zuvor. Nationalistische Bewegungen sind transnational geworden. Sie haben globale Armeen aus digitalen Soldaten aufgebaut. Man geht davon aus, dass die sozialen Medien in 90 Prozent aller Radikalisierungen eine virulente Rolle spielen und für einen signifikanten Anteil terroristischer Aktionen Unterstützung generieren.

Das Wechselspiel von Technologie und Gesellschaft ist

schon seit langem ein zentraler Faktor bei radikalen Umbrüchen. 1936 schrieb Walter Benjamin, der Aufstieg des Faschismus sei von Erfindungen wie dem Siebdruck und der frühen Fotokopiertechnik befördert worden, weil diese die öffentliche Wahrnehmung von Medien, Kunst und Politik verändert hätten. Das Aufkommen technologisch progressiver, sozial jedoch regressiver Bewegungen war formgebend für die Machtdynamiken im Europa des 20. Jahrhunderts.

In diesem Buch stelle ich die These auf, dass wir momentan erneut Zeugen einer toxischen Paarung aus ideologischer Vergangenheitssehnsucht und technologischem Futurismus werden, die möglicherweise der Politik des 21. Jahrhunderts die Richtung weist. Die Radikalisierungsmaschinen, die die heutigen Extremisten zusammenbauen, sind technisch auf dem neuesten Stand: Sie sind künstlich intelligent, emotional manipulativ und wirken mit Macht in die Gesellschaften hinein. In ihnen verschränken sich Hightech und Hypersozialität, mit dem Ziel, Gegenkulturen hervorzubringen, die die Jungen, Wütenden und Technologieaffinen ansprechen. Sollten diese Maschinen Wirkung zeigen, könnten sie potenziell zu einer gefährlichen Triebkraft der Veränderung werden. Sie würden dann nicht nur die Erscheinungsformen von Extremismus und Terrorismus verändern, sondern auch unsere Informationssysteme und demokratischen Prozesse neu definieren und in der Folge unsere größten bürgerrechtlichen Errungenschaften rückgängig machen.

Als ich sieben war, wollte ich Tornados erforschen. Meine Standardantwort für alle Erwachsenen, die eine Erstklässlerin unbedingt fragen mussten, was sie denn später mal werden wolle, lautete: »Sturmjägerin!« Ich hatte den Film

Twister im Kino gesehen und war fasziniert von der Geschwindigkeit, Gewalt und Unvorhersagbarkeit von Wirbelstürmen. Meine *Twister*-Helden kamen zu dem Schluss: Um einen Tornado vollständig begreifen und dann angemessene Warnsysteme entwickeln zu können, muss man sich in sein Zentrum begeben.

Heute verfolge ich beruflich keine Stürme, sondern Extremisten. Was in vielerlei Hinsicht gar kein so großer Unterschied ist. Genau wie Stürme bewegen sich auch Extremisten schnell, haben ein hohes zerstörerisches Potenzial und können ständig die Richtung wechseln. Bei meiner Arbeit im Londoner Institute for Strategic Dialogue (ISD) beobachte ich extreme Bewegungen in Europa und Nordamerika, berate Regierungen, Sicherheitsdienste und Tech-Unternehmen. Trotzdem bleiben meine Einblicke einseitig: Sie liefern mir nur die Katzenperspektive auf dieses Katz-und-Maus-Spiel zwischen denjenigen, die unsere Demokratien stören und ins Wanken bringen wollen, und denjenigen, die sie zu beschützen suchen. Im Laufe der letzten Jahre wurde mir klar: Um zu verstehen, was dieses ganze Chaos um uns herum anrichtet, muss man ins Innere vordringen, in die Maschinenräume, dorthin, wo die Motoren extremistischer Bewegungen laufen, wo sie aber eben auch beobachtet und erforscht werden können. Wie mobilisieren die extremen Ränder ihre Unterstützer, wie ziehen sie anfällige Individuen hinein in ihre Netzwerke? Welche Vorstellungen von der Zukunft haben sie und wie wollen sie diese umsetzen? Wie sieht die soziale Dynamik aus, die Mitglieder bei einer Gruppe bleiben lässt, und wie entwickelt sie sich weiter?

Um hierauf Antworten zu bekommen, war ich zwei Jahre

undercover unterwegs: Ich habe mir fünf unterschiedliche Identitäten zugelegt und bin einem Dutzend technikaffiner extremistischer Gruppen einmal quer durchs ideologische Spektrum beigetreten – Dschihadisten, christlichen Fundamentalisten, weißen Nationalisten, Verschwörungstheoretikern, radikalen Frauenfeinden und Hackern. Bei der Arbeit war ich die Katze, in meiner Freizeit jedoch lief ich zu den Mäusen über. Meine Recherchen haben mich an einige sehr seltsame und manchmal auch gefährliche Orte gebracht, sowohl on- als auch offline. Ich habe beobachtet, wie Extremisten Terroranschläge planen, Desinformationskampagnen starten und Einschüchterungsfeldzüge koordinieren.

Die Masse von widerwärtigem Content, auf den ich im Laufe dieser Zeit gestoßen bin, war ernüchternd, die Zahl der daran beteiligten jungen Menschen bedrückend. Oberflächlich betrachtet haben die Gruppierungen, denen ich mich angeschlossen habe, nur wenig gemeinsam. Aber ihre interne Funktionsweise ist doch sehr ähnlich: Ihre Anführer generieren geschützte soziale Blasen, in denen sie zu antisozialem Verhalten im Rest der Welt aufrufen. Und ihre Mitglieder verbreiten rund um den Globus antiglobalistische Ideologien und nutzen hochmoderne Technik, um ihre antimodernen Visionen Wirklichkeit werden zu lassen.

Dieses Buch beleuchtet unterschiedliche Aspekte des Lebens in extremistischen Gruppierungen. Die einzelnen Kapitel behandeln verschiedene Stadien im Radikalisierungsprozess: von der Rekrutierung und der Sozialisierung über die Kommunikation, Vernetzung und Mobilisierung bis hin zur geheimen Planung von Angriffen. Am Ende ziehe ich Bilanz und denke über Ausmaß und Art der an uns gestellten Herausforderung nach. Dabei stelle ich eine Reihe innovativer und mutiger Initiativen vor, die das Potenzial haben, für eine kommende Generation, die global etwas verändern will, Vorbild und Ideengeber zu sein.

1 Rekrutierung

Das Internet und die neuen Technologien haben die Rekrutierung von neuen Leuten deutlich einfacher gemacht, sowohl für Top-Arbeitgeber als auch für radikale Gruppierungen. Die Reichweite eines Gesuchs kann nach Belieben vergrößert werden, der Auftritt der eigenen Marke beständig an die Zielgruppe angepasst und die Sicherheitsüberprüfung möglicher Kandidatinnen und Kandidaten spielerisch gestaltet werden. Um labile, empfängliche junge Menschen in ihre Netze zu locken, nutzen Extremisten das gesamte technologische Spektrum: von aggressiven Anwerbekampagnen in den sozialen Medien bis hin zu intensiven Überprüfungsphasen mit verschlüsselten Apps. Spektakuläre Aktionen, die man in der realen Welt durchführt, streamt man live und lässt sie so auf Facebook und Twitter trenden, um auch über sein bereits angestammtes Publikum hinaus Aufmerksamkeit zu bekommen. Bestimmte Communitys im Netz versucht man entweder mit direkten Referenzen auf die aktuelle Jugendkultur oder mit Gamer-Wortschatz zu kriegen, und Neumitglieder fordert man auf, Ergebnisse von Gentests online zu stellen und sich auf Live-Voice-Interviews einzulassen. Das folgende Kapitel taucht ein ins Rekrutierungsprozedere einer US-amerikanischen Neonazigruppe und der rechtsextremen Identitären Bewegung in Europa.

Whites Only: Angeworben von Neonazis

»Wo bin ich denn hier gelandet?«, will Bryan wissen.

»In einer rechtsnationalen Diskussionsgruppe, die sich vor allem mit Rassefragen, Volkstum, Spiritualität, Philosophie, Ästhetik und Literatur beschäftigt«, antwortet ihm der Administrator. Er heißt Aldritch. Aldritch ϟ, um genau zu sein.

»Um Zugang zu erhalten zu den nur für Mitglieder offenen Kanälen, schick ein Foto von deiner Hand oder deinem Handgelenk, zusammen mit einem Stück Papier, auf dem steht: MAtR– dein Benutzername – Zeitstempel«, weist er alle Neulinge an.

»Dann beantworte folgenden Fragebogen:

Q1. Wie sieht deine Abstammungslinie aus (so vollständig, wie du sie kennst)?
Q2. Wie alt bist du?
Q3. Wie würdest du deine politische Haltung beschreiben?
Q4. Welche religiösen bzw. spirituellen Einstellungen hast du?
Q5. Bist du homosexuell oder anderweitig sexuell anormal?«

Kurze Zeit später erscheint ein Foto von Bryans Hand im Chatroom, begleitet von einer Entschuldigung für den knallblauen Widerschein von seinem Laptop.

»Kein Problem«, schreibt Aldritch ϟ. Bryans Hand ist weiß genug, um ihn in die Gruppe zu lassen. Bryan behauptet, finnischer Abstammung zu sein, mit ein paar europäischen und indianischen Einflüssen.

Er ist 17 Jahre alt und beschreibt sich als Nationalanarchisten und finnischen Neuheiden, einen so genannten Suomenusko. »Aber leider muss ich sagen, dass ich mal schwul war, was an meiner Degeneriertheit lag«, schreibt er. »Aber mehr als hin und wieder so ein Gedanke war es eigentlich nicht, und ich bin dabei, meinen Kopf von solchen Gedanken frei zu kriegen.«

Ein paar Tage später ist Bryan nicht mehr da. Statt seiner taucht Jason auf im Anwerbe-Hub des rechtsradikalen Online-Kanals.

»Ich stehe jetzt schon auf massenhaft Watchlists«, schreibt er, »und ich bin erst 14.«

»Aber weiß bist du schon? ;)«, fragt Aldritch ϟ, selbst Anglo-Bulgare mit deutschen, schottischen und kroatischen Wurzeln auf der mütterlichen Seite. Niemanden in der Gruppe scheint es zu stören, dass Jason noch minderjährig ist.

»2% Nigger – und ab in die Mülltonne mit dem 23andMe-Test«, kommt Jasons Antwort prompt zurück. Der Junge stellt eine Kopie seines Gentests in die Gruppe, um sein Weiß-Sein zu belegen. »War nurn Scherz, ich bin zu drei Vierteln Deutscher und zu einem Viertel Este.«

Deus Vult, ein zweiter Administrator, betritt den Chatroom und schickt ihm darauf gleich ein Grinsegesicht-Emoji. »Wusstest du, dass Alfred Rosenberg, der Führer der NSDAP während Hitlers Zeit im Gefängnis, zu einem Viertel Este war?«

Mir läuft es bei dieser Unterhaltung kalt den Rücken hinunter, und ich trinke mein Glas Wein in einem Zug aus, um es etwas erträglicher zu machen.

»Hallo, bist du eine Frau?«, wendet sich Deus Vult via Direktnachricht an mich, als hätte er über den Bildschirm die Qual in meinem Gesicht gesehen.

Ich zögere. Tagelang habe ich mich bedeckt gehalten und bin nur so im Eingangsbereich der Neonazi-Chatgruppe herumgeschlichen.

Mein Username Jen Malo klingt aber auch verdächtig unschuldig. Als ich mich umsehe, entdecke ich kaum einen Namen ohne Bezug auf entweder die NS- oder die Alt-Right-Symbolik. Deus Vult, der Schlachtruf der Kreuzritter – lateinisch für »Gott will es« –, ist da eher noch von der harmloseren Sorte. In vielen Namen kommen die Buchstabenkombinationen ›WP‹ (für ›White Power‹) oder ›W. O. T. A. N.‹ (für ›Will of the Aryan Nation‹) vor. Andere beinhalten die Zahlen 4/20, die auf Hitlers Geburtstag verweisen, oder die ›14‹, die sich auf die ›Fourteen Words‹ bezieht (»We must secure the existence of our people and a future for White children«), oder auch gleich die ›88‹ als Bezugnahme auf die Initialen ›HH‹ (›Heil Hitler‹). Aldritch ϟ ist mit seiner Kombination aus SS-Rune und dem recht willkürlich wirkenden Ausdruck der Bewunderung für Aldrich Ames, einen Doppelagenten im Kalten Krieg, ein klarer Außenseiter.

»Ja, ich bin eine Frau«, antworte ich schließlich. Habe ich zu lang gewartet?

»Keine Sorge, wir nehmen auch Frauen«, schreibt Deus Vult. »Hast du ein paar Minuten für einen Voice-Chat?«

Dass es früher oder später dazu kommen würde, war mir klar, sinnlos also, das Ganze zu vertagen.

»Bereit?« Ich versuche, mir ein Gesicht hinter dieser Stimme vorzustellen. Ist er jung oder alt? Schwer zu sagen, es gibt heutzutage keine prototypischen Neonazis mehr.

»Klar.« So bereit man eben sein kann für ein Gespräch mit einem Nazi.

Meine Hände auf der Tastatur zittern, aber ich bemühe mich, meiner Stimme einen festen Klang zu geben. Die Buchstaben ›MAtR‹ stehen groß auf meinem Handgelenk. Sie sind die Abkürzung für *Men Among the Ruins*, dem einflussreichsten Buch des italienischen Philosophen Julius Evola. Evola, ein früher völkischer Vordenker eines spirituellen Rassismus, war Ideengeber für Benito Mussolinis faschistisches Regime. Er arbeitete auch für die SS, deren Führer Heinrich Himmler er bewunderte. Er wies es weit von sich, ein Faschist zu sein, und bevorzugte stattdessen die Bezeichnung ›Superfaschist‹. Nach dem Zweiten Weltkrieg blieb sein Entwurf einer gesellschaftlich-politischen Ordnung, die auf strengen Hierarchien, charakterlichen Eigenschaften, Rasse, Mythen, Religion und Ritualen beruht, für rechtsextreme Terroristen und Neofaschisten in Italien eine wichtige Inspirationsquelle. Heutzutage lassen sich Evolas Bücher gut an die Alt-Right-Bewegung verkaufen. Sogar Stephen Bannon, Präsident Trumps vormaliger politischer Berater, zitiert aus seinen Schriften. Laut Gianfranco De Turris, in Rom lebender Evola-Biograf und Vorstand der Evola-Stiftung, ist es »das erste Mal, dass ein Berater des amerikanischen Präsidenten Evola kennt oder vielleicht sogar eine traditionalistische Vorbildung hat.«

»Dein Sicherheitscheck ist erfolgreich abgeschlossen«, schreibt Deus Vult nach einem kurzen Voice-Chat, in dem ich ihm sage, was er hören will: »Ich bin Weiße, von der Nationalität her Österreicherin und habe ausschließlich europäische Vorfahren. Ich glaube, dass unser genetisches und kulturelles Erbe durch die Masseneinwanderung aus dem Ausland bedroht ist, und sorge mich um die Zukunft meiner Kinder, die in einem multikulturellen Europa aufwachsen müssen.« Warum ich Mitglied der Gruppe werden will? »Um ehrlich zu sein, weiß ich noch nicht so ganz, was mich erwartet, aber ich weiß sicher, dass ich Kontakt haben will mit Gleichgesinnten und dass ich erfahren möchte, wenn Aktionen geplant sind für die patriotische Revolution in den USA und in Europa.«

»Willkommen bei MAtR.«

Ich betrete den Hauptraum der Chatgruppe und sehe mich um. Dort treffe ich auch Jason wieder, der seinen Namen mittlerweile in ›General Jason‹ abgeändert hat. Der Titel will mir passend scheinen, ist doch der gesamte Kanal streng hierarchisch und nach militärischen Rängen organisiert. Der Server hat ein paar Dutzend Mitglieder von überall auf der Welt. Auf den ersten Blick sichte ich Leute, die sich als Amerikaner, Kanadier, Südafrikaner, Europäer und Australier zu erkennen geben. Da ist ein christlich aufgewachsener Kanadier Anfang 20, der behauptet, an »esoterischem Hitlerismus« interessiert zu sein, ein 16-Jähriger, der sich als »Nationalsozialist aus Litauen« bezeichnet und sich an die Traditionen der Romuva-Religion hält, sowie eine »komplett areligiöse, agnostische« 17-Jährige aus Neuseeland, die erst seit kurzem in den USA lebt. Die Unterhaltungen sind so unterschiedlich wie die an diesem Austausch Beteiligten. Mal geht es darum, ob Jesus Jude war oder nicht, dann wieder darum, ob Trump und Kim wohl miteinander klarkommen werden. Aber Genetik und Biologie scheinen bei allen Lieblingsthemen zu sein.

»Also, was weißt du über Gentests?«, wird Jason von einem gewissen Mr White gefragt.

Mr White ist 32 und seit seinem 15. Geburtstag »Teil der Bewegung«, wie er schreibt. Wenn Neonazis von ›der Bewegung‹ sprechen, meinen sie üblicherweise nationalsozialistische Netzwerke, was aber heutzutage alles sein kann von einer konkreten Gruppenmitgliedschaft bis hin zu einem losen Online-Zusammenschluss von Menschen, die sich noch nie getroffen haben und die im echten Leben vielleicht auch nie aufeinandertreffen werden.

»Um ehrlich zu sein: nicht viel. Aber ich möchte gern mehr darüber erfahren.«

»Verständlich«, antwortet Mr White. »Ich habe mich tiefergehend damit beschäftigt, weil es doch extrem schwierig geworden wäre, an meinen rassischen Überzeugungen festzuhalten, wenn meine Abstammung damit über Kreuz gelegen hätte. Aber auch ich habe im besten Fall nur ein oberflächliches Verständnis von Genetik«, räumt er ein.

Mr White ist nicht der einzige Verfechter der Überlegenheit der weißen Rasse, der über jedes einzelne Prozent seiner Abstammung Bescheid wissen will. Viele Rechtsextreme haben geradezu eine Besessenheit in Sachen Genetik entwickelt. Von den Dutzenden geschlossener Chatgruppen, die ich im Laufe der Jahre 2017 und 2018 beobachtet habe, verlangte mindestens die Hälfte von ihren Mitgliedern eine detaillierte Offenlegung ihrer genetischen Abstammung. Manche wollten als Teil des Bewerbungsverfahrens sogar die Ergebnisse eines Gentests sehen.

Vor diesem Hintergrund bin ich nicht überrascht zu lesen, dass 23andMe, Ancestry, MyHeritage und andere Gentestanbieter seit dem Sommer 2016 einen noch nie da gewesenen Anstieg ihrer Verkaufszahlen verzeichnen. 2017 ließen mehr Menschen ihre DNA analysieren als in sämtlichen Jahren zuvor zusammengenommen. Aber die Testergebnisse ihrer genetischen Abstammung passen bei Rechtsextremen und weißen Nationalisten nicht immer zu ihrem Reinheitsanspruch, was schwere Identitätskrisen bei ihnen auslösen kann. Wenn deine vorrangigen Sündenböcke Juden und Muslime sind und du Schwarze und Araber für biologisch minderwertig hältst, kann die Erkenntnis, dass du selbst zu einem Viertel jüdisch und zu einem Achtel Marokkaner bist, doch ein kleines Bisschen unangenehm sein.

Auch wenn neue Technologien Radikalisierungsdynamiken tendenziell verstärken, können sie im Fall von Gentests tatsächlich auch den gegenteiligen Effekt haben: Die kognitive Dissonanz, die sich auftut, wenn die monoethnischen Ideale einer imaginären Zukunft auf die multiethnische Realität der eigenen Vergangenheit treffen, kann eine tiefgreifende Einstellungs- und Verhaltensänderung bewirken.

Aaron Panofsky, Soziologe an der Universität von Kalifornien in Los Angeles, und Joan Donovan vom Data & Society Research Institute haben in Foren der Neonazi-Plattform Stormfront Diskussionen rund um das Thema der genetischen Abstammung analysiert. Dabei haben sie herausgefunden, dass viele, die ein unerwünschtes Testergebnis bekommen, trotzdem versuchen, ihre politischen Ansichten mit ihrer multiethnischen Abstammung in Übereinstimmung zu bringen, und sich dabei einer verqueren Logik bedienen.

»Man würde denken, dass Mitglieder des Forums in einem solchen Fall sagen: ›Raus mit dir! Wir wollen dich hier nicht!‹«, schreibt Panofsky. »Stattdessen aber finden sie Mittel und

Wege, die Mitglieder ihrer Community zu unterstützen und sie in der Gruppe zu halten.«

Manchmal führen jedoch Verdrängungsmechanismen auch zur Verstärkung der rassistischen Überzeugungen. Im schlimmsten Fall kann es zu einer Eskalation und immer absurderen Verschwörungstheorien kommen, die es den Betroffenen dann gestatten, die Gültigkeit ihrer Testergebnisse komplett in Frage zu stellen. Laut Mr White zum Beispiel werden die Gentests vom so genannten ›ZOG‹, dem ›Zionist Occupied Government‹, absichtlich verfälscht, auch das ein Teil des geheimen Plans zur Auslöschung der weißen Rasse. Er schreibt: »Um ehrlich zu sein: Seit dem Artikel letztens, darüber, dass 23andMe manipuliert wird, damit den Kunden in ihren Gutachten mehr aschkenasische und subsahara-afrikanische Anteile angezeigt werden, fällt es mir schwer, überhaupt noch in irgendetwas zu vertrauen.« Die Überzeugung, dass ihr Leben in jeglicher Hinsicht von den Juden, den ›globalen Eliten‹ oder den ›Kulturmarxisten‹ beherrscht wird, sitzt so tief, dass sich kaum etwas finden lässt, was für ihre Augen nicht manipuliert aussieht. Und auch die Gentest-Anbieter 23andMe und Ancestry sind von diesem umfassenden Misstrauen nicht ausgenommen.

Misstrauen ist eine der Konstanten, die Menschen in rechtsextreme Kanäle im Internet treibt. Dass sie dann dort bleiben, hat andere Gründe: Spaß, Freundschaft und Sinnstiftung. »Es war mir ein Vergnügen«, schreibt Mr White. »Ich bin regelrecht schockiert darüber, wie viele intelligente Menschen hier unterwegs sind. Ich bin's eher gewohnt, mit Babyboomern über die guten alten Zeiten zu quatschen.« Andere drücken ihre Zustimmung aus: »Lol. Ja, mir macht es hier in diesem Chatroom auch immer viel Spaß«, schreibt einer.

Worte wie ›Spaß‹ und ›Vergnügen‹ wollen in einen Chatroom, der mit »Juden ins Gas! Rassenkrieg jetzt!« aufmacht, nicht so recht hineinpassen. Aber die Allianz von Spaß und Hass ist – genau wie die Schnittmenge von menschlichem und unmenschlichem Verhalten – weder überraschend noch neu. Über hundert der von dem SS-Offizier Karl-Friedrich Höcker während der Nazizeit gesammelten Fotografien zeigen Angehörige des Personals von Konzentrationslagern, die sich auf dem Höhepunkt der Massenvernichtung durchaus gut amüsieren. Während im Sommer 1944 Hunderttausende ungarischer Juden gefoltert und ermordet werden, sieht man das SS-Personal von Ausschwitz 30 Kilometer südlich des Konzentrationslagers im Erholungsheim Solahütte beim Trinken, Singen und Feiern. Das Höcker-Album ist eine schmerzhafte Erinnerung daran, dass sogar Menschen, die unvorstellbare Grausamkeiten begehen, in vielerlei Hinsicht menschlich bleiben: Man genießt gemeinsame Mahlzeiten mit der Familie, ausgelassene Trinkabende mit den Freunden und gelegentlich einen Flirt mit der Kollegin, auf die man ein Auge geworfen hat.

Der Spaßfaktor ist auch heute noch der Dreh- und Angelpunkt, wenn man vorhat, rechtsextreme Ideologien und Verschwörungstheorien gesellschaftlich hoffähig zu machen. Im Vorfeld der US-Präsidentschaftswahl 2016 haben Ironie und grenzüberschreitender Humor den Akteuren am äußeren rechten Rand stark dabei geholfen, für junge Leute attraktiv zu werden. Nachdem ich ein paar Wochen im MAtR-Chatroom verbracht, die nächtlichen Diskussionen verfolgt und bei Voice-Chats mitgehört habe, beginne ich zu begreifen, dass der Spaß am Tabubruch ein Mittel gegen Langeweile und virtuelles Zugehörigkeitsgefühl ein Gegengift gegen Einsamkeit sein kann. Die Mitglieder teilen hier ihre intimsten Erfahrungen, Ängste und Wünsche miteinander und entwickeln eine gemeinsame Sprache, eine gemeinsame Symbolik und sogar Insiderwitze. Schritt für Schritt werden die namen- und gesichtslosen Fremden auf der Plattform zu einem Ersatz für Familie und Freunde.

Hat man das erst mal begriffen, versteht man vielleicht etwas besser, warum MAtR-Mitglieder sich an mehreren Tagen pro Woche in diese kleine Echokammer begeben. Wie aber kommt ein Online-Kanal wie dieser überhaupt zustande? Sagt da jemand: ›Hey, lasst uns doch mal einen Neonazi-Chat für Gamer aufmachen!‹? Wird diskutiert, ob man als Logo lieber das Hakenkreuz oder die Wolfsangel nimmt, gibt es eine Auseinandersetzung darüber, ob Neulinge mit dem Runenalphabet oder doch besser mit kryptischen Emojis begrüßt werden?

Fast. Den Server MAtR hat im Sommer 2017 jemand mit dem Alias ›Comrade Rhodes‹ aufgesetzt. Während seine Freunde draußen grillten und schwimmen gingen, saß er vor seinem Computer und dachte darüber nach, wie er seine nationalsozialistische Ideologie am besten ins Herz der Gesellschaft befördern könnte. »Okay, unser erstes Ziel ist es, hierfür ca. 300 Mitglieder zu gewinnen«, schrieb Aldritch ᛋ am Tag 1 von MAtR.

»Aber wo kriegen wir die Leute her?«, wollte ein gewisser Comrade Rhodes wissen.

»Ich richte einen Check-Channel ein und bearbeite den,

wenn ich am PC sitze. Gegen elf heute Abend fange ich an, Einladungen rauszuschicken.«

Die ersten Wochen waren für die Initiatoren ein leichtes Spiel. Niemand hatte sie auf dem Schirm, niemand beobachtete sie, weder Sicherheitskräfte noch Tech-Firmen schenkten den Kampagnen, die sie sowohl on- als auch offline anschoben, irgendwie Beachtung. MAtR war einfach einer von Dutzenden ähnlich gesinnter Kanäle auf der verschlüsselten Gaming-App Discord und einer von Hunderten im Internet. Aber mit dem 12. August 2017 veränderte sich die Atmosphäre, in der Aldritch ϟ und Comrade Rhodes ihrer Tätigkeit nachgehen konnten.

Nachdem in Charlottesville die Aufmärsche von Neonazis und weißen Nationalisten mit dem Tod der Bürgerrechtsaktivistin Heather Heyer zu Ende gegangen waren, fingen sowohl die offenen wie auch die verschlüsselten Messaging-Plattformen an, rechtsextreme Kanäle zu schließen. Die MAtR-Administratoren waren zwar nicht in die Planung der Aufmärsche involviert gewesen – ja, sie verurteilten die Organisatoren sogar für ihre unausgereifte Medienstrategie und ihr vorschnelles Bemühen um eine Einigung der Rechten. Für sie war Charlottesville ein laienhafter, egoman motivierter Versuch, maximale mediale Aufmerksamkeit zu generieren, ein Versuch, dem eine ordentlich durchdachte ideologisch-strategische Basis fehlte. Obwohl die MAtR-Administratoren also auf Abstand gingen zu den Organisationsteams von Charlottesville, wurden sie aus Angst vor Enttarnung doch immer paranoider. Wie andere Online-Gruppen auch fingen sie an, strengere Aufnahmehürden einzurichten, Hintergrundchecks ihrer Mitglieder durchzuführen und Codewörter zu entwickeln.

Viele Rechtsextreme verlegten sich auf die Taktik, ihre Chatgruppen als sichere Häfen für die freie Meinungsäußerung zu verkaufen, und behaupteten, Mitglieder jeglicher politischer Couleur seien herzlich willkommen. So wird die Verschwörungstheorie über die schleichende muslimische Machtübernahme in Europa als faktengestütztes Diskussionsexperiment präsentiert und ein Thread zum Thema ›Warum der Holocaust nicht stattgefunden hat‹ als Versuch, die Grenzen der Meinungsfreiheit auszutesten, geframt. Wer allerdings anderer Meinung ist, wird in den Online-Foren schnell zum Schweigen gebracht, der Lächerlichkeit preisgegeben und bezichtigt, »Teil des Zensur-Problems unseres Landes zu sein«.

Andere Gruppen verwenden humoristische oder satirische Illustrationen, um ihre extremistischen Standpunkte zu vertuschen. Ein Witz darüber, dass Juden hinter der globalen Finanzkrise stecken? Nur Satire. Ein herabwürdigendes Bild von einem homosexuellen Paar? Eine harmlose Grenzüberschreitung, die die »scheinheilige Linke« ein bisschen »triggern« soll. Dann heißt es gern mal: »Wer das nicht kapiert, ist entweder unterbelichtet oder politisch überkorrekt oder beides.«

Die Vision der Köpfe hinter MAtR ist die Errichtung eines weißen Ethnostaats, einer arischen Nation in Nordamerika, »was ja keine neue Idee ist«, wie Mr White betont. »Den Plan dafür gibt es schon seit den 90er Jahren.« Er teilt einen Link zur Ethnostaat-Verfassung:

Artikel IV. Wohn- und Bürgerrechte in der Northwest Republic sollen uneingeschränkt und für alle Zeit nur solchen Personen zustehen, die eine unvermischte kaukasische Abstammung haben, also historisch zu einer der Familien der europäischen Nationen gehören, die keine bekannten oder feststellbaren nichtweißen Vorfahren haben und keinerlei sichtbare nichtweiße Anteile in ihrem Erbgut.

Artikel V. Die gemeinhin als Juden bezeichnete Rasse ist kulturell und historisch gesehen ein asiatisches Volk und soll nicht als weiß gelten und vor dem Gesetz nicht den weißen Rassestatus zuerkannt bekommen. Unter keinen Umständen soll es einem Juden erlaubt werden, die Northwest American Republic zu betreten oder sich hier niederzulassen.

Harold Covington, der Mann, der diesen Verfassungsentwurf geschrieben hat, war Ideenlieferant für viele rechtsextreme Aktivisten. Er gründete die Northwest Front, eine »politische Organisation arischer Männer und Frauen, die erkannt haben, dass eine unabhängige und souveräne Weiße Nation im amerikanischen Nordwesten die einzige Möglichkeit für das Überleben der Weißen Rasse auf diesem Kontinent ist«. Sein Geld verdiente Covington mit dem Verkauf von Science-Fiction-Romanen und von T-Shirts mit aufgedruckten Kalaschnikows. Seine Northwest-Romane seien jedoch »keine reine Unterhaltung«, heißt es auf der Internetseite der Organisation. »Sie sind gedacht als *selbsterfüllende Prophezeiungen*.«

Prophezeiungen mit konkreten Konsequenzen allerdings. Der 21-jährige Dylann Roof zitierte die Northwest Front in seinem Manifest, bevor er am 17. Juni 2015 in einer Kirche in Charleston neun Afroamerikanerinnen und Afroamerikaner erschoss. Roof hielt es allerdings für unzureichend, alle Nichtweißen nur aus dem Nordwesten Amerikas zu vertreiben, denn ihm gefiel die Vorstellung nicht, dorthin umzusiedeln: »Warum sollte etwa ich die Schönheit und Geschichte meines Bundesstaates aufgeben und in den Nordwesten gehen?«, schrieb er.

Mr White bekennt, Roofs Punkt nachempfinden zu können: »Während der vergangenen 70 Jahre hat die so genannte Elite ewig nur Probleme benannt, nie aber Lösungen präsentiert. Ein solches Vorgehen bringt eben Jungs wie Dylann Roof hervor. Sie hören immer nur von Problemen, für die es keine Lösungen gibt. Also finden sie selbst eine.« Wie Roof denkt auch er, dass die Idee der Northwest Front nicht weit genug gehe. Derartige ideologische Meinungsverschiedenheiten sind eher kosmetisch, denn letzten Endes sind sie sich alle darin einig, dass Rassismus »die reinste Form von Patriotismus« sei. »Das müssen die Leute erst mal begreifen«, schreibt ein Mitglied namens Pretentieux. Zum Gewehr greifen wie Roof würde er allerdings nicht: »Ich denke, es ist sehr viel wertvoller, den Versuch zu unternehmen, das Wissen unter die Leute zu bringen, sie sozusagen zu redpillen. Das allein ist schon eine Menge Arbeit und braucht viel Fingerspitzengefühl.«

Der Ausdruck ›Redpilling‹ – jemandem die rote Kapsel geben – bezieht sich auf den Film *Matrix*. »Schluckst du die blaue Kapsel, ist alles aus«, sagt dort Morpheus zu dem Helden Neo. »Du wachst in deinem Bett auf und glaubst an das, was du glauben willst. Schluckst du die rote Kapsel, bleibst du im Wunderland, und ich führe dich in die tiefsten Tiefen des Kaninchenbaus.« Neo entscheidet sich für die rote Kapsel und stellt fest, dass er in einer von Robotern mit künstlicher Intelligenz erschaffenen Computersimulation lebt, die darauf ausgelegt ist, die Menschheit zu versklaven und ihre Körper zur Energiegewinnung zu nutzen. Diese längst Kult gewordene Szene ist für die internationale Neue Rechte zu einer Quelle der Inspiration, Hoffnung und Selbstkasteiung geworden. Anwerber benutzen die Metapher des Films, um interessierte Sympathisanten davon zu überzeugen, dass sie gefangen sind in einer vom ›globalen Establishment‹ erschaffenen Scheinwelt. In ihrer Besessenheit, ›die Wahrheit ans Licht zu bringen‹, verbringen manche ihre Feierabende bis tief in die Nacht hinein damit, ›rote Kapseln‹ zu sammeln und in großen Datenbanken abzulegen. ›Redpills‹ wären zum Beispiel (verzerrte) Statistiken zu von Migration verübter Gewalt oder zum demografischen Wandel. Wenn man ›Redpilling‹, also das Sammeln und Weiterreichen vermeintlicher Wahrheitskapseln, als einen Euphemismus für Radikalisierung betrachtet, dann sind große Teile des Internets inzwischen zu Redpilling-Fabriken geworden. Die Überzeugung, dass der Holocaust nicht stattgefunden hat, ist im Übrigen die ultimative rote Kapsel für Rechtsextremisten. Der Film *Matrix* gehört zu einem großen Arsenal netzkultureller Referenzen – von japanischen Animes bis hin zu Popstar Taylor Swift –, die die Neue Rechte für ihre Zwecke benutzt und zur Waffe macht.

Pretentieux ist einer dieser Menschen, die in den 2000er Jahren Teenager waren und heute auch als ›Millennials‹ bezeichnet werden. Er ist jetzt 31 Jahre alt. Redpilling hat ihn nicht interessiert, bis vor fünf Jahren seine Nichte geboren wurde: »Meine Schwester sitzt im Gefängnis, und ich helfe meinen Eltern, sie großzuziehen. Ich habe also zwangsläufig angefangen, auf Dinge zu achten wie: Wie wird sie wohl später mal behandelt werden, mit wem oder was wird sie es zu tun bekommen, während sie aufwächst?« »Ich kann es mir beim besten Willen nicht vorstellen«, meint Mr White und fährt fort: »Bald fliegt alles in die Luft, so kurz davor standen wir noch nie.« Wie viele andere Mitglieder der Gruppe glaubt er, wir stünden kurz vor einem Rassenkrieg und dem Zusammenbruch des demokratischen Systems. »Erst seit ungefähr vier Jahren begegnen mir Leute unter 40, die bereits ethnisch wach sind.« Mr White ist zum ersten Mal auf dem Discord-Server unterwegs. Pretentieux bekennt, der Server sei für ihn »zu einer Sucht geworden«, und erklärt, hier finde man einfach so leicht »vernünftige, ehrliche Menschen« und könne sich mit ihnen unterhalten. Nach einer kurzen Pause gesteht er: »Ob ich selbst vernünftig bin, kann ich eigentlich gar nicht so genau sagen. Aber ehrlich, das bin ich ... Eigentlich sogar ziemlich geraderaus.« Dann wendet er sich an Mr White: »Man muss nur ein bisschen suchen, dann findet man mit der Zeit doch eine ganze Menge Discord-Server mit Gleichgesinnten. Und jeder davon hat sein eigenes Flair.«

Genau davor hatte Kevin Thomson, Experte für Cyber-Sicherheit, zu Beginn der Massenkommerzialisierung des Internets gewarnt. In seiner 2001 durchgeführten Studie zu den Gesprächen auf der Neonazi-Plattform Stormfront kam er zu dem Schluss, dass die computermoderierte Kommunikation es sozial stigmatisierten, machtlosen Individuen ermögliche, alternative Handlungsorte auszubilden und so traditionelle nachbarschaftliche und verwandtschaftliche Beziehungen zu ersetzen. Dass der Cyberspace von Extremisten in Stellung gebracht werden kann, um andere zu radikalisieren sowie Kampagnen und Gewaltanwendung zu koordinieren, wurde schon in der Steinzeit des Internets klar, den späten 1990er Jahren: Bei der Fußballweltmeisterschaft 1998 in Frankreich planten deutsche Neonazis und Hooligans über ihre Handys und unter Einsatz des Internets rassistisch und ideologisch motivierte Angriffe. Bei einem Match zwischen Deutschland und Jugoslawien im nordfranzösischen Lens wurden 96 Menschen verhaftet, Hitlergrüße beobachtet und ein Polizist schwer verletzt.

Aber die Rechtsextremen haben unterschiedliche Ansichten darüber, wie man das Internet am besten nutzt. Pretentieux spricht sich dafür aus, es vor allem einzusetzen, um Köpfe und Herzen der jungen Leute zu erreichen. Die Demokratisierung der publizistischen Mittel und die Verbreitungsmöglichkeiten von (Des)Information wertet er dafür als zentral. Die Northwest Front nennt die Veröffentlichung via Print-per-Order als Beispiel dafür, wie »die großen jüdischen Monopole in Kunst und Unterhaltung zerschlagen wurden«. User wie LifeOfWat hingegen sind überzeugt davon, dass es nicht ausreiche, einen Bogen zu machen um die etablierten Medien: »Der Krieg ist der einzige Weg. Freiheit durch das Schwert.«

Quer durch das ideologische Spektrum sind aber alle rechtsextremen Akteure vereint in dem festen Glauben, dass die neuen Technologien ausschlaggebend dafür sind, zu wachsen und das eigene politische Gewicht zu festigen. Ein MAtR-Mitglied resümiert: »Zuerst kommt das virtuelle Schlachtfeld.«

Die mittlerweile ganz Europa umfassende Bewegung, der ich mich im nächsten Kapitel anschließe, begrüßt den Einsatz von Gewalt nicht ganz so offen wie MAtR. Anders als US-amerikanische Extremisten tragen ihre Mitglieder auch keine Waffen, da schlichtweg der Zugang dazu fehlt. Aber wie geschickt sie die neuen Kommunikationstechnologien und die dadurch entstehenden sozialen Räume nutzen, hat dazu geführt, dass eine ganze Reihe nationaler Geheimdienste dieser Gruppierung oberste Beobachtungspriorität geben. Ihren Anwerbern ist es gelungen, für eine breite Öffentlichkeit junger, technikaffiner Menschen aus Europa interessant zu sein. Diese Gruppierung setzt neue Maßstäbe bei der Entwicklung subtilerer, innovativerer Formen von Branding und beim systematischen Ausbau der eigenen Reichweite.

Redpilling für Anfänger: Undercover bei den Identitären

»Hallo Jenni!« Ein großgewachsener Typ mit rechteckiger Brille und kurzen, zurückgegelten Haaren erwartet mich im traditionellen Café Prückel in der Wiener Innenstadt. Für einen Rechtsextremen sieht er fast zu normal aus: Er trägt keine sichtbaren Tattoos, noch nicht mal einen ›fashy Undercut‹, diesen Haarschnitt, der zum Markenzeichen der Neuen Rechten wurde.

»Oh, hallo! Bist du Edwin?« Eine rhetorische Frage, denn ich kenne den Obmann der Identitären Bewegung Salzburg aus seinen diversen Auftritten in den Medien. Schließlich ist er ein prominenter Kopf der europäischen Identitären. Ein unbeholfener Händedruck, ein verstohlener Blick auf die Nachbartische, dann setze ich mich zu Edwin Hintsteiner.

Meine blonde Perücke passt zu meinem Profilbild auf Twitter, wo ich extra für die Kontaktanbahnung einen Account eröffnet habe. Jennifer Mayer, rufe ich mir ins Gedächtnis, du bist Jennifer Mayer, Philosophiestudentin aus Österreich, zurzeit im Auslandssemester in London. Eine falsche Identität anzunehmen oder sich eine Romanfigur auszudenken – fast dasselbe: Vergangenheit, Gegenwart und Zukunft muss man kennen, sonst kauft einem niemand die Geschichte ab.

Es ist der Tag der Nationalratswahlen in Österreich, die meisten Menschen um uns herum nippen an ihrem Kaffee und diskutieren mit ihren Nachbarn über das zu erwartende Wahlergebnis. Niemand scheint uns zu bemerken, nur eine elegant gekleidete ältere Dame blickt kurz von ihrem *Standard* auf, einer linksliberalen Tageszeitung. Ich bezweifle, dass sie einen von uns erkennt.

Damals wusste ich noch nicht, dass Hintsteiner nur wenig später insbesondere bei älteren Menschen in Österreich fast berühmt werden sollte: Einige Monate nach unserem Treffen schockierte er am Internationalen Tag des Gedenkens an die Opfer des Holocaust im Januar 2018 mit einem Tweet, der in den Medien heftige Reaktionen auslöste: »Wenn man länger lebt, als man nützlich ist und vor lauter Feminismus nie Stricken lernte. Meine Oma schämt sich für euch.« Der Tweet war ein Angriff auf die parteiunabhängige Bewegung ›Omas gegen Rechts‹ und deren Protest gegen den Akademikerball, ein von der rechtspopulistischen Freiheitlichen Partei Österreichs organisiertes, alljährlich stattfindendes Fest, das sich zu einer beliebten Zusammenkunft rechtsextremer Einflussnehmer aus ganz Europa entwickelt hat. Natürlich ist es unanständig, eine Vereinigung von Großmüttern auf diese Art und Weise anzugehen. Aber nicht nur das machte den Tweet so kontrovers. Viele brachten Hintsteiners Formulierung mit dem ›lebensunwerten Leben‹ in Verbindung, einem Ausdruck, den Hitler in einem Erlass vom 9. Oktober 1939 benutzt hatte. Darin befahl er die systematische Ermordung derjenigen, die für zu schwach, behindert oder minderwertig befunden wurden, um weiter am Leben sein zu dürfen. Zusätzlich zu den sechs Millionen Juden, 200 000 Roma und 70 000 Homosexuellen, die sie ermordeten, brachten die Nazis im Rahmen ihrer Euthanasie-Programme 275 000 behinderte und ältere Menschen um. Der Pensionistenverband Österreichs fiel ein in den Chor derjenigen, die den Tweet scharf verurteilten, und kritisierte Hintsteiner für seine »abscheuliche Wortwahl«.

»Dann erzähl doch mal was über dich. Wie kommt's, dass du dich für die Identitäre Bewegung interessierst? Bist du schon mal politisch aktiv gewesen?« Smalltalk ist wohl nicht Hintsteiners Ding.

»Nein, nicht wirklich, nur mal was Ehrenamtliches für die FPÖ, Flyer verteilen und so«, sage ich und hole mein Telefon aus der Tasche, als müsste ich nach einer Nachricht schauen. »Aber du weißt ja, dass ich in Kontakt bin mit Martin.« Als ich erfuhr, dass die Identitären einen britischen Ableger gründen wollen, schickte ich meine Bewerbung an das Team in Großbritannien. Daraufhin meldete sich Martin Sellner, der österreichische Kopf der Bewegung, umgehend bei mir und schlug ein Treffen in Wien vor.

Aber Sellner kann heute nicht; er präsentiert sein neues Buch *Identitär! Geschichte eines Aufbruchs* auf der Frankfurter Buchmesse. Auf der Messe sind mehr als 7000 Aussteller aus über 100 Ländern, aber es ist sein Verlag, der kleine Rechtsaußen-Verlag Antaios, der die ganze mediale Aufmerksamkeit bekommt. Also treffe ich mich statt mit Sellner mit Hintsteiner und erfahre erst später, dass es, während wir in Wien Kaffee trinken, auf der Buchmesse Rangeleien gibt zwischen Identitären und Protestierenden, was zu Festnahmen und Gerüchten über »Sieg Heil!«-Rufe führt.

Ich bestelle einen Cappuccino mit Sojamilch und bereue meine Wahl sofort. Hintsteiner wirft mir einen überraschten Blick zu, ist aber nur halb so erstaunt wie der Kellner. »Es tut mir leid, mein Fräulein, wir sind ein altes Wiener Kaffeehaus. Wir haben keine Sojamilch.« Hintsteiner lacht.

»Wie lange, sagst du, wohnst du jetzt schon in London?« Meinem verlegenen Lächeln schenkt er keine weitere Beachtung. »Weißt du, es ist nämlich interessant, finde ich«, fährt er fort und zwirbelt seinen Löffel zwischen den Fingern. »Es kommen immer mehr Leute zu uns, die eigentlich gar nicht so interessiert sind an der Politik.« Auf seinem Gesicht flackert Stolz auf. »Wir sind mittlerweile die erste Anlaufstelle für junge Leute, die gehen nicht mehr zur FPÖ, wenn sie was verändern wollen, die kommen direkt zu uns.« Hintsteiner selbst hat sich den Identitären angeschlossen, nachdem er beim Ring Freiheitlicher Jugend, der Vorfeldorganisation der FPÖ, aktiv war.

»Ein paar Dinge solltest du wissen über uns: Wir sind nicht wie die alten Nazis, wir sind Ethnopluralisten.«

Am Tisch gegenüber sitzt ein schwules Pärchen. Das Gespräch der beiden bricht abrupt ab. Voller Scham, mit einem der Anführer einer offen homophoben Bewegung gesehen zu werden, senke ich die Stimme und wiederhole: »Ethnopluralisten ...«

»Genau.« Edwin bemüht sich nicht, leise zu sprechen. »Für uns heißt Identität sowohl Kultur als auch Volkszugehörigkeit. Wenn man verhindern will, dass die europäische Zivilisation ethnisch und kulturell ersetzt wird, gibt es nur einen einzigen Weg: Die Einwanderer draußen halten«, erklärt er. Gemäß dem eigenen Leitbild ist es Ziel der Identitären Bewegung, homogene Gesellschaften zu schaffen, also Gesellschaften, in denen sich unterschiedliche Rassen und Kulturen nicht vermischen. Der erste Schritt für die Identitären wäre die Schließung jeglicher Grenzen. Das aber wäre für sie nicht genug. Da sie Migrantinnen und Migranten als Bedrohung wahrnehmen – auch die, die längst da sind –, wollen sie Einwanderer in einem zweiten Schritt in ihre jeweiligen Heimatländer zurückschicken. Das betrifft selbst die, die in zweiter und dritter Generation im Land leben und die Staatsbürgerschaft haben.

Die Identitäre Bewegung entstand aus dem Bloc Identitaire, einer 2002 von Sympathisanten des Antizionismus und des Nationalbolschewismus in Nizza gegründeten französisch-nationalistischen Gruppierung. Zehn Jahre später bildete sich innerhalb dieser Gruppierung der junge Flügel Génération Identitaire und dehnte sich sehr schnell auf Österreich, Deutschland, Italien und andere europäische Länder aus. Heute ist ›Generation Identity‹ das europäische Pendant zur US-amerikanischen Alt-Right-Bewegung und fungiert als Mittler zwischen europäischen und amerikanischen Rechten. Martin Sellner, der früher selbst ein Neonazi war, ist in Europa und den USA zur bekanntesten Figur der Identitären geworden. In einem Versuch, sich als Marke neu aufzustellen, distanzierte Sellner sich von seinem früheren Mentor Gottfried Küssel, einem notorischen Holocaustleugner. Heute spricht Sellner von seinem Wunsch, Europas kulturelle und ethnische Identität bewahren zu wollen, wobei er aber nicht »Rassentrennung« oder »Apartheid« sagt, sondern Begriffe wie »Ethnopluralismus« verwendet. Er trägt auch keine Springerstiefel und Hakenkreuz-Tattoos, sondern Ray Ban und T-Shirt.

Hintsteiner schaut mich forschend an, so, als erwarte er ein Zeichen der Zustimmung. »Weißt du, wir gehören momentan zu den wenigen, die dem Großen Austausch Widerstand entgegensetzen.« Um seinem bohrenden Blick auszuweichen, sehe ich zu Boden. Beim Aufschauen sehe ich, wie die beiden Männer am Nachbartisch einen vielsagenden Blick tauschen. Wie die meisten Ideen der Identitären Bewegung ist auch ihre Vorstellung vom ›Großen Austausch‹ intellektuell inspiriert von der französischen Nouvelle Droite. Zu einem der beliebtesten Ideologen der Neuen Rechten gehört Guillaume Faye, ein französischer Schriftsteller und Journalist. In einer Rede, die er im rechtsextremen National Policy Institute in den USA gehalten hat, behauptete Faye, die Länder des Westens litten unter einer »Geisteskrankheit«, die er als »Ethno-Masochismus« bezeichnete. Laut seiner Diagnose ist der schrittweise Austausch der Weißen – der so genannte »weiße Genozid« – die Folge dreier Phänomene: Einwanderung, Abtreibung und Homosexualität. Der »weiße Genozid« sei entsprechend das Ergebnis eines Zusammenspiels mehrerer Faktoren: einerseits der Pro-Abtreibungs- und Pro-LGBT-Gesetzgebung, die die Geburtenraten der originären Europäer gesenkt hätte, andererseits einer Einwanderung befürwortenden Politik, die es bestimmten Minderheiten erlaubt habe, sich einer »strategischen Massenvermehrung« zu befleißigen. Eine ›schrittweise Übernahme‹, wie Martin Sellner es beschreiben würde.

Demografische Untersuchungen stützen diese Behauptungen nicht. Ein weit verbreiteter logischer Fehlschluss in den Argumenten der Neuen Rechten ist: Wenn A vor B kam, ist A Ursache von B (der »Post hoc ergo propter hoc«-Fehlschluss). Richtig ist: In Nordamerika und in Europa sind die Geburtenraten seit den 1950er Jahren stark gesunken. Genauso richtig ist es, dass viele westliche Länder ihre ›Schwulenparagraphen‹ aus den Gesetzbüchern gestrichen und die Anti-Abtreibungsgesetzgebung in der zweiten Hälfte des

20. Jahrhunderts gelockert haben. Aber die Gründe für die fallenden Geburtenzahlen während der letzten 50 Jahre liegen woanders. Studien haben ergeben, dass dafür vor allem der höhere Lebensstandard verantwortlich ist, wobei zu den ausschlaggebenden Faktoren die höhere Bildung von Frauen, die freie Verfügbarkeit von Verhütungsmitteln sowie die verbesserte Gesundheit und der Wohlstand von Kindern zählen.

Die Idee eines ›Großen Austauschs‹ hat Eingang gefunden in viele neue Ausprägungen antilinker oder antisemitischer Verschwörungstheorien, die meist alle von älteren Vorstellungen genährt werden, beispielsweise vom ›Hooton-Plan‹: 1943 veröffentlichte der US-Professor Earnest Albert Hooton einen Aufsatz, in dem er sich dafür aussprach, den Deutschen ihre »kriegerische Veranlagung« durch Kreuzung mit anderen Völkern »wegzuzüchten«. Viele rechtsextremistische Gruppierungen in Deutschland haben in den letzten Jahren die Flüchtlingskrise und die von der Regierung verfolgte Politik der offenen Türen als Beweis dafür herbeizitiert, dass der Hooton-Plan tatsächlich umgesetzt wird. Der Glaube an den ›Großen Austausch‹ lieferte die Motivation für den antimuslimischen Terroranschlag in Neuseeland ebenso wie den antisemitischen Angriff auf die Poway-Synagoge in Kalifornien im Frühling 2019. Auch rechtspopulistische Politiker haben mittlerweile das Vokabular rund um die Verschwörungstheorie in ihr Lexikon aufgenommen. Nur wenige Wochen nachdem 50 Muslime in Christchurch ermordet wurden und Stunden nachdem die Poway-Synagoge angegriffen wurde, versprach Österreichs damaliger FPÖ-Vizekanzler H. C. Strache in einem Interview mit der *Kronenzeitung*, den ›Kampf gegen den Bevökerungsaustausch‹ konsequent weiterzuführen.

»Hast du Freunde, die schon bei den Identitären sind?« Ich schüttele den Kopf. »Interessant!«, platzt es aus ihm heraus. Leute, die nicht über private Kontakte zur Bewegung stoßen, bleiben tendenziell am längsten dabei, erklärt er mir. »Aber es ist in den letzten Jahren durchaus häufiger vorgekommen, dass Leute ganz aus Eigeninitiative heraus bei uns landen«, erzählt er mir, »was hauptsächlich an den sozialen Medien liegt.«

Hintsteiners Handy piept. Er entschuldigt sich und beantwortet eine SMS eines Journalisten von der belgischen Tageszeitung *Le Soir*. »Mit den ganzen Interviews war es in letzter Zeit fast ein bisschen stressig«, gibt er zu. Auch das Ausland hat ein zunehmendes Interesse an dem Rechtsruck in Österreich. Nervös sei er mittlerweile nicht mehr, erzählt er mir, dafür habe er schon zu viele Interviews gegeben. Und die Mainstreammedien verbreiteten ja sowieso nur Fake News, sagt er, »aber wir brauchen sie, weil sie kostenlos Werbung für uns machen«.

Die sozialen Medien aber sind deutlich wichtiger. »Weswegen wir jetzt ja auch mit Patriot Peer rauskommen.« Mit dieser App, so versprechen die Identitären, »bringen wir die schweigende Mehrheit miteinander in Kontakt« und »machen aus unserem Widerstand ein Spiel«. Alles wird gamifiziert: Man kann Punkte sammeln, indem man sich mit anderen Patrioten vernetzt, und das verbessert dann wiederum das eigene Rating. Hintsteiner sagt, sie wollten raus aus den rein akademischen Kreisen: »Wir machen nicht mehr nur an den Unis Werbung, sondern fahren auch Rekrutierungskampagnen an anderen öffentlichen Orten, an denen junge Leute unterwegs sind, in Schulen, Schwimmbädern und so weiter.«

Um die Reichweite und die Wirkung auf Jugendliche zu maximieren, begleiten sie alle ihre Offline-Aktivitäten auch von clever gemachten Online-Aktionen. Im Sommer 2017 charterten die Identitären ein 40 Meter langes Schiff, genannt C-Star, um NGOs im Mittelmeer an der Flüchtlingsrettung zu hindern. Dank hyperaktiver Social-Media-Feeds gelangte diese ›Mission‹ unter dem Hashtag #DefendEurope zu großer Bekanntheit: Tagtäglich wurden die Aktivitäten auf der C-Star auf Facebook und Twitter live gestreamt, und auf Instagram posteten die Identitären Fotos von ihren gebräunten Körpern in fancy Badeoutfits.

Die Unterstützung, die sie in den sozialen Medien erhalten, kommt aus der ganzen Welt, US-Videoblogger und Influencer aus der Alt-Right-Szene spielen allerdings eine große Rolle, damit ihre Hashtags wirklich trenden. Was sich auch in der finanziellen Unterstützung widerspiegelt. Edwin erzählt: »Für Patriot Peer haben wir Geldgeber aus allen möglichen Ländern. Aber vor allem die Unterstützung aus den USA ist groß.« Was er nicht weiß: Ich habe die vergangenen Wochen damit verbracht, mir die Finanzierungsnetzwerke der Identitären Bewegung genauer anzuschauen. Im Institute for Strategic Dialogue haben wir herausgefunden, dass der Großteil der 200 000 Euro, die an Spenden für die #DefendEurope-Aktion eingesammelt wurden, aus US-Quellen stammte – und das trotz des ja doch recht klaren Fokus auf die europäische Außengrenze.

»Warum expandiert ihr dann nicht nach Nordamerika?«, frage ich. Die USA hätten ja schon die Alt-Right, erklärt Hintsteiner, »weswegen wir über unsere dortige Strategie sehr sorgfältig nachdenken müssen«. In Kanada gab es bereits den

Versuch einer Ausgründung, aber allzu gut funktioniert hat das nicht. »Das war ein bisschen ein Reinfall«, gibt Edwin mir gegenüber zu. Kein Wunder, bin ich versucht zu sagen: Es ist ja auch aberwitzig, einem Land, das stolz darauf ist, ein kultureller Schmelztiegel zu sein, die Idee einer homogenen Gesellschaft verkaufen zu wollen, und da, wo sich kaum jemand *nicht* als Einwanderer begreift, gegen Einwanderung zu sein. »In Kanada müssen wir uns imagetechnisch noch mal neu aufstellen«, so Hintsteiners Schlussfolgerung. Aber nicht an diesem Wochenende. Momentan ist Österreich dran.

»Hast du heute Abend schon was vor? Wenn du noch ein paar andere Identitäre kennenlernen möchtest: Wir wollen zur Wahlparty der FPÖ gehen. Kommst du mit?« Ich zögere. Dann sagt er: »Wir haben schon Cola und Club Mate kaltgestellt.« Und ich verschlucke mich an meinem Kaffee. Den Berliner Hipster-Drink Club Mate hätte ich nicht unbedingt bei Rechtsradikalen vermutet. »Tut mir leid, aber ich kann heute Abend nicht – Familienfest.«

Die FPÖ bekommt an diesem Abend 26 Prozent der Stimmen, ein schockierender Erfolg für eine Partei, die Verbindungen zu neonazistischen Bruderschaften pflegt.

Ein paar Tage später. Als ich mich bei Skype einlogge, ist Thomas schon online. Er hat sich aus Schottland zugeschaltet. Der neue Leiter von ›Generation Identity Scotland‹ lebt schon seit sieben Jahren in Großbritannien und verkauft hier Software. Seinen österreichischen Akzent hat er sich allerdings bewahrt. Er hat eine freundliche Stimme und spricht ruhig und unaufgeregt.

Thomas war gerade auf Besuch zuhause bei seiner Familie,

als er vor einem halben Jahr spontan beschloss, bei einem der regelmäßigen Treffen der Identitären in einem Wiener Café vorbeizuschauen. Er hatte keine Ahnung, was ihn erwarten würde. »Ich war sehr überrascht«, erzählt er mir. »Ich hab erwartet, dass die so eine lange Sitzbank reserviert haben, oder einen Tisch. Aber das war das ganze Lokal.« Während der vergangenen Wochen hat Thomas die Entstehung eines britisch-irischen Ablegers der Gruppe vorangetrieben und die offizielle Gründung vorbereitet.

»Wow. So schnell haben die dir so viel Verantwortung gegeben?«

»Ja, irgendwie schon – das war, nachdem ich die Videos von Martin Sellner auf Englisch untertitelt und damit für die britische Öffentlichkeit zugänglich gemacht habe.«

Er fragt mich aus über mein Philosophiestudium und macht einen zufriedenen Eindruck, als ich meiner Bewunderung für Heidegger und Nietzsche Ausdruck verleihe. Auch Martin Sellner hat Philosophie studiert. Heidegger und Nietzsche hochzuhalten, ist unter Rechtsextremen weit verbreitet: Der russische neofaschistische Philosoph Alexander Dugin bezieht sich in seinen Texten auf Heidegger, während Richard Spencer, die Galionsfigur der Alt-Right, behauptet, »von Nietzsche die rote Pille bekommen zu haben«. Beide, sowohl Heidegger als auch Nietzsche, haben ein intellektuelles Gerüst entwickelt, um den heutzutage vielfach empfundenen moralischen Verfall dem Modernismus und dem Liberalismus anzukreiden. Die Alt-Right denunziert Feminismus, Multikulturalismus und Egalitarismus als Ergebnisse des »liberalen Verfalls« der westlichen Welt.

Der Politikwissenschaftler Ronald Beiler geht sogar so weit

zu behaupten, die »Aufstachelung zum Genozid« durch die beiden Philosophen sowie deren »ideologisch durchgeknallter antiliberaler Irrsinn« sei bis heute Inspirationsquelle für Rechtsradikale. Über Heideggers politische Einstellung bestehen wenig Zweifel; er war NSDAP-Mitglied und hat nie Reue gezeigt darüber, ein Unterstützer Hitlers zu sein, nicht einmal dann, als seine Geliebte Hannah Arendt als Jüdin und antifaschistische Studentin zur Flucht aus Deutschland gezwungen war. Aber in Bezug auf Nietzsche scheiden sich die Geister; Sue Prideaux zeichnet ihn in ihrer Biografie als jemanden, der fundamental falsch gelesen und interpretiert wurde, zunächst von seiner eigenen Schwester, dann von den Nazis und heute von der Alt-Right-Bewegung. Vielleicht liegt die Antwort irgendwo in der Mitte. In einer imaginierten Unterhaltung zwischen Nietzsche und Hitler bringt der britische Komiker Ricky Gervais das Verhältnis der beiden genau auf den Punkt: Hitler erzählt Nietzsche, wie sehr ihm sein Buch gefallen habe, »toll, diese ganze Sache mit Mensch und Übermensch, nicht alle sind gleich, also tötet die Juden ...« »Das habe ich doch gar nicht geschrieben«, bricht es aus dem entsetzten Nietzsche heraus. »Na ja, ich habe eben zwischen den Zeilen gelesen.«

Jetzt kommt Thomas zu den eher praktischen Fragen. »Also, was stellst du dir denn so vor, was deine Rolle sein könnte?« Diese Frage habe ich irgendwie nicht erwartet.

»Keine Ahnung, ich könnte Veranstaltungen organisieren, beim Übersetzen helfen, den Aufbau des Netzwerks weiter vorantreiben ...?«

»Auf jeden Fall«, antwortet er, »hier in Großbritannien steht ja alles noch sehr auf Anfang. Wenn du mich fragen würdest, was wir bislang erreicht haben, könnte ich das so konkret gar nicht benennen, aber glaub mir, es war bis jetzt schon eine Menge Arbeit. Wir bekommen viel Unterstützung von den Österreichern, den Deutschen und den Franzosen. Martin Sellners Buch ist so was wie eine Anleitung, eine Bekannte von mir, die Übersetzerin ist, hilft mir, es ins Englische zu übertragen. Hast du's schon gelesen?«

»Subversion über Konfrontation« ist eine der Formulierungen, die mir aus *Identitär! Geschichte eines Aufbruchs* im Kopf hängen geblieben sind. Das Buch zeigt auf, dass Bewegungen wirksamer sind, wenn sie sich nicht gegen bereits etablierte Machtstrukturen wenden, sondern stattdessen die inneren Widersprüche einer herrschenden Ideologie dafür nutzen, um deren Begriffe und Ideen neu zu besetzen und in andere Kontexte zu stellen. Wörter wie »ethnopluralistisch«, »Remigration« und »konservative Revolution« sind mit Bedacht gewählte Begriffe: Sie überschreiten nicht die Grenze dessen, was gesellschaftlich legitimiert wird, und sind von daher perfekt »mainstreambar«. In einem Punkt hat Sellner wahrscheinlich sogar recht: Schleichende Subversion ist effektiver als die unverblümte, direkte Konfrontation.

Thomas redet weiter, ohne meine Antwort abzuwarten: »Das Buch liest sich über weite Strecken wie eine Anleitung, wie man es macht, wenn man etwas aufbauen will. Wir wollen, dass die gesamte englischsprachige Welt Zugang dazu bekommt.«

»Dann könnten das auch die Amerikaner lesen, da passiert ja jetzt auch mehr, oder?«, frage ich.

»Ja, das Buch wäre als Brückenkopf für Amerika einsetzbar.« Er erzählt, wie viel »Interesse uns von überall in der Welt entgegengebracht wird«. Anscheinend nehmen Amerikaner, Australier und sogar Asiaten, die eigene identitäre Ableger gründen wollen, regelmäßig Kontakt mit ihnen auf.

»Aber wir müssen weiterhin selektiv sein. Im Normalfall führen wir mit jedem Neumitglied ein Interview.« Und sie bräuchten neue Mitglieder, im Idealfall zweisprachige. »Ach, das ist jetzt eigentlich ein Interview?«

»Nein, nein, eigentlich nicht, weil du ja Martin Sellner schon kennst. An diesem Wochenende treffen wir uns in London, dann besprechen wir das weitere strategische Vorgehen. Kommst du auch vorbei?« Ein paar Stunden später schickt Thomas mir die Adresse, versehen mit dem Vermerk: »Martin wird auch in London dabei sein. Ich werd ihm sagen, er soll sich mal Zeit für dich nehmen :)«

So also wird man eingeladen zu einem geheimen Strategietreffen der Neuen Rechten.

Am Samstagabend betrete ich einen Pub namens ›Ye Grapes‹ mitten in Mayfair.

»Hallo, bist du …?« Ein großer, blonder Typ Anfang 20 tippt mir auf die Schulter.

»Ju-ennifer«, stottere ich. »Du kannst mich auch Jenni nennen.«

»Super, ich hab schon nach dir gesucht! Ich bin Jordan. Man hat mir gesagt, ich soll Ausschau halten nach einem blonden Mädchen.«

Jordan Diamond bringt mich ins Hinterzimmer, und vierzig Augenpaare starren mich an. Zum Glück gehört keines davon zu Anne Marie Waters. Die selbsterklärte Politaktivistin, die 2017 die nationalistische, antimuslimische »For Britain«-

Partei aus der Taufe gehoben hat, nachdem sie die Kandidatur um den Parteivorsitz der UKIP knapp verloren hatte, hätte mich sofort erkannt, trotz kurzfristig organisierter Perücke und Brille.

»Hallo«, sage ich in das zunehmend ungemütliche Schweigen hinein.

»Setz dich doch.« Ein tatkräftig wirkender Typ mit Kurzhaarschnitt kommt lächelnd auf mich zu. Er hat einen skandinavischen Akzent und eine kehlige Stimme. »Freut mich, dich kennenzulernen, Jennifer, hab schon gehört, dass du heute zu uns stößt. Und stell dir vor, die britische Sektion von Generation Identity wird jetzt an diesem Wochenende gestartet!« Wenig später erfahre ich, dass dieser Mann Tore Rasmussen heißt. Er ist prominentes Mitglied der norwegischen Identitären und in London, um den Aufbau des britischen Ablegers zu unterstützen. Als der *Observer* später eine gut recherchierte Geschichte über ihn bringt, erfahre ich, dass er ein ehemaliges Mitglied der norwegischen Neonazi-Gruppierung Vigrid ist. An diesem Abend in Mayfair ist er allerdings mehr mit seiner Zukunft als mit seiner Vergangenheit befasst.

»Wir haben gerade über unseren nächsten Urlaub gesprochen«, sagt Rasmussen zu mir. Seine Hände umschließen ein Pint Lager. »Ich mache mittlerweile nur noch in Ungarn Urlaub. Ich lasse mein Geld nämlich nur in freien Nationen.« Während er an seinem Bier nippt und sich sein Blick in träumerischer Weite verliert, sondiere ich weiter die Anwesenden. Es sind ungefähr 20 britische IB-Mitglieder da, viele von ihnen aus Irland. Auch ältere Identitäre aus ganz Europa sind gekommen, manche extra aus Frankreich, Deutschland, Österreich, Norwegen und Dänemark eingeflogen, um an der

»Traditional Britain Conference« teilzunehmen und bei der Gründung des britischen IB-Ablegers dabei zu sein. Beim Rest der Anwesenden handelt es sich um Mitglieder der UKIP-Jugend und um bekennende Neonazis wie Mark Collett.

»Aber auch Österreich könnte jetzt wieder zu einer Option werden«, nimmt Rasmussen plötzlich den Gesprächsfaden auf, bevor er sich direkt an mich wendet: »Was sagst du zur letzten Wahl?«

»Oh, ähm, ehrlich gesagt hatte ich gedacht, dass die FPÖ ein besseres Ergebnis einfahren würde.« Mein österreichischer Akzent ist ausgeprägter als sonst, meine Stimme etwas höher. »Nach allem, was ich im Netz mitbekommen hatte, bin ich eigentlich davon ausgegangen, dass sie noch viel mehr Stimmen kriegen würden.« Er nickt lächelnd. »Du siehst happy aus, deine Augen leuchten richtig auf, wenn du über die FPÖ sprichst!« Ich muss ein lautes Lachen unterdrücken, und mein Magen verkrampft sich. Rasmussen trinkt einen Schluck Bier und sieht mich an. »Weißt du, wir, also Generation Identity, brauchen in Großbritannien noch ein Gesicht für die Öffentlichkeit«, sagt er. »Ich selbst leite zwar die norwegische Sektion, bin aber zu alt, um mein Gesicht noch in die Öffentlichkeit zu halten.« Ich schaue ihn überrascht an, er ist erst Mitte 30. Er fügt zwinkernd hinzu: »Aber keine Sorge, wir bezahlen die Köpfe unserer Bewegung gut, von denen muss sich niemand mehr ums Geldverdienen kümmern.«

Bevor mir eine passende Antwort einfällt, klinkt sich ein schmaler Mann im Anzug, der auf der mir gegenüberliegenden Tischseite sitzt, ins Gespräch ein. »Jen, du hast eine wirklich gute Konferenz verpasst. Martin Sellner hat die Identitäre Bewegung vorgestellt und hat das grandios gemacht. Die Leute hier kennen die IB ja gar nicht.«

»Noch nicht«, fügt Rasmussen hinzu und stellt ein breites Grinsen zur Schau. »Das sieht in einer Woche schon anders aus.«

»Wie das?«, frage ich.

»Das erfährst du morgen im Workshop. Falls du denn kommst. Nicht mal Hope Not Hate wird es schaffen, uns davon abzuhalten.« »Wie ich diese Typen hasse«, bricht es aus dem mittelalten Mann neben mir heraus. »Die wollten mir mein Leben kaputt machen.« Mit seinem schicken Anzug, den Manschettenknöpfen und dem gefassten Gesichtsausdruck sieht er aus wie ein Geschäftsmann, wie jemand, der in der Londoner City bei einer Bank arbeitet. »Die haben versucht, mich zu doxen, meinen Namen und meinen Arbeitsplatz öffentlich zu machen. Ich hätte meinen Job verlieren können und alles. Denn genau so läuft es hier: Bist du ein Nazi, wirst du gefeuert.«

»Hope Not Hate, wer ist denn das?«, stelle ich mich dumm.

Hope Not Hate ist die bekannteste Antirassismus-Organisation in Großbritannien. Sie hat verhindert, dass die Identitären im Sommer 2017 ihre ›Defend Europe‹-Aktion bis zum Ende durchführen konnten. Ihr Recherche-Team brachte die kriminelle Vergangenheit des Schiffseigners ans Tageslicht und bewegte die Crowdfunding-Plattform Patreon dazu, alle Zahlungsdienste für die Rechtsradikalen auszusetzen.

»Okay, wisst ihr was, wir gehen jetzt einfach zum Büro von denen – das ist nur zehn Minuten zu Fuß von hier«, sagt Thomas und übergeht meine Frage.

»Nein!«, bricht es aus mir heraus. Ich beiße mir so heftig

auf die Zunge, dass sie zu bluten beginnt. »Ich meine …, ich finde, das ist eine schlechte Idee. Wir haben Wochenende, da ist doch niemand, das ist doch Zeitverschwendung«, füge ich eilig hinzu.

»Ach, jetzt sei nicht so lahm, das könnte doch Spaß machen.«

Ich schaue auf mein Telefon und bekomme es mit der Angst. Soll ich einem meiner Freunde bei Hope Not Hate eine Nachricht schicken und ihn warnen?

Aber zum Glück haben einige Hunger. Ich behaupte, auch mega hungrig zu sein, und schlage vor, im Pub nebenan etwas essen zu gehen, statt zum Büro von Hope Not Hate zu marschieren. Der Vorschlag, sich die Bäuche vollzuschlagen, setzt sich durch gegen den Plan, Unruhe stiften zu gehen.

Im Pub nebenan stellt Rasmussen mir den künftigen Kopf der britischen Identitären vor. »Liam, das ist Jennifer. Sie ist Österreicherin, unterstützt uns aber mit dem UK-Ableger.« Liam ist Boxer, erfahre ich später. Ein gutaussehender, dunkelhaariger Typ Mitte zwanzig. Seine stylishe grüne Northface-Jacke passt exakt zur Farbe seiner Augen. »Und, wie bist du zu zur IB gekommen?«, frage ich ihn. Er erzählt: »Ich habe vor ein paar Jahren Markus Willingers Buch gelesen und gedacht: ›Oh, das ist mal echt cool.‹ Und dann bin ich zu meinem ersten IB-Sommercamp nach Frankreich gefahren.« Dann sagt er, sie seien schon dabei, neue Leute für die IB Großbritannien zu screenen und zu überprüfen. »Als Erstes machen wir Skype-Interviews und durchleuchten ihre Social-Media-Profile, dann treffen wir uns persönlich mit ihnen, gehen einfach zusammen ein Bier trinken.«

Ebenfalls beim Bier erzählt er mir, er sei bei der von der

Football Lads Alliance organisierten Demo gewesen. Die FLA ist eine Vereinigung englischer Fußballfans, die von sich behauptet, Extremismus in jeglicher Form zu bekämpfen. Aber trotzdem ist sie in die Nähe rechtsradikaler Akteure geraten. »Die schwafeln tatsächlich immer noch von ›Extremismus in *jeglicher* Form‹!« Liam lacht auf. »Als ob es irgendeinen anderen Extremismus gäbe als den islamischen.«

Vor allem die Muslime bereiteten ihm Sorge, erzählt er mir, als wir zur Underground-Station Greenpark laufen. Er hält sie alle für implizit extremistisch. »Sprichst du darüber eigentlich auch mit deinen Freunden?«, will ich noch wissen, bevor sich unsere Wege trennen. »Mm, nein, na ja, ich versuche, ihnen die Wahrheit Stück für Stück beizubringen, sie ganz langsam zu redpillen.« Er sagt das in einem derart nonchalanten Tonfall, dass ich ihn überrascht ansehe.

»Und wie machst du das?« Seine Schritte werden langsamer, aber seine Antwort kommt doch so prompt, als gäbe er sie jeden Tag. »Ich zeige ihnen halt die Rebel-Media-Videos.« Rebel Media ist ein ultrarechter Nachrichtenkanal aus Kanada, der vor allem durch seine provokant antimigrantischen und antimuslimischen Filme bekannt geworden ist.

Am nächsten Tag bekomme ich eine bessere Vorstellung davon, wie das so genannte ›Redpilling‹ aussehen kann.

Die Identitäre Bewegung ist ganz und gar ein Kind der 2010er Jahre. Wenn man ein klandestines Strategietreffen anberaumt, mietet man über Airbnb eine Wohnung in South London. In Brixton, um genau zu sein, einem der bekanntesten Multikulti-Stadtteile der ganzen Metropole, berühmt für seine Aufstände gegen Polizeirassismus in den 1980er Jahren.

Am Sonntagvormittag treffe ich als Letzte in der Airbnb-Wohnung ein. Martin Sellner steht noch draußen vor der Tür, neben seiner neuen Freundin, der bekannten amerikanischen Alt-Right-Youtuberin Brittany Pettibone.

Sehr zu meiner Erleichterung hat Sellner seine Brille im Taxi liegen gelassen. Ansonsten hätte er mich vielleicht wiedererkannt, trotz meiner blonden Perücke, schließlich kamen wir Ende 2016 beide im gleichen *Newsnight*-Fernsehbeitrag vor. »Schön, dass du es noch geschafft hast, freut mich sehr«, sagt er auf Deutsch zu mir. Ein fester Händedruck, ein sympathisches Lächeln, und wir gehen hinein ins Wohnzimmer. »Leider hast du die Vorstellungsrunde verpasst. Dafür musst du dich dann gleich vor allen vorstellen.«

Als ich mich umsehe, erkenne ich ein paar Gesichter vom vorigen Abend wieder. Rasmussen und Liam sind da, beide tragen Ray-Ban-Sonnenbrillen und T-Shirts. In einer Runde mit einem Dutzend gut gekleideter, R. White's Lemonade schlürfender Rechtsextremisten in einer Ferienwohnung zu sitzen, hat etwas Surreales.

Nachdem ich Jennifers Geschichte ein weiteres Mal erzählt habe – inzwischen fühle ich mich schon so sicher mit ihr, dass ich anfange, zusätzliche Details und Anekdoten einzuflechten –, sollen sämtliche Neulinge, auch ich, einen Fragebogen ausfüllen. Was, so erklärt Martin, zum »identitären Markenrisikomanagement« gehöre.

Darauf stehen Fragen zu meinen Lieblingsbüchern und -filmen, aber es werden auch ganz klar Erkundigungen eingeholt über meine politischen Ansichten und Überzeugungen.

Ich gebe alles, um glaubwürdig rüberzukommen, versuche aber, nicht auf die allzu üblichen Verdächtigen zurückzugreifen: George Orwells *1984* als Lieblingsbuch wäre fast zu klischeehaft – das Buch muss in rechtsradikalen Kreisen gern mal als Standardmetapher für den heutigen Zensur- und Überwachungsstaat herhalten. *Fight Club* und *Matrix* werden von Leuten aus dem Alt-Right-Umfeld ebenfalls regelmäßig als Lieblingsfilme angeführt. Tatsächlich hat Hannibal Bateman, der leitende Redakteur beim rechtsextremen Magazin *Radix Journal*, in einem »Generation Alt-Right« übertitelten Artikel erläutert, warum »*Fight Club* das Credo vieler entfremdeter junger weißer Männer auf den Punkt bringt«. Bateman zitiert folgende Passage aus dem Film:

»Wir sind die Zweitgeborenen der Geschichte, Leute. Männer ohne Zweck, ohne Ziel. Wir haben keinen Großen Krieg, keine Große Depression. Unser Großer Krieg ist ein spiritueller, unsere Große Depression ist unser Leben. Wir wurden durch das Fernsehen aufgezogen in dem Glauben, dass wir alle irgendwann mal Millionäre werden, Filmgötter, Rockstars. Werden wir aber nicht, und das wird uns langsam klar. Und wir sind kurz, ganz kurz vorm Ausrasten.«

Bateman steht in dem Glauben, dass Weiße so lange einer Gehirnwäsche unterzogen worden seien, bis sie vergessen hätten, dass sie »die Abkömmlinge von Eroberern und Siedlern sind, die ganzen Kontinenten die Zivilisation gebracht haben«. Es sind die Flüchtlingskrise und Donald Trump, die seiner Ansicht nach die »quälende Suche« danach wieder angeregt haben, »was falsch läuft, und zwar schon so lange, wie unsere Erinnerung überhaupt reicht«. Am Ende dieser Suche steht das plötzliche Erwachen, um das es auch in *Fight Club* geht.

Ich entscheide mich schließlich für Kafkas *Der Prozess* und für *Star Wars*, die beide immerhin offen sind für Interpretationen. Im nächsten Fragenblock soll ich auf mehreren Achsen meine politische Einstellung verorten: einmal auf der Achse ›links – rechts‹, dann auf der Achse ›Regionalismus – Nationalismus‹ sowie auf den Achsen ›pro-israelisch – pro-palästinensisch‹ und ›Liberalismus – Sozialismus‹.

Ich lege den Stift erst ab, als ich zu den Fragen »Warum willst du dich im politischen Kampf engagieren?«, »Was sagt deine Familie zu deinem Engagement?« und »Hast du Geschwister bei Polizei oder Armee?« komme. »Ja, ja ... gar nicht so einfach, was?«, sagt Rasmussen. »Aber keine Angst, es gibt kein Richtig oder Falsch. Wir wollen nur rausfinden, ob du *›full-fash‹* bist«, fügt er grinsend hinzu. Ob das eine Form von skurrilem Humor ist, den ich nicht kapiere? Mit *›full-fash‹*, einer Abkürzung für *›fully fascist‹*, werden in der Szene traditionelle Neonazis bezeichnet. Später höre ich, dass mal ein Neuling nicht aufgenommen wurde, weil er Neonazi-Symbole auf Facebook geteilt hatte. »So was können wir uns nicht leisten. Das schadet dem Image der Gruppe«, sagt Rasmussen zu mir. Man muss es wohl als Ironie bezeichnen, dass er nur kurz darauf wegen seiner Verbindungen in die Neonazi-Szene selbst bei den Identitären rausgeworfen wird.

»Heute wollen wir die Strategie für unsere neue britische Ausgründung diskutieren«, beginnt Martin Sellner seine Rede. »Ihr habt die Pakis und ihr habt die indigenen Briten, und Letztere – also ihr – werden in eurem eigenen Land zur Minderheit. Das ist das größte Verbrechen aller Zeiten.« Das Wort »Paki« ist eine Abkürzung für »Pakistani«, die im britischen Kontext eine hochgradig rassistische Konnotation hat und seit den 1960er-Jahren in der gewaltbereiten, rechtsextremen Skinhead-Szene verwendet wird.

»Ich verstehe total, dass die Menschen in den 1920er Jahren von einer Judenfrage sprachen«, sagt Sellner. Das wäre heutzutage eine komplette Fehleinschätzung der Zeit und ein »strategischer und theoretischer Reinfall«, laut ihm. »Wir haben heute eine Moslemfrage.«

Nachdem er uns gebrieft hat, wie wir mit schwierigen Journalistenfragen umgehen sollen – zum Beispiel mit den Fragen »Sind Sie Rassist?« und »Sind Sie Antisemit?« –, sprechen wir über die Konzepte der ›kontrollierten Provokation‹, der ›strategischen Polarisierung‹ und der ›Meta-Politik‹. Die Mobilisierungsstrategien der Identitären Bewegung wurzeln in einer Mischung aus wissenschaftlich-soziologischen Erkenntnissen und selbst gemachten Trial-and-Error-Erfahrungen, also Erfahrungen damit, was funktioniert und was nicht.

Die Identitären sind in vielerlei Hinsicht das europäische Pendant zur amerikanischen Alt-Right. Sie glauben an die Breitbart-Doktrin: Dass man, wenn man die Politik ändern will, zuerst die Kultur verändern muss. »Politik ist der Kultur nachgelagert. Ich will das kulturelle Narrativ verändern«, so Andrew Breitbart, der Initiator jener Website, die für die heutige extreme Rechte zur beliebtesten Informationsquelle und Kommentarplattform geworden ist. Um das zu schaffen, müssen provokante Gegenkulturen her, die attraktiv sind für junge Leute, was dann wiederum den öffentlichen Druck auf Mainstream-Politiker erhöht: ›Metapolitik‹. »Wir brauchen polarisierende Aktionen«, erklärt Martin Sellner. »Die kann zwar niemand leiden, weil man sich dabei für eine Seite entscheiden muss, aber sie sind notwendig, um den Wandel herbeizuführen.« Sellner glaubt, dass ein solches Vorgehen die Weltanschauung der Identitären nach und nach zur Normalität werden lässt und dass sich so das Overton-Fenster – also die Bandbreite der Meinungen, die im öffentlichen Diskurs für akzeptabel erachtet werden – nach rechts verschiebt.

Sie lassen sich von den grenzüberschreitenden, spalterischen Kampagnen der amerikanischen Alt-Right inspirieren. 2016 simulierten österreichische Identitäre beispielsweise in Form eines Flashmob einen Terrorangriff in der Wiener Innenstadt. Ein paar Monate später verhüllten sie die berühmte Statue der Maria Theresia mit einer Burka, um so die Aufmerksamkeit der Medien zu gewinnen. Solche geschickt inszenierten Stunts sind provokativ genug, um in den sozialen Medien viral zu gehen: ›kontrollierte Provokation‹. Die überproportionale Aufmerksamkeit in den neuen Medien zwingt dann wiederum die konventionellen Medien dazu, ebenfalls über die jeweiligen Aktionen zu berichten und den Identitären so ein Forum zu bieten. Denn sobald eine Online-Kampagne den von Whitney Phillips als *›tipping point‹* bezeichneten Punkt erreicht, jenen Umkipp-Punkt, an dem eine Geschichte nicht mehr nur für die von dieser Geschichte direkt betroffene Community interessant ist, haben die ›Mainstreammedien‹ keine andere Wahl mehr, als darüber zu berichten. Ziel ist es, polarisierende Inhalte in die Welt zu setzen, die den Unentschiedenen die Entscheidung für eine Seite abverlangt: ›strategische Polarisierung‹.

Diese Taktik ist auch im Redpilling-Handbuch der Identitären zu finden. Sie liest sich als Schritt-für-Schritt-Anleitung zur Polarisierung und Radikalisierung von Menschen mit unterschiedlichen ideologischen Hintergründen. Für Identitäre ist Redpilling »der Prozess der Erleuchtung und Aufklärung aus dem tiefen Dornröschenschlaf der glückseligen Ignoranz«. Ich fühle mich an radikale Islamisten erinnert, die moderate Muslime dazu aufrufen, die *Dschāhilīya*, den Zustand der Ignoranz und Unwissenheit, zu überwinden.

»Aber in Österreich müssen wir jetzt die Strategie wechseln. Jetzt, wo die FPÖ in der Regierung ist, müssen wir ihnen helfen, sie unterstützen. Wir machen eine riesige Kampagne, um den Begriff ›Remigration‹ zu mainstreamen«, sagt Sellner. Er führt aus: »Wir überzeugen die Wählerschaft. Das bedeutet, dass wir immer einen Schritt weiter gehen als sie. Wenn sie sagen ›Stoppt Immigration!‹, sagen wir ›Remigration!‹. Und wenn sie sagen ›Stoppt Islamisierung!‹, sagen wir ›Deislamisierung‹.«

Brittany Pettibone, die neben Sellner sitzt, unterbricht ihn höflich immer mal wieder, um etwas in Bezug auf den US-Kontext zu ergänzen – oder um ihn zu korrigieren, wenn er ein englisches Wort falsch ausspricht oder ein V mit einem W verwechselt. »Die Alt-Right ist gefährlich«, warnt sie gerade. »Wir müssen sehr vorsichtig vorgehen, wenn wir mit denen in Beziehung treten.« Verglichen mit der Alt-Right ist es den Anführern der IB gut gelungen, sich von offenem Rassismus, Antisemitismus und körperlicher Gewalt zu distanzieren – zumindest in der Öffentlichkeit. Aber Sellner macht keinen Hehl daraus: »Ich habe Kontakt zu allen Leuten in der amerikanischen Alt-Right und zu den großen Youtube-Persönlichkeiten.« Ich vermute, dass das bedeutet: Er steht in Kontakt mit Kulturnationalisten wie Lauren Southern bis hin zu Leuten wie dem radikaleren, offen rassistischen Richard Spencer sowie der US-Neonazi-Organisation Identity Evropa.

»Wir müssen vorsichtig sein«, wiederholt Brittany, jetzt mit mehr Nachdruck. »Ich würde wirklich *niemandem* über den Weg trauen. Die Alt-Right ist durchseucht mit Spionen.« Genau in diesem Moment sehe ich meine Kreditkarte, die mir aus der Hosentasche gefallen ist. Eigentlich habe ich darauf geachtet, alles zuhause zu lassen, was meine wahre Identität verraten könnte – bis auf dieses eine Ding. »Ist das deine?«, fragt Brittany. Ich hoffe stark, dass sie nicht auf die kleinen Buchstaben schaut, in denen da ›Julia Ebner‹ steht. Aber sie gibt mir die Karte ohne weiteren Kommentar zurück.

Für einen Londoner Oktobertag ist es überraschend warm, und wir gehen noch in ein italienisches Restaurant, nicht weit weg von der Airbnb-Wohnung. Bei Pizza und Bier werden die anstehenden Schritte für die britische Sektion und die Internationalisierungsstrategie diskutiert. Und wieder habe ich eher das Gefühl, bei einem beiläufigen Plausch über eine Geschäftserweiterung dabei zu sein als beim Pläneschmieden für die Radikalisierung junger Menschen in der gesamten englischsprachigen Welt.

Als ich ihren Gesprächen so zuhöre, begreife ich, wie international die IB längst ist. Neben mir sitzt eine junge Frau aus Dänemark, und auf der Tischseite gegenüber unterhält man sich auf Französisch. Martin Sellner springt zwischen Englisch, Deutsch und Französisch hin und her. Das jährliche Trainingslager findet in Frankreich auf dem Land statt, die Bank- und Finanzzentrale der Identitären ist in Ungarn. »Die ungarischen Staatsmedien pushen die IB sogar«, sagt Rasmussen, »die mögen uns.« Und Großbritannien wird als Bindeglied zwischen den europäischen und künftigen amerikanischen Sektionen auftreten sowie als Schnittstelle für die Online-Offline-Vernetzung.

Im Laufe dieser Woche steht für sie noch ein Treffen mit Tommy Robinson an, dem Gründer der English Defence League und einem der heute weltweit einflussreichsten Aushängeschilder der Ultrarechten. Robinson, der eigentlich Stephen Yaxley-Lennon heißt, hat seine kombinierte Online- und Offline-Strategie zur Perfektion gebracht. »Vielleicht sollte er der neue IB-Kopf für Großbritannien werden«, schlägt einer der Briten enthusiastisch vor. Andere geben jedoch zu bedenken, Robinson könne zu alt sein, um das Gesicht in der Öffentlichkeit zu sein.

»Es ist schließlich eine Jugendbewegung«, sagt Rasmussen. Er und Sellner haben sich entschieden, nicht als Repräsentanten von Generation Identity aufzutreten – beide wurden für zu alt erachtet. »Ich wünschte, ich wäre jünger«, sagt Rasmussen.

Sellner nickt, will aber trotzdem Tommy Robinsons quasiprominenten Status und seine enorme Online-Reichweite nutzen, um die eigenen Social-Media-Kampagnen zu pushen und um für den neuen IB-Ableger im Vereinigten Königreich Werbung zu machen.

Wahrscheinlich sind die Identitären eine der wählerischsten rechtsradikalen Bewegungen: Neue Rekrutinnen und Rekruten müssen nicht nur relativ jung und einigermaßen trendy, sondern auch entsprechend gebildet sein. »Wirklich?«, frage ich.

»Na ja, wir weisen Ungebildete jetzt nicht rundheraus ab, solange sie gesunde Werte haben. Aber zur Mehrheit werden dürfen sie nicht«, erklärt mir Rasmussen und fügt lachend hinzu: »Sie sollten uns jedenfalls nicht demografisch ersetzen«. Alle Neumitglieder, egal woher in Europa sie stammen, werden einem Trainingsprogramm unterzogen: Sie bekommen Unterricht in Literatur und Kommunikationstechnik, aber auch in Martial Arts und Selbstverteidigung.

Der Kellner bringt uns die zweite Runde Bier. »Prost, auf die Reconquista«, sagt Sellner.

»Was steht denn jetzt für Großbritannien im nächsten Jahr auf der Agenda?«, möchte ein englisches Neumitglied wissen. Martin antwortet: »Kampagnen in den sozialen Medien, ganz normales Flyer-Verteilen auf der Straße, Broschüren an Unis auslegen und alle sechs Wochen eine Breakthrough-Aktion.« »Was ist eine Breakthrough-Aktion?«, frage ich. Rasmussen wechselt einen Blick mit Sellner. Das sei sehr offen, erklären sie, nur kreativ und tabubrechend müsse es sein. Das Ziel sei immer dasselbe: die Aufmerksamkeit der Medien bekommen und Interesse an der Bewegung generieren, sowohl von journalistischer als auch von öffentlicher Seite. Dieses Konzept stammt aus dem Produktmarketing, wo auf derartige Spektakelwerte zielende Aktivitäten vor allem von kleinen und mittleren Unternehmen mit einem begrenzten Werbebudget eingesetzt werden. Um das eigene Produkt in die Schlagzeilen zu bringen, werden innovative, manchmal auch provokative Werbekampagnen gestartet, die den eigenen Marktanteil größer erscheinen lassen, als er tatsächlich ist – was dann wiederum die Marktposition gegenüber größeren Konkurrenten stärkt. Ein Terroristen-Flashmob in Wien, Maria Theresia unter der Burka ... Ich verstehe. »Das nächste Ding könnte was mit Säureanschlägen in London zu tun haben«, meint Rasmussen. »Oder was mit dieser Moschee, die sie da in York bauen«, wirft die junge Frau neben mir ein. »Für unseren ersten Breakthrough gehen wir gleich noch alle auf die Brücke. Das kommt dann morgen ganz sicher in die News.«

Für mich geht es an dieser Stelle zu weit. Unmöglich kann ich auf den Fotos der IB gesehen werden. Ich entschuldige mich und fahre nach Hause. Ein paar Stunden später schickt Martin mir ein Bild von der ersten großen Aktion, einem an der Westminster Bridge angebrachten 20 Meter langen Banner, auf dem »Defend London. Stop Islamisation« steht. »Unsere medialen Stunts haben deswegen einen solchen Erfolg, weil niemand vorher von ihnen weiß«, hatten mir die Identitären beim Strategietreffen erklärt. »Wir sind schon da, bevor die Medien und die Polizei eintreffen.«

Das war der Anfang der britisch-irischen-Sektion der Identitären und gleichzeitig das Ende meines Undercover-Einsatzes bei ihnen. Wenige Tage nach der offiziellen Gründung fanden sie heraus, dass Jennifer Mayer in Wirklichkeit Julia Ebner ist. »Wir recherchieren seit gestern ;)«, schrieb mir Martin über Twitter. »Also du warst das. Hoffe, es war interessant für dich.« Ich hatte mit dem *Independent* über das geheime Strategietreffen von Generation Identity und deren Pläne für Großbritannien gesprochen, von daher war mein Auffliegen wohl unvermeidlich. Sie zählten eins und eins zusammen und verknüpften mein Avatar-Profil mit meinem echten Profil. Aber ich hatte natürlich gewusst, dass mein Undercover-Einsatz ein Ende haben würde.

Es ist oft nicht leicht zu wissen, ob, wie und wann man die Öffentlichkeit vor der geschickten Online-Mobilisierung von Gruppierungen wie der Identitären Bewegung warnen sollte.

Als sie nach Großbritannien kamen, um junge Menschen anzuwerben und in ihr Netzwerk aufzunehmen, steckte ich in einem Dilemma: Wie kriegt man es hin, dass ihre faktenverzerrenden, manipulativen Taktiken nicht die erwünschte Wirkung zeitigen? Wie deckt man diese auf, ohne ihnen gleichzeitig eine Plattform zu geben? Spätestens als ich von der ›Breakthrough‹-Strategie erfuhr, war für mich klar, dass ihre Neumitglieder es bald in die Schlagzeilen der britischen Presse schaffen würden. Tatsächlich ist es ihnen seit Oktober 2017 gelungen, ihr selbstgestecktes Ziel zu erreichen: Sie waren etwa alle sechs Wochen Thema in den englischen Medien. Im Mai 2018 brachte die *Sunday Times* sogar eine Schlagzeile, die sie als »Hipster-Faschisten« bezeichnete, die »aus der Mittelschicht kommen und eloquent sind«, daneben ein Foto, auf dem sie annähernd so aussahen wie eine neue Boyband.

Im Oktober 2018, genau ein Jahr nach meiner Infiltration, bin ich erneut in der Chatgruppe von Generation Identity UK & Ireland, die über den verschlüsselten Instant-Messaging-Dienst Telegram läuft. Es hat sich nichts groß geändert: Man befindet sich immer noch in der aktiven Rekrutierungsphase, plant Kampagnen und trainiert die neuen Mitglieder. In einem der jüngsten Posts steht: »Aktivisten im Nordwesten haben sich am Samstag in #Manchester zur Durchführung einer Lerneinheit getroffen. Neulinge wurden auf den Stand der Dinge gebracht, behandelt wurden die Themen ›Helden‹, ›Der Wille zum Überleben‹ und ›Disziplin‹. Außerdem gab es eine Flugblatt-Aktion, die viel positives Feedback bekommen hat. #GenerationIdentity #DefendEurope«. Aber eines hat sich eben doch geändert: Die vielen medienwirksamen Aktionen haben dazu geführt, dass sie deutlich gewachsen sind. Die Telegram-Gruppe hat über 300 Mitglieder, und auf Twitter, wo sie zu dem Zeitpunkt, als Jennifer Mayer ihnen erstmalig folgte, ein paar Dutzend Follower hatten, folgen ihnen nun schon über 7000.

Es führen viele Wege in extremistische Kreise hinein. Manche Menschen treten tatsächlich aus politischer Überzeugung und ideologischer Zustimmung einer Extremistengruppe bei, andere hingegen sind völlig apolitisch, wenn sie erstmalig mit einer solchen in Kontakt kommen. Manchmal ist der Hauptanreiz, bei Extremisten mitzumachen, Teil einer exklusiven Gemeinschaft zu werden, zu einer coolen Subkultur zu gehören. Wiederkehrendes Thema unter jungen Rekrutinnen und Rekruten ist ihre Identität – oft findet man bei ihnen ein problembehaftetes Selbstbild oder ein labiles Selbstbewusstsein.

Das nächste Kapitel handelt von Plattformen, die Ratschläge geben zu überaus privaten Fragen rund um die eigene Identität sowie zu Ängsten, die mit solchen Fragen in Zusammenhang stehen und somit häufig zu Einfallstoren für hochgefährliches Gedankengut werden. So bieten zum Beispiel an Frauen gerichtete Coaching- und Dating-Foren der ›Traditional Wives‹ (kurz: ›Trad Wives‹) meist einen Einstieg in die extreme Rechte. Foren wie diese dienen nicht nur der Anwerbung. Indem sie eine intime Bindung an die Gruppe herstellen und ultrarechtes Gedankengut mit der Identität ihrer Userinnen verquicken, ergeben sich gleichzeitig starke Lock-in-Effekte.

2 Sozialisierung

Identitätsbildung und Sozialisierung sind für extremistische Bewegungen zentrale Bausteine, um bei Neumitgliedern Loyalitäts- und Verpflichtungsgefühle gegenüber den Werten der Gruppe zu erzeugen. Ziel ist es, frisch Angeworbene emotional an die Gruppe zu binden und es ihnen so schwer wie möglich zu machen, wieder auszusteigen. Das Aufkommen von isolierten Echokammern im Internet hat massiv Einfluss genommen auf die Art und Weise, wie extremistische Bewegungen Neulinge indoktrinieren und wie sie sicherstellen, dass diese sich sehr schnell mit der Gruppe identifizieren, aber auch abhängig von ihr werden. Es braucht kein persönliches Treffen mehr, um neue Mitglieder offiziell in eine Gruppe einzuführen. Eine Initiation kann komplett in der abgeschotteten Online-Welt ablaufen. Indem sie klare Verhaltensregeln ausgeben und das Gemeinschaftsgefühl fördern, gelingt es Anwerbern, neue Rekrutinnen und Rekruten mühelos in eine Gruppe zu integrieren. Im Folgenden begebe ich mich dorthin, wo diese Form der Gehirnwäsche stattfindet: Ich betrete die Brutstätten von ›Trad Wives‹ und Terror-Schwestern.

»Was glaubst du, wo landest du auf der SMV-Skala?«, fragt mich Kim.

»Ähm.« Ich googele ›SMV‹. Der ›Sexual Market Value‹, also der sexuelle Marktwert, ist laut Men Going Their Own Way (MGTOW), einer klar für männliche Dominanz eintretenden Online-Community, »das Maß der sexuellen Attraktivität in den Augen eines Menschen anderen Geschlechts«.

»Keine Ahnung«, gestehe ich. »Woher soll ich das denn wissen?«

»Na ja, es ist ja nicht so einfach, sich selbst zu beurteilen, und oft wissen wir nicht so genau, wie wir wahrgenommen werden. Daher kommt es häufig vor, dass wir unsere Attraktivität entweder über- oder unterschätzen. Aber bei Frauen, heißt es, geht der SMV hoch, wenn wir unser Gewicht unter Kontrolle haben.« Sie fügt hinzu: »Letzten Endes können dir natürlich nur Männer richtig Auskunft geben über deinen SMV, und auch das ist dann nur subjektiv. Für den einen bist du eine 8, für den anderen nur eine 5.«

»Verstehe. Kennst du denn deinen?«

Kim erzählt mir, dass sie es, nachdem sie zu den ›Red Pill Women‹ gekommen sei – einer antifeministischen Online-Frauen-Community auf der Diskussionsplattform Reddit –, in einem Jahr von Größe 48 auf Größe 42 geschafft habe. »Ich bin mir sicher, dass das mit dem Abnehmen geholfen hat. Ich werde auf jeden Fall jetzt anders behandelt. Ist trotzdem nicht so, dass neben mir Autos mit quietschenden Reifen anhalten oder so. Mein Gesicht ist eher durchschnittlich, vielleicht sogar unterdurchschnittlich, was meinen SMV wahrscheinlich weiterhin nicht so hoch ausfallen lässt, obwohl ich jetzt spindeldürr bin.«

Was für eine brutale Selbstevaluation. Ich starre ungläubig auf den Bildschirm. Es ist eine für dieses Forum typische Unterhaltung. Kim ist eine von ungefähr 30 000 selbsternannten Red Pill Women oder Trad Wives. Wie die Männerrechtsaktivisten von MGTOW verstehen auch diese Frauen Geschlechterrollen als Ergebnis einer »sexuellen Ökonomie«. Die heterosexuelle Community sollte ihrer Einschätzung nach als ein Marktplatz angesehen werden, auf dem Frauen Verkäuferinnen und Männer Käufer von Sex sind. Daher ist der SMV, denken sie, die mit Abstand wichtigste Ressource einer Frau.

Diese radikal vereinfachte Perspektive auf die Geschlechterverhältnisse hat den Sinn und Zweck, die Objektivierung von Frauen zu legitimieren – es also akzeptabel, wenn nicht gar geboten erscheinen zu lassen, wenn Frauen wie Waren bewertet, gehandelt und ersetzt werden. Ich stecke bereits in der dritten Woche meines Austauschs mit den Trad Wives und gewöhne mich so langsam daran, wie unverhohlen sie frauenverachtendes Denken und Verhalten gutheißen. »Der größte Wert, den Frauen für Männer haben, ist ihr sexueller Marktwert, und am wertvollsten ist eine Frau, wenn sie sexuell unbefleckt ist«, wird mir beispielsweise wiederholt gesagt.

Um mehr über den eigenen sexuellen Wert herauszufinden, empfiehlt mir Kim, einige anonyme Bewertungs-Apps auszuprobieren: die etwas in die Jahre gekommene Anwendung ›Hot or Not‹ zum Beispiel oder den raffinierteren Attraktivitätsevaluationsdienst auf Photofeeler. »Okay... Aber was ist mit anderen Faktoren wie Humor, Bildung oder ausgefallene Hobbys?«, frage ich und kann mir die Antwort fast schon denken. »Ach, ich bitte dich. Gesundheit, Alter und Weiblichkeit sind die einzigen und wichtigsten Eigenschaften, die Männer attraktiv finden«, schreibt Kim. »Bildungsgrad, Beruf oder Arbeitsplatz haben keinen Einfluss auf den SMV einer Frau. Denk doch mal drüber nach: Das macht ja den Grad der sexuellen Befriedigung für den Mann auch nicht größer.« Was wiederum auf einer Linie liegt mit der Aussage auf WikiMannia, wo behauptet wird: »Der SMV einer Frau ist ihr angeboren, und ihr Lebensstil kann ihn kaum erhöhen.«

»Ach ja, außerdem geht dein SMV in den Keller, wenn dein N-Zähler hochgeht«, fügt eine gewisse Marie hinzu.

»Mein Was-Zähler?«, frage ich und fühle mich langsam schon etwas dumm.

»Dein N-Zähler. Der Schwanz-Zähler«, erklärt Marie. »Die sexuelle Erfahrung der Frau kann das körperliche Vergnügen des Mannes natürlich erhöhen, aber sexuell unerfahren zu sein, erhöht nachweislich seine Befriedigung.« Marie ist Anfang 30 und verheiratet. Außer eine »gute Ehefrau« zu sein, sieht sie ihren Auftrag darin, anderen ›Red Pill Women‹ auf Reddit Dating-, Beziehungs- und Ehe-Tipps zu geben. Sie scheint eine der am häufigsten angefragten Coachs der Community zu sein. Viele Frauen löchern sie mit Fragen, angefangen mit »Wie verändern sich die weiblichen Pflichten mit Schwangerschaft und Geburt?« bis hin zu »Ist Enthaltsamkeit vor der Ehe tatsächlich notwendig?«

Marie ist überzeugt, dass der Feminismus Männer und Frauen gleichermaßen einer Gehirnwäsche unterzogen hat, so dass jetzt alle glaubten, der N-Zähler habe keinerlei Gewicht. »Aber die menschliche Natur wird früher oder später siegen«, schreibt sie mir. »Und die männlich-menschliche Natur ist es nun mal, eine Frau, deren N-Zähler steigt, proportional weniger zu begehren. Irgendwann kippt dann das ausbleibende Begehren in ausgemachten Ekel.« Sie nennt das Beispiel einer »absolut heißen, wunderschönen Zehn-von-zehn-Punkten-Sexbombe«, die mit tausend Männern geschlafen hat. »Wie viele Männer werden sie heiraten wollen? Nur sehr wenige. Und warum?« Bevor irgendeine antworten kann, fährt sie schon fort: »Weil Frauen nun mal die Türhüterinnen sind, wenn es um Sex geht. Sex ist das Wichtigste, was Männer von Frauen wollen. Deswegen ist Sex der zentrale Wert, über den eine Frau verfügt. Jedes Mal, wenn sie diesen Wert an einen Mann verschenkt, verringert sich ihrer.«

Die Trad-Wives-Bewegung ist ein noch kleines, aber im Wachsen begriffenes Internet-Phänomen, das sich als weibliches Äquivalent zu The Red Pill (TRP) entwickelt hat, einer von dem republikanischen Lokalpolitiker Robert Fisher 2012 anonym unter dem Nickname ›pk_atheist‹ gegründeten Reddit-Community. TRP versprach die »Auseinandersetzung über sexuelle Strategien in einem kulturellen Umfeld, das Männern zunehmend weniger positive Identifikationsangebote macht«, und hatte zuletzt um die 300 000 Abonnenten, bevor die Plattform 2017 wegen ihrer gefährlichen, entmenschlichenden und bedrohlichen Inhalte von Reddit gesperrt wurde.

Aber TRP ist nur ein kleiner Ausschnitt einer sehr viel größeren frauenfeindlichen Online-Community, der so genannten ›Mannosphäre‹, der bei der Entstehung der Alt-Right-Bewegung eine Schlüsselfunktion zukam. Die Mannosphäre besteht aus einer ganzen Reihe von Subkulturen, angefangen bei der Verführer-Community der Pick Up Artists, die Frauen so manipulieren lernen wollen, dass sie sie ins Bett kriegen, über die Anti-Ehe-Community Men Going Their Own Way, die Männer lehrt, keinen Deut auf die Befindlichkeiten von Frauen zu geben, bis hin zu den klar für männliche Dominanz eintretenden Männerrechtsverfechtern wie den Men's Rights Activists und dem auf Rache sinnenden ›Involuntary Celibacy Movement‹, Männern also, die »unfreiwillig zölibatär« leben und die die für ihren sexuellen Frust »verantwortlichen« Frauen bestrafen wollen. Obwohl diese Gruppen alle unterschiedliche Strategien fahren, um Männermacht, -stolz und -privilegien »zurückzuerobern«, ist ihnen doch ihre feindselige Haltung gegenüber Feminismus, Liberalismus und modernen Geschlechterrollen gemein. Über Bewegungen wie #MeToo machen sie sich lustig, Frauenrechtler und Frauenrechtlerinnen verleumden sie als »Feminazis«.

Nachdem ich *Angry White Men* von Michael Kimmel gelesen hatte, war ich überzeugt davon, dass dieses Phänomen quasi ausschließlich bei Männern auftritt. Aber je länger ich mich mit den Red Pill Women beschäftige, desto klarer wird mir, dass der Antifeminismus nicht nur von Männern gemacht wird. Frauenrechtsaktivistinnen, die zurück wollen zu traditionellen Machtverhältnissen und zu überzeichneten Bildern von Mann und Frau, haben sich die Rhetorik der Mannosphäre zu eigen gemacht. »Der Feminismus ist ein Angriff auf den weißen Mann«, behauptete beispielsweise die russisch-amerikanische Alt-Right-Aktivistin Lana Lokteff auf dem rechtsextremen Radiosender Radio 3Fourteen.

Die Online-Community ›Red Pill Women‹ ist »für alle Frauen offen, die sich und ihre Beziehungen optimieren wollen«. Aber ein paar offizielle Regeln gibt es doch, vor allem diese hier:

Regel fünf: Kein Feminismus. Wir sind eine antifeministische Community und haben als solche kein Interesse daran, vom Feminismus »gerettet« zu werden. Jede, die glaubt, mit einer feministischen Brille auf der Nase ihren Senf beisteuern zu müssen, fliegt raus, denn um Feminismus geht's uns hier nicht.

Stattdessen wolle man auf den Grundlagen von Antifeminismus und traditioneller Entwicklungspsychologie miteinander ins Gespräch kommen.

Nach mehreren Wochen Indoktrination durch die Trad Wives schreibt eine: »Es bringt mich echt weiter: Ich lerne eine Menge dazu, werde durch Gottes Gnade tugendhafter und erfahre, dass ich meinem Mann Folge leisten und mich ihm unterwerfen sollte, statt Forderungen an ihn zu stellen und mich mit ihm zu streiten. Es ist wirklich schön. Und ich muss ja gar nicht mehr tun, als einfach nur ja zu sagen. Ja zu allem, um was er mich bittet oder was er von mir verlangt.«

Ich begreife so langsam, dass es in diesem Forum um bedingungslose Selbstaufgabe geht. Das vordringliche Ziel für alle ist: Wie kann ich lernen, Männern zu gefallen. »Wenn eine Frau will, dass ein Mann bei ihr bleibt, muss sie Femininität über Feminismus stellen«, schreiben die Beraterinnen wieder und wieder. »Wir haben hier keine Scheu davor, eine feminine, demütige, unterwürfige Rolle im Leben voll und ganz zu bejahen.« Ganz oben auf der Lektüreliste stehen Bücher wie *The Surrendered Wife* von Laura Doyle oder *The Proper Care and Feeding of Husbands* von Laura Schlessinger.

Der SMV ist der eine zentrale Begriff in der Vorstellungswelt der Red Pill Women. Der andere ist die so genannte ›STFU-Methode‹, die ›Shut-the-Fuck-Up-Methode‹. Marie fasst dieses Konzept so zusammen: »Männer bevorzugen Frauen, die nicht zu viel reden.«

Als die Trad Wives anfangen, sich gegenseitig davon zu erzählen, wie sie die STFU-Methode erfolgreich in ihren Alltag integriert haben, dreht sich mir der Magen um. Es fühlt sich geradezu surreal an, Frauen dabei zuzusehen, wie sie sich begeistern für die Vorstellung, ganz handfest zum Schweigen gebracht zu werden. Eine berichtet: »Mädels, gestern hat er mir den ganzen Abend lang die kalte Schulter gezeigt, und ich war schon ganz gefrustet und habe herumgemeckert. Dann aber habe ich mir klargemacht: Ich selbst bin es, die sich das antut. Mit STFU hätten wir einfach einen schönen Abend gehabt, so wie immer. Mein Gefühl ist: So was wie gestern musste einfach mal passieren, damit ich die STFU-Methode wirklich lerne, denn die Wirkung habe ich dann sofort gemerkt. Ab jetzt werde ich ganz sicher viel öfter mal den Mund halten.«

STFU ist Teil der übergeordneten Idee einer ›häuslichen Disziplin‹. Wie Marie schreibt, gilt diese für Ehefrauen und Freundinnen genauso wie für Kinder – denn sie alle sind der Macht eines Mannes untergeben und angehalten, ihm zu gehorchen. Maries Empfehlung an Männer lautet: »Setzt euch in Ruhe mit ihnen zusammen, erklärt ihnen, welche Regel sie verletzt haben, erklärt auch, warum diese Regel gilt, nehmt besonnen die vorgesehene Bestrafung vor und schließt sie danach in die Arme, denn jetzt ist es schon wieder vorbei.« Die Trad Wives machen sich zwar nicht direkt für den Einsatz der

Faust stark, doch glauben viele von ihnen, dass »es richtig ist, wenn Männer ihren Frauen den Hintern versohlen«.

Zu meiner Überraschung gibt es bei den Red Pill Women kein typisches Profil. Die Mehrheit der Frauen, die mir in den Foren begegnet sind, scheint zwischen 17 und 30 Jahre alt zu sein. Manche sind verheiratet, andere haben noch nicht mal Dates. Genauso unterschiedlich ist auch ihr finanzieller Hintergrund: Während manche einen Rat wollen, wo sich kostengünstig Geschirr kaufen lässt, fragen andere, wo man ein angemessen glamouröses Kleid für einen Empfang bei Donald und Melania im Weißen Haus herbekommt. Auch der Bildungshintergrund der Frauen scheint sehr unterschiedlich: »Ich habe gerade meinen Doktor gemacht und festgestellt, dass einem das bei Männern absolut nichts bringt«, gesteht eine. Aber egal, wie sich ihr Lebensweg bis jetzt gestaltet hat: Die meisten, die bei den Red Pill Women landen, stehen unter Schock durch den Verlust eines geliebten Menschen – oder fürchten sich vor diesem Verlust. Einige wenige kommen dazu, weil sie bislang noch keinen Partner gefunden haben und sich selbst die Schuld dafür geben. Ähnlich wie bei den Männern, die in die Mannosphäre eintreten, ist es auch bei den Trad Wives die Suche nach Liebe, die die meisten von ihnen radikalisiert.

»Was du dir eigentlich wünschst, ist ein hoher RMV = Relationship Market Value«, erklärt Kim einer Frau, die sich Liz nennt und die besessen scheint von der Verbesserung ihres SMVs, weil sie sich einbildet, dass der Typ, der nach ein paar Wochen Affäre Schluss mit ihr gemacht hat, sie dann wieder liebt. In Echtzeit miterleben zu müssen, wie Kim Liz' Ängste und Unsicherheiten geschickt in die Red-Pill-Formel einbaut und sie so in eine neue Trad Wife verwandelt, tut weh.

Wie viele andere weiß auch ich, dass eine Trennung schmerzhaft sein kann und dass sie oft einige Fragen aufwirft: War man zu abweisend, zu egoistisch, zu sehr auf seine Karriere fixiert? Ich kann manches, was in diesem Forum gepostet wird, durchaus nachvollziehen. Für vieles andere jedoch fehlt mir jegliches Verständnis.

»Weißt du, was die durchschnittliche Freundin von der potenziellen Ehefrau unterscheidet?«, fragt Marie. »Keine Ahnung«, schreibt Liz. »Weißt du denn, was die Pflichten einer Frau sind?«, fährt Marie fort. Mir fällt auf, dass sie ihren Mann ständig als ›Captain‹ bezeichnet, so als müsse sie seine Rolle als Alphamännchen, als desjenigen, der die Richtung in ihrem Leben vorgibt, noch betonen. »Was ich an meinem Captain so schätze, ist, dass er mir immer genau sagt, was er erwartet und was er will. Ich kümmere mich um den Haushalt, betreue unsere Kinder und komme seinen sexuellen Bedürfnissen nach.«

Wieder ist es Liz, die gewisse Zweifel äußert: »Aber ich dachte immer, Männer fänden unabhängige Frauen attraktiv.«

»Hast du schon mal *Fascinating Womanhood* von Helen Andelin gelesen?«, fragt Marie. Helen Andelin, eine Antifeministin, die ab den 1960er Jahren Eheberatungsseminare gab, ist einer der Hauptanknüpfungspunkte für die Trad Wives. »Welche Art Leben bekäme ein Mann, der sich für dich entscheidet?«, fährt sie fort. »Kannst du die Liebe und Fürsorge geben, die ein Mann will und braucht? Falls nein: Wieso sollte ein Mann dann gerade dich auswählen?«

Keine Antwort.

»Das ist nicht deine Schuld, mach dir bloß keine Vorwürfe.

Schuld haben der Feminismus und die heutigen Zeiten«, beharrt Marie. »Wir sind einer Gehirnwäsche unterzogen worden, es ist völlig normal, dass es eine gewisse Zeit dauert, bis man zurückgefunden hat in den Naturzustand.«

Was, wenn das stimmt, wenn sie recht hat?, frage ich mich. Was, wenn man sich entscheiden muss, ob man respektiert und bewundert werden will – oder geliebt und begehrt?

»Konzentriere dich auf das, was für eine gesunde Beziehung wichtig ist«, schreibt Marie, als antwortete sie auf die Worte, die ich nie getippt habe. »Vergiss deine Karriere und konzentriere dich nur auf das, was ein Mann bei einer Frau sucht: Kümmere dich darum, dass du immer super aussiehst, dass du immer für deine Familie da bist und dass du sehr gut kochen kannst – und zeig ihm, dass du dich unterordnest und vor ihm Respekt hast.«

Sollte ich das auch? Vielmehr: Könnte ich das? Was, wenn diese Frauen recht haben mit dem, was Männer von Frauen wollen?

Werde ich bereits selbst indoktriniert, radikalisiert, geredpillt? Ich merke, wie einfach man sich in diese Community hineinziehen lassen könnte. Zuerst bringen dich diese Redpiller dazu, alles in Frage zu stellen, und dann drehen sie im nächsten Schritt deine Weltanschauungen radikal um. Ich muss hier raus.

Aber ich will auch die andere Seite sehen und lege mir einen männlichen Avatar zu. Ich richte einen Account bei MGTOW ein und lese mich quer durch die archivierten Posts von mittlerweile geblockten Incels und durch diverse Foren auf The Red Pill.

Hier kommt ein recht willkürlicher Ausschnitt der Dinge,

die ich in archivierten Diskussionsforen auf The Red Pill gefunden habe:

1. Sex haben wie ein WARLORD: 37 Wege, um an Frauen mit Modelmaßen ranzukommen
2. Das Wichtigste am ganzen Spiel: keine Gefühle entwickeln
3. Drei Wege, um Frauen bewusst zu manipulieren – bevor sie das unbewusst mit dir tun

Das, was man hier liest, stammt nicht von der Sorte geredpillter Männer, wie die Red-Pill-Frauen sie beschreiben. Das hier stammt nicht von hehren Alphamännern, die in ihrer Beziehung mit natürlicher Souveränität die Führungsrolle übernehmen, sondern von Männern, die Frauen auf ihre reproduktiven und sexuellen Funktionen reduzieren, um ihre Minderwertigkeitskomplexe zu kompensieren.

In den 1990er Jahren setzte die kanadische Statistikstudentin Alana eine Website auf, die Menschen – egal ob männlich oder weiblich –, die noch Jungfrau waren, die sich einsam fühlten oder sich nicht in der Lage sahen, einen Partner für Beziehung oder Sex zu finden, in Kontakt bringen sollte. Sie taufte die Plattform ›Alana's **In**voluntary **Cel**ibacy Project‹, was schon bald zu ›Incel‹ abgekürzt wurde. Das Projekt war gut gemeint: Unter geringem Selbstwertgefühl und Einsamkeit Leidenden das Selbstvertrauen und den Zuspruch zu geben, den sie brauchten. Aber in weniger als zwanzig Jahren entwickelte sich die Incel-Bewegung zu etwas gänzlich anderem: zu einer primär männlichen Community nämlich, die Frauen als attraktive ›Stacys‹ und weniger attraktive ›Beckys‹ kategorisiert und Männer in hypermaskuline ›Alphamänner‹

einerseits und ›Zeta-Männchen‹ oder ›Soja-Jungs‹ andererseits einteilt. Während Alana noch Begriffe wie ›liebesscheu‹ oder ›FA‹ (für: ›forever alone‹) eingeführt hatte, wurde eine entmenschlichende, frauenfeindliche Sprache mit der Zeit immer normaler. Frauen wurden als ›Femoide‹ bezeichnet, ein Wort, das sich zusammensetzt aus den Begriffen ›female‹ und ›Humanoide‹.

Alanas konstruktiv angelegte Selbsthilfe-Community wurde schließlich zu einer hochgradig toxischen Echokammer für von Frauenhass und Selbstekel erfüllte einsame Männer. Als Reddit im November 2017 die Incels von seiner Plattform verbannte, war die Community schon 40 000 Mitglieder stark. Die meisten Incels wanderten in andere Ecken des Internets ab, zu Voat zum Beispiel, wo sich Männer weiterhin über ihre ›Unfickbarkeit‹ und die Ungerechtigkeit austauschen, dass ihnen etwas verwehrt wird, was sie als ihr Grundrecht ansehen – das Recht nämlich, Sex mit attraktiven Frauen zu haben. Um dem ›Inceldom‹, dem unfreiwillig zölibatären Leben, zu entkommen, verordnen manche sich strenge Diäten und Fitnessprogramme. Oder sie lassen Schönheitsoperationen an sich vornehmen, ein Schritt, der als ›Looksmaxing‹ bezeichnet wird. Andere ziehen radikalere Schlüsse, zum Beispiel, dass es nur eine Lösung gibt: sich selbst oder andere umzubringen, oder beides.

»Die Incel-Revolution hat begonnen!«, postete der 25-jährige Alek Minassian auf Facebook, bevor er im April 2018 in Toronto mit einem Lieferwagen auf den Gehweg raste und zehn Menschen tötete. Vier Jahre zuvor gab es in Kalifornien einen ganz ähnlichen Vorfall, als Elliot Rodger sechs Menschen erschoss und 14 weitere verletzte. In seinem Manifest bezeichnete er sich selbst als »Obersten Gentleman« und schwor, alle Frauen zu bestrafen, weil sie ihm den Geschlechtsverkehr versagten. »Ich habe keine Anziehung auf euch Frauen, und dafür werde ich euch alle bestrafen«, schrieb er.

Es stimmt, dass es für einen durchschnittlichen Mann, verglichen mit einer durchschnittlichen Frau, schwerer ist, Geschlechtsverkehr zu haben. Studien zeigen, dass Männer auf Tinder seltener einen Match bekommen als Frauen: Während männliche User mit nur 0,6 Prozent der sie interessierenden Profile matchten, hatten ihre weiblichen Pendants eine Matching-Quote von ca. 10, 5 Prozent und schafften es, in nur einer Stunde über 200 Matches zu sammeln. Eine andere Studie ergab, dass Frauen eine Antwortquote von über 50 Prozent haben, wenn sie eine Erstanfrage stellen, wohingegen Männer durchschnittlich nur auf 17 Prozent ihrer verschickten Nachrichten überhaupt eine Antwort zurückbekommen.

Im Laufe der letzten Jahre hat sich in großen Teilen der Millennial-Generation das antifeministische Denken festgesetzt. Prominente Figuren wie der Psychologe und Bestseller-Autor Jordan Peterson, wie der bekannte britische Youtuber und UKIP-Europawahlkandidat Carl Benjamin alias ›Sargon of Akkad‹ sowie Janice Fiamengo, Wissenschaftlerin an der Universität von Toronto, haben allseits Männer als die primären Opfer der heutigen Zeit dargestellt. Alle führen häufig die hohen Selbstmordraten bei Männern an, erwähnen dabei aber nicht, dass, obwohl mehr als drei Viertel aller Suizide in den USA und in Großbritannien von Männern begangen werden, Frauen mit immer noch höherer Wahrscheinlichkeit Selbsttötungsversuche unternehmen – ein Phänomen, das man auch ›Suizid-Paradox‹ nennt.

Die Mannosphäre pflegt zu Frauen eine innige Hassliebe. Dabei ist sogar selbsternannten Männerrechtsaktivisten bewusst, dass Bewegungen, denen die Unterstützung von Frauen fehlt, nicht nachhaltig sind. »Es ist dringend geboten, Frauen auf unsere Seite zu ziehen. Meiner Meinung nach ist einer der besten Wege dorthin, sie langsam an Redpill-Youtuberinnen heranzuführen«, schrieb Jon Anthony, Dating-Coach und Gründer des Blogs ›Masculine Development‹. Der schwedische Alt-Right-Influencer Marcus Follin, ein muskelbepackter Mann mit langen, goldblonden Haaren und gebräunter Haut, besser bekannt als ›The Golden One‹, sagte in seinem »The Women Question« betitelten Video, rechtsextreme Bewegungen bräuchten dringend mehr engagierte Frauen. Er führte Statistiken zur österreichischen Präsidentschaftswahl von 2016 an, die der Kandidat der Grünen nur um Haaresbreite vor dem Kandidaten der Rechtsaußen-Partei FPÖ gewonnen hatte – insbesondere dank der Stimmen von Frauen. Follins Schlussfolgerung: »Vielleicht gefällt es euch nicht, dass Frauen überhaupt wählen dürfen, aber hier geht es doch um den langfristigen politischen Sieg.«

Weibliche Männerrechtsaktivistinnen haben meist viele männliche Twitter-Follower, ihre Youtube-Kanäle verzeichnen oft mehr als 10 000 Abonnenten. In ihren weit schwingenden Retro-Kleidern, dem passenden Lippenstift und in ihren hochhackigen Schuhen spiegelt sich eine ausgeprägte nostalgische Sehnsucht nach den hyperfemininen Bildern der 1950er Jahre. Ayla Stewart, besser bekannt unter ihrem Alias ›Wife with a Purpose‹, ist eine der populärsten Trad

Wives in den sozialen Medien. Die selbsternannte »Alt-Right-Mormonin« brachte es zu weltweiter Berühmtheit, als sie die »White Baby Challenge« ausrief, einen Gebärwettbewerb mit dem Ziel der Bewahrung der weißen Rasse. »Ich habe schon sechs gemacht«, schrieb sie. »Holt auf oder schlagt mich!«

DeAnna Lorraine, eine attraktive Brünette mit vollen Lippen und sorgfältig aufgetragenem Make-up, sitzt an ihrem Schreibtisch, im Hintergrund ist ihr Buch *Making Love Great Again* zu sehen. Sie ist eine »geredpillte Beziehungsberaterin«, und ich will mir ihre Coaching-Session für Männer anschauen, die sie live auf Youtube streamt. Thema heute: *Wie du deiner Freundin die rote Kapsel gibst*. DeAnna fängt an: »Denkt immer dran: Eure Freundin ist einer Gehirnwäsche unterzogen, sie ist ideologisch indoktriniert worden und läuft blind einer irrationalen, gefährlichen Herde hinterher. Wenn sie es also nicht sofort kapiert, ist das nicht allein ihre Schuld.« Sie ermuntert ihre männlichen Zuschauer, ihre Freundinnen wie Menschen mit einer Geistesstörung zu behandeln, und bekommt dafür im Live-Chat Herzchen und Küsse. »Dank euch für so viel Liebe und so viele Herzchen, Jungs«, antwortet sie, und strahlt mit einem verführerischen Lächeln auf den Lippen in die Kamera, bevor sie ihren detaillierten Redpilling-Leitfaden Schritt für Schritt mit uns durchnimmt:

Schritt 1: Die Grundlagen schaffen für den Paradigmenwechsel
Frag sie, ob sie offen ist für ein ehrliches Gespräch, ob ihr die Gefühle mal beiseitelassen und euch mit harten Fakten auseinandersetzen könnt.

Stell ihr Fragen wie: »Was hältst du von den Männern heute? Findest du sie männlich genug?« Oder: »Worüber beschweren sich Frauen in der Dating-Welt am meisten in Bezug auf Männer? Hast du den Eindruck, dass die meisten Männer nur auf schnelle Abenteuer und Sex aus sind?«

Schritt 2: Die Heuchelei, den Wahnsinn und die Lügen von Feminismus und Liberalismus aufzeigen
Gib ihr Aufgaben wie: eine Liste anfertigen von den ECHTEN Unterschieden zwischen Männern und Frauen oder sich mal tiefer befassen mit Kulturmarxismus, Frankfurter Schule und dem ›11-Schritte-Plan‹.

(Laut DeAnna Lorraine sind alle drei Wellen des Feminismus Teil eines Plans der kulturellen Subversion. Die Frankfurter Schule, so erklärt sie, sei eine Verschwörung zur Zerschlagung der Gesellschaft mithilfe des so genannten ›11-Schritte-Plans‹ gewesen. Zu diesem Plan hätten »die Schaffung der rassistischen Straftat«, »die Unterrichtung von Kindern in Sex und Homosexualität«, »die großdimensionierte, identitätszerstörende Immigration«, »das Plädoyer für exzessiven Alkoholkonsum« sowie »die Entleerung der Kirchen« gehört.)

Schritt 3: Konfrontiere sie mit einer Zukunft, die Angst macht – Gemeinsamer Gang in die Zukunft
Bring sie dazu, Studien über das naturhafte Wesen von Frauen zu lesen, und sprich mit ihr über MGTOW.

Die Schritte dieses Leitfadens folgen einer bereits sattsam bekannten Radikalisierungsstruktur:

Schritt 1: Arbeite mit existierenden Sorgen und Ängsten, um Zweifel zu säen hinsichtlich des bestehenden Systems.

Schritt 2: Gib einer dämonisierten Randgruppe (z. B. Feministinnen oder Liberalen) die Schuld für gesellschaftliche Missstände, indem du diese Missstände mit Verschwörungstheorien verknüpfst.

Schritt 3: Halte eine radikale Lösung bereit für alle bestehenden Probleme (z. B. The Red Pill).

Nachdem ich gesehen habe, wie Red-Pill-Männer ermutigt werden, Frauen zu manipulieren und zu demütigen, beschließe ich, wieder zurück zu The Red Pill für Frauen zu gehen, und tippe ›Missbrauch‹ ins Suchfeld ein. Eine der vielen, die hier ihre Erfahrungen mit verbalem und physischem Missbrauch teilen, ist Katie. Sie gibt uns eine Kostprobe dessen, was ihr Mann an diesem Tag schon zu ihr gesagt hat: »Scheiß Hure!«, »Ich hätte dich schon vor langer Zeit rausschmeißen sollen«, »Wenn du einen Schritt näher kommst, wirst du dir wünschen, mich nie geheiratet zu haben«.

Die Reaktionen, die sie von den anderen Red-Pill-Frauen bekommt, sind wenig tröstlich: »Wenn du deinen Mann respektierst, hört der Missbrauch sofort auf.« Und: »Missbrauch ist sehr selten eine Einbahnstraße, oft schützt ein Mann sich auf diese Art und Weise gegen ständige Beleidigung und Entmannung.« Die anderen Frauen verlegen sich darauf, aus dem Buch *The Surrendered Wife* von Laura Doyle zu zitieren, in dem verbaler Missbrauch zum legitimen Mittel der Aufrechterhaltung männlicher Dominanz erklärt wird.

Es ist ein gängiges Muster unter Trad Wives, sich bei verbaler Misshandlung selbst die Schuld zu geben, und sogar körperliche Gewalt wird ständig relativiert oder gerechtfertigt: »Er hat meinetwegen ein paar schlechte Angewohnheiten, zum Beispiel ohrfeigt er mich, wenn ich heule«, gesteht eine Frau. Eine andere gibt Ratschläge vor dem Hintergrund von Jolynn Raymonds Buch *Taken in Hand: A Guide to Domestic Discipline, Power Exchange Relationships and Related BDSM Topics*: »In einigen traditionelleren Beziehungen (aber nicht in allen) diszipliniert der Mann die Frau entweder physisch (durch Schläge auf den Po) oder durch Maßnahmen wie das Schreiben von Merksätzen oder das Eckenstehen«, schreibt Raymonds. »So, wie man üblicherweise Kinder (ja, und Ehefrauen) bestraft, nur, dass die Bestrafung an einer erwachsenen Frau vorgenommen wird. Was für manche funktioniert, für andere aber auch nicht.«

Das bevorzugte Beziehungsmodell der Trad Wives ist das so genannte ›Taken-in-Hand-Modell‹ (TiH). Im Urban Dictionary wird es umschrieben als »monogame, heterosexuelle, vom Mann geprägte Beziehung, in der die Frau sowohl in den Fragen des alltäglichen Lebens als auch sexuell hinter ihren Partner zurücktritt«. Eine anonym bleibende selbsterklärte weibliche TiH-Expertin gibt Männern folgende Tipps:

»Schieb die Bestrafung nicht länger hinaus als absolut notwendig. Wenn du findest, dass sie für eine ironische Bemerkung eine Tracht Prügel verdient hat, ist es unendlich wirkungsvoller, wenn du sie direkt am Arm nimmst, sie ins Bad, ins Schlafzimmer oder in die Garage führst und die Schläge sofort verabreichst.«

»Lern, wie du deine Autorität auch in der Öffentlichkeit

einsetzt. Dezente Signale zwischen euch beiden können im öffentlichen Rahmen sehr machtvoll sein. Eine hochgezogene Augenbraue, ein sanfter Druck auf den Arm, ein erhobener Zeigefinger, vielleicht sogar ein Codewort kann ihr die Botschaft übermitteln, dass sie, auch wenn sie sich im betreffenden Augenblick sicher wähnt, trotzdem deiner Hoheitsgewalt untersteht. Wenn es nicht anders geht, schreck nicht davor zurück, sie physisch aus der Situation zu entfernen.«

Mehrere Trad Wives beschweren sich darüber, dass die feministische Aggressionsbewältigungsindustrie alles, was ein Mann in einer Beziehung tut, um zu seiner Autorität zu kommen oder diese aufrechtzuerhalten, als Missbrauch qualifiziert hat. »Es ist heute sofort strafbarer Missbrauch, wenn Männer jenseits absurd verlogener BDSM-Spielchen ihre Dominanz ausstellen: wenn sie ihrer Frau gegenüber laut werden, wenn sie ihr kein Geld mehr geben, wenn sie gegen die Wand schlagen, das Haus verlassen, sich in einem Streit an logische Argumente oder an ihre Schusswaffen halten oder die Frau beschimpfen – sogar, wenn die Beschimpfung zutreffend ist, wie z. B. der fetten Freundin zu sagen, sie sei fett geworden«, schreibt Marie und fährt fort: »Und die Medien versuchen, aus jeder Beziehung die Geschichte eines grausamen Mannes und einer terrorisierten Frau zu machen.« Diese »völlig kranke Ausweitung des Begriffs ›Missbrauch‹«, so argumentieren die Trad Wives, halte Männer davon ab, die häusliche Disziplin zu wahren und den Kampf um die Vorherrschaft ein für alle Mal zu gewinnen.

Die Verwirrung, die der schwierige Balanceakt zwischen Unterwerfung und Dominanz sowie die sich wandelnden

Vorstellungen von Männlichkeit und Weiblichkeit auslösen, haben Männer wie Frauen in Identitätskrisen geworfen. »Alles, was man dir beigebracht und erzählt hat, fußte auf einer Lüge. Der Lüge nämlich, dass du alles haben kannst: Selbstverwirklichung und ein glückliches Familienleben. So funktioniert es aber einfach nicht«, schreibt mir eine Trad Wife. Und das wiederum hängt zusammen mit der Abschleppkultur, wie Brittany Pettibone sagen würde, diesem Auswuchs von Moderne, gesellschaftlichem Fortschritt und Feminismus.

Die Millennials scheinen zunehmend keine Lust mehr auf hochfrequentes Dating zu haben, wie es seit Anbruch des technosexuellen Zeitalters mit Apps wie Tinder und Bumble, die mit den Köpfen ihrer Userinnen und User spielen, gang und gäbe geworden ist. Diese umgehende Befriedigung, dieses Dopamin, das bei einem zum bloßen Spiel verkommenen Dating durch unsere Körper fließt, das unsere Sehnsüchte manipuliert und unsere Realitätswahrnehmung verzerrt. Besonders besorgniserregend ist an alldem vielleicht die Illusion unbegrenzter Wahlmöglichkeiten, die zu einer Spirale endloser Selbst- und Partneroptimierungen führen kann. Studien legen nahe, dass die Userinnen und User von Tinder weniger zufrieden mit ihrem Körper und ihrem Gesicht sind als andere und dass vor allem männliche User unter einem geringeren Selbstwertgefühl leiden als Männer, die nicht auf Tinder unterwegs sind.

»Wir stecken mitten in einer Liebesapokalypse«, würden einige der Trad Wives sagen und für diese These die sinkende Zahl der Eheschließungen und die niedrigen Geburtenraten in den USA und Europa ins Feld führen. Es stimmt, dass so viele US-Amerikaner Singles sind wie noch nie zuvor, dass die Geburtenraten in den USA ein historisches Tief erreicht haben, in Großbritannien nur jede sechste Person zwischen 20 und 30 verheiratet oder in einer festen Partnerschaft ist und dass die durchschnittliche Beziehungsdauer von britischen Paaren zwischen 20 und 30 4,2 Jahre beträgt. Die Deutschen haben im Leben durchschnittlich 12 Sexualpartner. Mehr als die Hälfte aller nicht Verheirateten in Deutschland sind in keiner festen Partnerschaft.

Kein Wunder, dass die Idee, sich wieder auf traditionelle Machtverhältnisse, altmodische Geschlechterrollen und klar geteilte Verantwortlichkeiten zu verlegen, sowohl für Männer als auch für Frauen ihren Reiz haben kann. Aber war früher wirklich alles einfacher? Mit festgelegten Rollen und Verhaltensweisen für alle Beteiligten? Frauen, die herauszufinden versuchen, warum ihre Beziehung nicht so läuft, wie sie sich das vorgestellt haben – also so, wie Hollywood es vorlebt –, strömen in Scharen in die Trad-Wives-Community. The Red Pill bietet den kurzen Weg hinaus aus einem immer komplexer werdenden sozialpsychologischen Labyrinth, durch eine einfache Erklärung: Wenn die Frau für zu vieles Verantwortung übernimmt und eine Machtposition beansprucht, die gar nicht die ihrige ist, dann bröckeln Verantwortung und Macht des Mannes, woraufhin er sich überflüssig und gedemütigt fühlt, denn schließlich wird seine traditionelle Rolle als Ernährer und Beschützer in Frage gestellt.

In der Trad-Wives-Community trifft Verwirrung auf Unsicherheit und verwandelt sich dann in Schuldgefühle und Selbstzweifel. Diejenigen, die glauben, die rote Wahrheitspille geschluckt zu haben, sehen Beziehungen plötzlich nicht mehr an Versagen und Fehlverhalten auf beiden Seiten scheitern, sondern daran, dass Frauen nicht mehr weiblich genug sind. »Sie hat sich nicht mit Freude in die weibliche Rolle in der Beziehung geschickt«, heißt es dann. Unterwerfung wird als Emanzipation verkauft, traditionelle Weiblichkeit als Empowerment. »Sie wurde missbraucht oder bestraft, weil sie nicht fügsam oder brav genug war.« Doch der von Frauen vertretene Antifeminismus ist massiv durchsetzt von Widersprüchen: Obwohl die glückliche Ehe das erklärte Ziel der Trad Wives ist, stellen sie sich trotzdem hinter Begriffe wie den sexuellen Marktwert (SMV), wie ihn auch die Anti-Ehe-Propagandisten von der MGTOW-Community hochhalten.

Sie würden genauso behaupten, dass Männer und Frauen von der Community zu ihrem Ursprung zurückgebracht werden, zurück also zur ›wahren‹ Natur der Geschlechter. Egal, ob es um die Red-Pill-Frauen geht, die verzweifelt versuchen, Bilderbuch-Ehefrauen zu sein, sich dafür verbiegen und ihre Wünsche unterdrücken, oder die Red-Pill-Männer, die Alphamännchen sein und Techniken draufhaben wollen, um Frauen zu manipulieren und zu verführen: Letzten Endes macht ein Netzwerk wie The Red Pill den Eindruck einer Droge, die alle, die sie nehmen, abhängig macht von der ewigen Jagd nach einem idealen Selbst.

Die Red-Pill-Communitys sind auch Sozialisierungsbiotope für aggressive Vertreter der männlichen Dominanz und für Influencer aus der Neuen Rechten; hier lassen sich normale User, auch ›Normies‹ genannt, gut ›redpillen‹. Anders als bei anderen Beratungs- und Coaching-Foren im Internet bleiben die meisten Userinnen und User, die auf die Plattform kommen, um für ein bestimmtes Problem Hilfe zu erhalten, mindestens mittel-, oft sogar langfristig hier. Sie werden schrittweise indoktriniert und internalisieren die Standards und Ideologien ihrer Coachs und Leidensgenossinnen und -genossen. Wie schnell sich ihre Identität, ihre Ansichten und ihre Verhaltensweisen dabei ändern, zeigt, wie wirkmächtig und gefährlich die Sozialisierungsmaschine Internet ist.

Die Sozialisierung in dschihadistischen Subkulturen verläuft in dieser Hinsicht nicht groß anders. Nach Geschlecht getrennte Foren, in denen über die Rolle von Männern und Frauen in der Gesellschaft diskutiert wird, sind starke Tools, um eine Gruppenideologie mit Fragen zu verknüpfen, die einen privat umtreiben, wie der genauere Blick auf eine Frauen-Chatgruppe im Umfeld des IS im nächsten Kapitel zeigt. Trotz ihrer religiös fundierten Ideologie und der erhöhten Gewaltbereitschaft lässt sich die soziale Dynamik innerhalb dieser Gruppe von Terror-Schwestern vergleichen mit der, wie sie in Frauen vorbehaltenen Online-Räumen der Alt-Right-Bewegung zutage tritt. So sind beispielsweise Beratung und Coaching unter den Mitgliedern tragende Säulen, um den Zusammenhalt zu stärken und die Loyalität gegenüber den Werten und Normen der Gruppe abzusichern.

»Bruder, was machst du hier?«, fragt eine der Schwestern. »Dieser Chat ist nur für Schwestern, Männer haben hier keinen Zutritt.« In die kleine, aber internationale Gruppe ›Terror Agency Sister chatting group‹ auf dem verschlüsselten Messaging-Dienst Telegram dürfen nur Frauen, die den IS unterstützen.

Eigentlich würde ich lieber nicht mit den Schwestern chatten, während ich auf Bali am Strand sitze, den Surfern zuschaue und ein Bintang-Bier trinke. Aber gerade als ich aufgebe und mich nicht mehr länger des Straßenhändlers erwehre, der mir so unbedingt in Bananenblätter gewickelte Reiskekse verkaufen will, bekomme ich eine Push-Nachricht von Blue Sky, der Administratorin des IS-Schwestern-Chats. »11 Tote und mindestens 41 Verletzte – Sicherheitskräfte und Christen – bei drei Märtyrer-Einsätzen in der javanischen Stadt Surabaya, Ostindonesien.« Falls diese Nachrichten von der Nachbarinsel stimmen, dann haben sie es bislang noch nicht in die Schlagzeilen geschafft. Die fröhlichen Gesichter um mich herum sind wie ein Spiegel der feierlichen Stimmung, die im Chat der Schwestern ausbricht.

Ein paar Minuten später piept mein Telefon erneut. »52 Tote und Verwundete unter den Kreuzfahrern bei drei Märtyrer-Operationen in Ostindonesien.« Blue Sky fügt die Hashtags #IslamicState und #WilayahEastAsia hinzu, als wolle sie uns dazu anhalten, die Meldung des IS-Nachrichtenkanals Amaq in den sozialen Netzwerken zu teilen. Als die News auch bei BBC und CNN ankommen, kann ich beobachten, wie die Touristen am Strand ständig zu ihren Telefonen greifen, um sich auf den neuesten Stand zu bringen. Die Strandbar ist nur wenige hundert Meter vom Mahnmal zum Gedenken an den Bombenangriff auf Bali entfernt, was Erinnerungen weckt an den islamistischen Anschlag, der im Jahr 2002 über 200 Menschenleben gefordert hat. Aber diesmal ist etwas anders: Schnell wird klar, dass die Anschläge von einer Familie begangen wurden. Sechs Mitglieder dieser Familie haben sich in die Luft gesprengt, darunter zwei Söhne im Teenageralter sowie zwei Töchter von acht und zwölf Jahren.

Verwandtschaft ist ein wiederkehrendes Thema im indonesischen Dschihadismus; zwei der zentralen Figuren bei der Planung des Bombenanschlags auf Bali waren Brüder, und vier der Täter beim Bombenanschlag in Jakarta 2009 gehörten ebenfalls zur selben Familie. Aber dass ganze Familien zu Märtyrern werden – und zwar »ganz normal wirkende« Familien, wie die Nachbarn betonten –, das hat eine neue Qualität. Die radikalisierten Familienmitglieder gehörten zum IS-Unterstützernetzwerk Jemaa Ansharut Daulah und waren innerhalb dieser Gruppe in Kontakt gekommen mit Predigern und deren Videos.

IS-Anwerber planen jeden Schritt der Sozialisierung und Eingliederung von Neumitgliedern und deren Familien in den Kreis der Gruppe. Einmal angeworben, werden Neulinge mit den Erwartungen, Regeln und Standards der Organisation vertraut gemacht – im üblichen Fall geschieht das über klar nach Geschlecht getrennte Kanäle. Um ein vollgültiges Mitglied zu werden, muss ein junger Rekrut bzw. eine junge Rekrutin die Werte und Vorgehensweisen der Gruppe internalisieren, akzeptieren und befolgen. Zu dieser Übergangsphase gehört die Absicherung, dass Neumitglieder ihren Gesinnungsgenossen gegenüber zu jedem Zeitpunkt und unter allen Umständen loyal bleiben – auch dann, wenn enge Freunde oder Verwandte Kritik üben an den neuen Ansichten oder Verhaltensweisen.

Dahlia, eine der Höherrangigen in der ›Terror Agency Sister‹-Gruppe, beschwört uns, uns »von allem und jedem fernzuhalten, der uns vom Dschihad abzubringen versucht, und sei es mit Argumenten, die sich muslimisch anhören«. Sie sagt uns, am Anfang sei es normal, aufzufallen und einen merkwürdigen Eindruck zu machen. »Aber je stärker ich mich an die Vorgaben der Sunna gehalten habe, desto klarer habe ich mich von den Mitgliedern meiner Familie, von alten Freunden und der Gesellschaft insgesamt entfernt.« Sich im Land des Unglaubens (*Kufr*) anders, ja fehl am Platz zu fühlen, gehört laut Dahlia zum Dasein als muslimische Frau, die unerschütterlich ist in ihrem Glauben (*Dīn*). »Ihr Erscheinungsbild, ihre Äußerungen, ihre Persönlichkeit und ihre alltäglichen Verrichtungen unterscheiden sie von allen, die die eingeführte gesellschaftliche Norm gutheißen.« Diesen Prozess bezeichnet sie als »situative Entfremdung« (*Ghuraba*). Es ist diese Entsozialisierung aus dem bekannten Umfeld, die die Grundlage bildet für das Hineinwachsen in eine exklusive Gruppe wie den Islamischen Staat.

Der Begriff der ›situativen Entfremdung‹ wird von keiner der 15 Frauen in der Gruppe in Frage gestellt. Dahlia schreibt, sie habe dann angefangen, alle zu hassen, die die Führung des Propheten nicht akzeptierten, ihre nächsten Verwandten eingeschlossen. »An diesem Punkt habe ich mir so langsam Sorgen gemacht.« Sie habe sich gefragt, was mit ihr los sei, und sie habe den Teufel (*Schaitan*) flüstern hören: »Du wirst ja zur Extremistin.« Aber die Dschihadistin versichert uns, dass es notwendig sei, diese innere Stimme zum Schweigen zu bringen und sich selbst zu sagen: »Nein, Schwester, du fühlst nur, was jede wahre Gläubige fühlen sollte: Hass auf *Kufr* und seine Bewohner.« Ziel dieser Rhetorik ist es, die Zweifel, die neue Rekrutinnen und Rekruten am Beginn des Radikalisierungsprozesses möglicherweise noch haben, auszumerzen – egal, ob diese Zweifel geschürt werden von argwöhnischen Verwandten, der eigenen Skepsis oder erschwerenden äußeren Umständen.

Verschärfte Sicherheitsvorkehrungen können für neue Mitglieder, die sich dem Leben im Inneren einer Terrororganisation noch nicht vollständig verschrieben haben, eine psychisch belastende Erfahrung sein. Wenn ein Mitglied unter dem polizeilichen Druck einknickt, kann das Bumerangeffekte haben auf die gesamte Gruppe sowie die Familien der Gruppenmitglieder. »Es ist jetzt sehr hart für indonesische IS-Kämpfer und ihre Familien«, beschwert sich eine der Schwestern einige Tage nach dem Bombenattentat in Surabaya. »Polizei und Regierung haben alles gesperrt, auch ihre Bankkonten.«

Lange Zeit – vor allem nach den Bombenanschlägen auf Bali – war Jemaah Islamiyah die meistgefürchtete Terrororganisation in der Region. Professor Kumar Ramakrishna zufolge, seines Zeichens Koordinator für Nationale Sicherheitsstudien an der Technischen Universität Nanyang in Singapur, hat der IS in den vergangenen Jahren hier jedoch massiv an Boden gewonnen und die tatsächliche Bedrohungssituation in Südostasien stark verändert. »Daesch versucht, sich die einzelnen Unruheherde in den Regionen zunutze zu machen«, erzählt er mir bei einer Tasse Kaffee in Melbourne. Der Versuch, auf der philippinischen Insel Mindanao die Kontrolle zu übernehmen, und die verstärkte Aktivität in Indonesien gehörten zur groß angelegten Strategie des IS, den eigenen Einfluss in Südostasien zu vergrößern. Indonesische Sicherheitskräfte warnen schon seit längerem vor Rückkehrern aus Syrien, aus dem Irak und von den Philippinen – sowie vor im eigenen Land herangewachsenen Einzeltätern. In Südostasien, vor allem in Indonesien, hat der IS ideologisch eine große Reichweite. Der indonesische IS-Propagandist Aman Abdurrahman und auf Indonesisch verfügbare Online-Publikationen wie *Dabiq*, *Rumiyah* und *An-Nabe* haben Anregungen geliefert für einige hochgradig koordinierte Anschläge sowie für mehrere Einzeltäterattentate. Manche dieser Texte kenne ich über die Terror-Schwestern. Anleitungen zum Bombenbau wurden bei Telegram ebenso geteilt wie Aufrufe, symbolkräftige Gebäude zu Anschlagszielen zu machen.

In den vergangenen Jahren haben mit dem IS assoziierte Terroristen in Jakarta koordinierte Selbstmordanschläge mit Bomben und Schusswaffen verübt und bei einem Überraschungsangriff sogar die südphilippinische Stadt Marawi eingenommen. Im August 2016 haben Sicherheitskräfte in Singapur einen Terroranschlag auf das Marina Bay Sands Hotel vereitelt. Militante Mitglieder der mit dem IS verbandelten Zelle Gigih Rahmat Dewa hatten vor, von der Insel Batam aus Raketen auf die drei ikonischen Wolkenkratzer abzufeuern. Und Bahrun Naim, der Kopf hinter den Anschlagsplänen, war nicht mal selbst vor Ort; er befand sich irgendwo im Nahen Osten und dirigierte die Aktion vom Handy aus. Eine Kombination von Facebook, Youtube und Telegram machte es diesem bekannten ausländischen Kämpfer möglich, den Anschlag Tausende von Kilometern entfernt mit aller Sorgfalt zu organisieren.

Fernbeziehungen zwischen dschihadistischen Anwerbern und ihren Zielpersonen beginnen oft auf Facebook, werden dann aber bald in verschlüsselten Chatrooms fortgeführt. Im Marketing bezeichnet man diese Räume auch als ›Dark Social‹, weil der hier passierende Datenverkehr nur sehr schwer auffindbar und nachvollziehbar ist. »Sprechen wir unter vier Augen« ist die typische Phrase, die man zu lesen bekommt, bevor die Einladung in eine geschlossene Telegram- oder WhatsApp-Gruppe eintrifft. Der Dokumentarfilmer Noor Huda, der Dutzende von Dschihadisten interviewt hat, berichtet von dem Beispiel eines 16-jährigen indonesischen Mädchens, das von IS-Anwerbern auf Facebook ins Visier genommen wurde. »Schlussendlich hat dieses Mädchen dann 26 ihrer Familienangehörigen radikalisiert«, erzählt er mir. In Indonesien ist das sicher kein Einzelfall, werden hier soziale Medien im globalen Vergleich doch mit am intensivsten genutzt: Neun von zehn Smartphone-Usern in Indonesien sind bei Facebook. Noor Huda schiebt diese Zahlen auf die vielen Staus: »In Städten wie Jakarta verlässt man manchmal stundenlang das Auto nicht, weswegen die Leute sehr viel Zeit auf Facebook verbringen.«

Wissenschaftler an der University of Maryland haben von fast 500 US-Extremisten Daten zur Nutzung sozialer Medien gesammelt und herausgefunden, dass Social-Media-Plattformen im Jahr 2016 in 90 Prozent aller Radikalisierungsfälle eine Rolle gespielt haben. Soziale Medien ermöglichen dabei nicht nur die Kontaktaufnahme von Extremisten untereinander, sondern beschleunigen auch den Radikalisierungsprozess. Als extremistische Gruppierungen wie al-Qaida 2005 erstmalig mit den sozialen Medien experimentierten, dauerte eine durchschnittliche Radikalisierung anderthalb Jahre. Damals hatte Facebook 5,5 Millionen Nutzerinnen und Nutzer – heute sind es 2,2 Milliarden –, Youtube ging gerade erst online und Twitter steckte noch in der Entwicklung. Der IS hatte noch lange nicht damit begonnen, das dschihadistische Online-Messaging durch die hochgradig abgestimmte Verbreitung exakt zugeschnittener Propagandainhalte über Facebook, Twitter, Tumbler, Ask.fm und Instagram zu revolutionieren. Mitte 2014, als der IS die Videos von den Enthauptungen der Journalisten James Foley und Steven Sotloff in Umlauf brachte, bestand seine Twitter-Armee aus mindestens 14000 Unterstützer-Accounts. 2016 war der Anteil der so genannten ›ausländischen Kämpfer‹ mit US-Hintergrund, die soziale Medien nutzten, auf 90 Prozent gestiegen, während die durchschnittliche Dauer einer Radikalisierung auf 13 Monate gesunken war.

Zu Beginn des Social-Media-Zeitalters formulierten es Mitglieder eines dschihadistischen Forums so:

»Facebook ist eine gute Idee, viel besser als die ganzen Foren. Statt darauf zu warten, dass die Leute zu dir kommen, damit du sie informieren kannst, gehst du zu ihnen und lehrst sie! So Gott will, werden die Mudschaheddin, ihre Unterstützer und alle stolzen dschihadistischen Journalisten diese Seite ebenfalls nutzen.«

»Assalamualaykum. In meiner Stadt ist es immer noch sehr gefährlich. Alle 5 Minuten Polizeisirenen. Krisenstufe 4«, schreibt eine der Schwestern aus Indonesien. Die Gefahr liegt offenbar im Auge der Betrachterin. Ich beschließe, mich aus dem Stadtgebiet fernzuhalten, denn ich befürchte einen weiteren Terroranschlag. Die Schwester allerdings empfindet die Innenstadt wegen der großen Präsenz von Sicherheitskräften als zu riskant. Sie hat sowohl on- als auch offline Vorkehrungen gegen ihre Enttarnung getroffen: »Ich habe alle meine indonesischen IS-Anhängerinnen aufgefordert, besser ihre Profilbilder zu löschen und ihre Account-Namen in irgendwas Lustiges umzubenennen.«

Aber nur wenige Tage später informiert sie uns darüber, dass der Geheimdienst bei ihr war, um sie zu überprüfen. Auch wenn Blue Sky, unsere Anführerin, in Deutschland sitzt, wird ihre Sorge darüber, dass die indonesische Schwester von der staatlichen Antiterroreinheit überwacht werden könnte, doch immer größer. Sollten indonesischer und deutscher Geheimdienst Informationen austauschen und eine Verbindung zwischen ihnen herstellen, könne das für die gesamte Gruppe gefährlich sein. Um in Deutschland auf die Beobachtungsliste gesetzt und abgehört zu werden, so erklärt sie, reiche es aus, dass die Polizei den leisesten Zweifel hege.

»Ich muss unsere indonesische Schwester aus der Gruppe entfernen«, beschließt Blue Sky schließlich. Ich bin überrascht; statt Hilfe anzubieten, gibt die Gruppe die Schwester in diesem kritischen Moment auf. Was etwas Grundlegendes über extremistische Gruppierungen zutage treten lässt: Der Ausschluss von Mitgliedern wird mit absoluter Rücksichtslosigkeit vollzogen. Loyalität und ideologische Verlässlichkeit sind nur die eine Voraussetzung, um als Mitglied zugelassen zu werden. Doch es gibt noch eine zweite: den Nettowert, den ein Mitglied der Gruppe einbringt. Wenn der potenzielle Schaden diesen übersteigt, heißt das Urteil im üblichen Fall: Ausschluss.

Den jüngsten Sicherheitsvorkehrungen zum Trotz teilt Blue Sky mir mit, dass sie Telegram weiterhin für sicher halte. Sogar »sicherer als alle anderen sozialen Medien«, wie sie schreibt. In einer privaten Nachricht weist sie mich an, nach jeder Unterhaltung mit jemandem, der oder die ebenfalls pro-IS ist, die Chat-History zu löschen. »Und bitte sag deinen Freunden (IS-Unterstützern, Brüdern/Schwestern), dass sie die Profilbilder von ihren Accounts löschen sollen, damit die Geheimdienstler uns nicht beobachten können.« Das einer Extremismusforscherin gegenüber zu äußern, hat schon was Absurdes. Um die Enttarnung zu vermeiden, wird Neumitgliedern dringlich geraten, mit identitätsverschleiernden Methoden wie Virtuellen Privaten Netzwerken, Tor-Browsern und falschen Telefonnummern auf Facebook und Twitter zu arbeiten.

Eine der größten Herausforderungen für die Sicherheitsbehörden ist es, sämtliche von IS-Zellen angelegten neuen Kanäle im Blick zu behalten, auf denen neue Rekrutinnen und Rekruten indoktriniert und initiiert werden. Online-Chatgruppen, in denen verschiedenste Sprachen gesprochen werden, arbeiten mit verschlüsselten Dokumenten auf Content-Sharing-Webseiten wie JustPaste.it. Zudem hat der IS seine eigenen Nachrichtenkanäle, die via Radio, Fotostrecken und Videos regelmäßig Live-Updates aus den Kriegsgebieten bringen. Auch theologische Vorträge und Hacking-Kurse werden hier zur Verfügung gestellt. »Auch wenn die durchschnittliche Lebensdauer von IS-Propaganda mittlerweile von sechs Tagen auf 36 Stunden gesunken ist: Es sind immer noch

36 Stunden zu viel«, warnte Theresa May 2017 vor der UN-Vollversammlung.

Telegram hat seine Bemühungen verstärkt, konsequenter gegen IS-Kanäle vorzugehen. »Wir sperren täglich Hunderte Bots, Channels und Gruppen unter dem Hashtag #IslamicState. In einem Monat sind das Tausende, übers Jahr gesehen mehrere Millionen«, so steht es in einer offiziellen Mitteilung von Telegram. Daraufhin reagieren einige IS-Mitglieder in spöttischem Ton: »Täglich setzen wir Hunderte Bots, Channels und Gruppen neu auf. In einem Monat sind das Tausende, übers Jahr gesehen mehrere Millionen.«

Die Tatsache, dass IS-Anhänger mittlerweile auch eigene geheime Chat-Applikationen programmieren, macht die Aufgabe nicht leichter. Neue Tools wie ›MuslimCrypt‹ beispielsweise machen es Mitgliedern möglich, weltweit privat miteinander zu kommunizieren. Das Programm verschlüsselt sämtliche Botschaften und verbirgt Texte in Bildern, eine Technik namens Steganografie. Während Verschlüsselung die Botschaft selbst chiffriert, ist Steganografie also die Kunst, eine Botschaft in einer anderen Botschaft einzulagern.

Verschlüsselung und Steganografie sind keineswegs neue Techniken. Im 5. Jahrhundert v. Chr. soll der Herrscher der altgriechischen Stadt Miletus in Anatolien vor einer bevorstehenden persischen Invasion gewarnt haben, indem er einem Sklaven die Botschaft auf den rasierten Kopf tätowieren ließ, abwartete, bis die Haare nachgewachsen waren, und den Sklaven dann erst zu den Griechen sandte. Die neuen Technologien haben allerdings die Möglichkeiten beim Verstecken von Informationen explodieren lassen.

Wie man weiß, war Osama Bin Laden ein Meister der digitalen Steganographie. Wenige Monate vor dem Einsturz der Twin Towers in New York berichtete *USA Today*, er habe Kartenmaterial und Bilder von Terrorzielen auf Porno-Webseiten und in Sport-Chatrooms versteckt. Ghost Security, eine Expertengruppe für Internetsicherheit, die Geheimdienste schon bei der Verhinderung von Anschlägen in New York und in Tunesien unterstützt hat, fand 2015 heraus, dass der IS die Nasher-App entwickelt hatte, eine verschlüsselte Messaging-Plattform. Seitdem gab es eine ganze Reihe selbstprogrammierter Nachfolgeprogramme für Kontaktaufnahme, ideologische Indoktrinierung und die Koordination von Anschlägen.

Im Juni 2018 leitet uns Blue Sky eine Nachricht von ›The United Cyber Caliphate‹ weiter:

> IM NAMEN ALLAHS
> WIR SIND DER ISLAMISCHE STAAT
> EINE BOTSCHAFT AN DIE WELT
> Von UNITED CYBER CALIPHATE
> Bald, bald werdet ihr ein Wunder erleben, einen erbitterten Konflikt. [...]
> Wir sind gekommen, wir sind gekommen, wir sind marschiert voller Entschlossenheit, in leidenschaftlichem Eifer haben wir die Gipfel erklommen, haben uns eingelassen auf den Tod, unsere Reihen schließen sich.
> Wir sterben aufrecht, als mutige Löwen, erwartet unser Kommen!

»#Unitedcybercaliphate!«, wiederholt eine der Schwestern und fügt ein begeistertes Emoji hinzu. Die Terror-Schwestern scheinen von der Aussicht auf ein Internetkalifat ganz begeistert zu sein. Nachdem sich der physische Islamische Staat – der flächenmäßig schon mal so groß war wie Großbritannien und eine Bevölkerung von der Größe Österreichs hatte – aufgelöst hat, scheint der virtuelle Dschihad der nächste logische Schritt zu sein.

Weibliche IS-Unterstützer sind im Cyberspace schon immer besonders aktiv gewesen. Sie haben in den sozialen Medien Propaganda gepostet, Männer für den Dschihad rekrutiert und zum Heiligen Krieg ermutigt oder deren Familien davon überzeugt, mit nach Syrien zu gehen. Die ›Terror Agency Sister‹-Chatgruppe ist ein Paradebeispiel dafür. Blue Sky schreibt: »Seid so lieb und helft uns, an mehr Muslime heranzukommen: Teilt den antialewitischen Post und klärt auf über die Feigheit und den Unglauben der Alewiten.«

Tag und Nacht posten die Schwestern Dinge, die auf der Welt passieren: Bilder von enthaupteten Geiseln, verletzten Zivilisten und Kriegsszenen aus Syrien und dem Irak bis hin zu Präsident Trumps Retweet eines antimuslimischen Videos, das Jayda Fransen, damals die stellvertretende Vorsitzende der rechtsextremen Partei Britain First, ins Netz gestellt hatte. Die Botschaft der Posts ist eindeutig: Wir sitzen alle im selben Boot. Die Posts verstärken das Gefühl des gemeinsamen Kampfes gegen die von allen erduldeten Ungerechtigkeiten, sie stärken die Gruppenidentität und lassen enge Bindungen entstehen zwischen den Mitgliedern.

In ihrem Bestreben, eine globale Community von Cyberkriegerinnen aufzubauen, gehen die Terror-Schwestern noch einen Schritt weiter, als nur das übliche IS-Propagandamaterial in Umlauf zu bringen, diese ganzen unbearbeiteten Kriegsbilder und theologischen Rechtfertigungen für den gewaltsamen Dschihad. Sie erteilen nämlich anderen, die Fragen haben zu ihrer Rolle als Frau, auch Ratschläge. So beschäftigen sie sich zum Beispiel mit Fragen wie: Was ist die Rolle der Frau in der Umma, der weltweiten muslimischen Gemeinschaft? Was sind ihre Pflichten und Verantwortlichkeiten? Und wie unterstützt man seinen Ehemann im Dschihad am besten?

Mit der schwindenden militärischen Stärke des IS und vor dem Hintergrund der Niederlagen, die ihm im Irak und in Syrien beigebracht wurden, hat sich der Tonfall in den »Sisters Only«-Gruppen verändert: Ein Großteil der Unterhaltungen dreht sich jetzt darum, wie man mit emotional anspruchsvollen Situationen umzugehen hat. Die Schwestern spenden den Traurigen Trost und geben den Einsamen Gemeinschaft, sie weisen den Perspektivlosen eine Richtung und machen denjenigen Mut, denen die Zuversicht fehlt. Manche stellen Gedichte ins Netz, die das Leid von Dschihadisten-Witwen lindern sollen. Andere versuchen, die Wut der Frauen, die ihre Männer oder Kinder im Dschihad verloren haben, in Rachegelüste zu übersetzen.

Blue Sky hält uns dazu an, im Dschihad eine Rolle an vorderster Front zu übernehmen. »Wir Schwestern müssen uns bewusst machen, wie wichtig wir jetzt für den Dschihad und den Islam sind«, schreibt sie. Die Richtung, in die das Gespräch geht, überrascht mich. Man könnte den IS-Chat manchmal fast mit einem feministischen Forum verwechseln: »Die Zeit, um mit Barbiepuppen zu spielen, ist vorbei. Die Zeit, hübsches Make-up zu tragen, ist vorbei. Die Zeit für Märchen ist vorbei. Die Zeit für Aschenputtel-Geschichten ist vorbei. Die Zeit für Selfies ist vorbei. Die Zeit ist gekommen, um endlich geistig erwachsen zu werden. Ihr seid nicht schwach, auch wenn euch das alle glauben machen wollen. Ihr seid stärker als die Männer.«

Seit dem Sommer 2017 hat der IS seine Politik hinsichtlich der Rolle der Frau im Dschihad signifikant geändert: Das Ideal ist nicht mehr das *muhajirat* (die Auswanderung von Frauen), sondern das *mujahidat* (die weibliche Beteiligung am Kampf). Obwohl es die Kriegsbeteiligung von Frauen lange abgelehnt hat, forderte das IS-Online-Magazin *Rumiyah* in seiner Ausgabe vom Juli 2017 Frauen dazu auf, dem Beispiel von Umm 'Amrara zu folgen, die zu den Waffen gegriffen hatte, um den Propheten Mohammed in der Schlacht von Uhud zu verteidigen. Im Oktober 2017 ging der IS noch weiter und erklärte die weibliche Beteiligung am Dschihad formal zur Pflicht – ein bislang beispielloser Schritt.

Die Tatsache, dass der Dschihad nicht länger in Form von physischer Gewalt daherkommen muss, hat Frauen in Schlüsselpositionen an der virtuellen Front gebracht – sie fungieren als Anwerberinnen im Internet, als virtuelle Köder für Männer oder als Hackerinnen. Im Juni 2018, so teilt Blue Sky uns mit, hat Waheba Issa Dais, eine Mitschwester aus Wisconsin, mehrere Social-Media-Accounts für den Cyber-Dschihad gehackt. Die 45-jährige Araberin mit israelischem Pass und Wohnort in den Vereinigten Staaten benutzte die gehackten Accounts ihrer Opfer angeblich zur Rekrutierung von Selbstmordattentätern und zur Anbahnung von Anschlägen. Dem FBI zufolge stellte sie eine Internet-Bibliothek zusammen, in der sich Anleitungen zum Bombenbau sowie zur Herstellung von biologischen Waffen, Giften und Sprengstoffwesten für Selbstmordattentäter fanden, was künftigen IS-Terroristen bei der Anschlagsplanung in den USA und im Ausland eine Hilfe sein sollte. Als die Meldung in den Medien auftaucht, spenden die Terror Agency Sisters ihr Beifall und berichten ausführlich über die Geschichte.

»Der Kampf fürs Cyberkalifat hat gerade erst begonnen«, schreibt mir eine der IS-Schwestern. Wir sollten davon ausgehen, dass es früher oder später zum groß angelegten Cyberkrieg gegen die »böse, von den USA, Israel und einer Koalition aus ihnen freundlich gesonnenen Staaten angeführten Juden-Kreuzfahrer-Achse« komme. Dieser Krieg beginnt mit kleinen Schlachten um die Herzen und Köpfe junger muslimischer Männer und Frauen, die empfänglich sind für die ideellen und sozialen Angebote, die eine neue technikaffine Generation von IS-Anwerbern – und -Anwerberinnen – ihnen macht.

Das Beispiel der Terror-Schwestern zeigt, wie eine gefühlte kollektive Opferrolle die Grundlage bildet für die Solidarität zwischen extremistischen Gruppenmitgliedern. Es suggeriert auch, dass im Internet geteilte empfundene Ungerechtigkeiten und Traumata zu Hass gegenüber denjenigen werden können, die dieser ›Leidensgruppe‹ nicht angehören. Während Propagandistinnen wie Blue Sky zur Gewalt gegen Nichtmuslime aufrufen, instrumentalisieren mediale Influencer der Ultrarechten – wie ich im nächsten Kapitel zeigen werde – die daraus resultierenden Gräueltaten, um grundsätzlich alle Muslime als potenzielle Terroristen darzustellen und in der Konsequenz zu Hassverbrechen gegen sie anzustacheln. Gleichzeitig agitieren die Rechten gegen alle, die sie als ›Fürsprecher des Islam‹ sehen, darunter Journalisten und Wissenschaftler, die sich mit Muslimfeindlichkeit auseinandersetzen. Das folgende Kapitel spürt nicht mehr nur der internen Kommunikation extremistischer Gruppierungen nach, sondern konzentriert sich darauf, wie Extremisten ein externes Publikum ansprechen, darunter auch potentielle Sympathisantinnen und Sympathisanten sowie politische Gegnerinnen und Gegner. Das Ziel solcher Aktivitäten ist nicht, sich der Loyalität der einzelnen Gruppenmitglieder zu versichern. Hier geht es darum, den Sieg zu erringen in der Schlacht um jene Narrative, die im öffentlichen Diskurs Gültigkeit beanspruchen dürfen.

3 Kommunikation

Extremisten lieben das neu entstandene Informationsschlachtfeld. Ein Großteil ihrer Zeit und ihres Geldes fließt in die Entwicklung und die Implementierung von Strategien, mit denen sie den Krieg gegen die so genannten ›Mainstreammedien‹ gewinnen wollen. Stück für Stück bringen sie bewährte Informationsquellen in den Ruch der Unglaubwürdigkeit, schüchtern für unabhängige Medien arbeitende Journalistinnen und Journalisten ein und verbreiten ihre eigenen, oft völlig verdrehten Wahrheiten. Im Ökosystem der neuen Medien ist es erheblich einfacher geworden, all diese Schritte zu gehen.

Im Internet ist der Informationskrieg, der am äußeren rechten Rand geführt wird, allgegenwärtig: Beleidigende Meme und täuschende Grafiken werden genauso ins Netz gestellt wie irreführende Artikel und live gestreamte konfrontative Begegnungen mit Journalisten. Neue Technologien wie Bots und Targeted Advertising – zielgerichtete Werbung – sind für Rechte zusätzlich überaus praktisch, um die segmentierten Öffentlichkeiten passgenau zu adressieren und Desinformationskampagnen in eine vorher ungeahnte Breite zu tragen. Wenn man jetzt noch die Vorteile der Anonymität im Netz sowie die leicht auszunutzenden Algorithmen und Filterblasen hinzurechnet, versteht man, warum Akteure, die nichts Gutes im Schilde führen, den Online-Diskurs diktieren. Das folgende Kapitel beschäftigt sich mit der strategisch geplanten Medien- und Meme-Kriegsführung der Ultrarechten, und zwar aus dem Innersten der Hatestorms und Troll-Armeen heraus.

Infokriege: Konfrontiert mit dem Medienimperium von Tommy Robinson

Stephen Yaxley-Lennon aka Tommy Robinson, Mitbegründer der English Defence League und weltweit agierende antimuslimische Galionsfigur, streckt mir sein Mikrofon entgegen. »Warum haben Sie mich als Rassisten bezeichnet?«, fragt er ein ums andere Mal.

Er spricht mit ruhiger Stimme, eine Pistole oder ein Messer hat er nicht. Seine einzige Waffe ist die Kamera, die jedes von mir geäußerte Wort live an seine Hunderttausende Follower in den sozialen Medien überträgt. Doch schon die Aussicht, öffentlich lächerlich gemacht zu werden, ist ziemlich beängstigend. Dem Kameramann neben Robinson, dem ultrarechten Aktivisten Caolan Robertson, bereitet es auf jeden Fall sichtlich Vergnügen, den Schock und die Angst auf meinem Gesicht abzufilmen.

Es ist ein milder Tag im Mai 2017 und wir befinden uns unter der Erde, an einem angeblich geheimen Ort. Wir, das sind: ich und meine Vorgesetzten von der antiextremistischen Quilliam Foundation. Maajid Nawaz ist ein ehemaliger Anwerber der Islamistengruppe Hizb ut-Tahrir, und Noman Benotman war früher Anführer der Terrorvereinigung Libyan Islamic Fighting Group. Sowohl der IS als auch al-Qaida haben Kopfgelder auf die beiden ausgesetzt. Es herrscht nicht gerade eine Atmosphäre, in der unangemeldete Besucher willkommen wären.

Nachdem ich undercover der English Defence League beigetreten war und dann im *Guardian* einen Artikel über die Internationalisierung des Ultranationalismus geschrieben hatte, wurde ich für Tommy Robinson zur Gegenspielerin. Aber weder ich noch mein Arbeitgeber sind sein eigentliches Zielobjekt. Sein größtes Anliegen ist es stattdessen, den ›Mainstreammedien‹ die Verbreitung von Fake News zu unterstellen und die Klickzahlen für den ultrarechten kanadischen Newskanal Rebel Media in die Höhe zu treiben.

Ich hatte ein Video davon gesehen, wie der Gründer der English Defence League ins Büro von *Wales Online* gestürmt war und einem *Guardian*-Redakteur zuhause einen Besuch abgestattet hatte, wusste also über sein Vorgehen Bescheid. Ich war jetzt offenbar die dritte Journalistin, die in seiner beliebten Serie »Troll Watch« an der Reihe war.

Diese neue, sensationslüsterne Art der Berichterstattung gehört wesentlich zum laufenden Informationskrieg der Ultrarechten gegen die traditionellen Medien. Für Tommy Robinson ist das Format »Troll Watch« gleichermaßen Machtspiel wie Unterhaltungseinlage. Er pickt sich beliebige Journalisten heraus, die ihn mit Rassismus oder Rechtsextremismus in Verbindung gebracht haben. In meinem Fall haben ihn die folgenden Sätze aus meinem Text im *Guardian* dazu gebracht, mich derart zur Rede zu stellen:

> Die massive Unterstützung, die rassistische Gruppen von den Digital Natives bekommen, zeigt, wie sehr die extreme Rechte schon von den Rändern in die Mitte der Gesellschaft gewandert ist. Ihre Follower-Zahlen übersteigen bereits oft die von herkömmlichen politischen Parteien: Mit mehr als 200 000 hat der Twitter-Account von Tommy Robinson fast genauso viele Follower wie der von Theresa May.

»Ich gehe jetzt einfach da rein. Ich möchte, dass sie für ihre Anschuldigungen Gründe vorlegt«, sagt Tommy in die Kamera, bevor er unser Büro betritt. »Höchste Zeit, dass die Journalisten, die im Vereinigten Königreich kritische Stimmen aus der Arbeiterklasse anprangern und zum Schweigen bringen, sich von Angesicht zu Angesicht mit den Menschen auseinandersetzen, über die sie schreiben.«

Nachdem die Polizei da war und Tommy Robinson wieder weg ist, fängt der Informationskrieg erst wirklich an. Was sich in den nächsten Tagen abspielt, ist eine berichterstatterische Kettenreaktion quer durch sämtliche ›alternativen Medien‹ in den USA, Großbritannien und Europa. Ob Breitbart, JihadWatch, GellerReport oder Gates of Vienna: Sie alle machen auf mit Schlagzeilen wie »Tommy Robinson vs. Quilliam Foundation: Der Fall zeigt, wie dem Establishment die Macht über die politischen Narrative entgleitet«. Ihr gemeinsames Ziel ist es, die ›Mainstreammedien‹ als unglaubwürdige, unzuverlässige Informationsquelle darzustellen.

Raheem Kassam, der ehemalige Chefredakteur von Breitbart News London, schreibt: »Die Dynamik zwischen den etablierten Medien, seien es der *Guardian* oder die BBC, und den alternativen Wegen, gegen das vorzugehen, was Tommy als ›Fake News‹ über sich selbst bezeichnet hat, also eine Form der Berichterstattung, die er seit Jahren ertragen muss, verschiebt sich.« Das Video von Robinsons Besuch in unserem Büro wird Hunderttausende von Malen angesehen, es bekommt Millionen von Seitenaufrufen und Dutzende von Kommentaren:

Man muss ihn langsam »Tommy Gun« nennen! Echt, er ist ein Maschinengewehr der Wahrheit!
Wir sind nur einfache Leute, die die Schnauze voll haben von den Lügen, mit denen die MSM [Mainstreammedien] uns füttern.
Gut so, Tommy, dass du diesen Arschgesichtern, die Fake News verbreiten, die Stirn bietest!!!
SUPERGEIL!!! AUFSTEHEN GEGEN DIE LÜGENPRESSE!!!!!!

Zwei Wochen später sitze ich in der Londoner Innenstadt mit meinem Chef Haras Rafiq im schicken Café des Crowne Plaza Hotels. Wir wollen das weitere Vorgehen besprechen. Unser Büro ist geschlossen, die Polizei ermittelt in einer ganzen Reihe von Drohanrufen und -nachrichten, die das Team und ich bekommen haben. Während wir auf den bestellten Kaffee warten, sehe ich nach, ob ich via Twitter neue Drohungen und Beleidigungen erhalten habe. In einem von Tommy Robinsons Tweets steht: »Nachricht an alle Journalisten: Wenn ihr in den Medien LÜGEN über uns verbreitet, wird es für euch KEINEN sicheren Ort mehr geben. Wir werden euch zur Rede stellen, damit ihr euch für eure Lügen rechtfertigt.«

»Und was passiert, wenn ich die öffentliche Erklärung nicht abgebe?«, frage ich nach einer Stunde Gespräch. »Dann wirst du dich nicht mehr länger wissenschaftlich mit dem Rechtsextremismus beschäftigen und ich werde verhindern, dass dein Buch veröffentlicht wird«, antwortet Haras. Ich entnehme seinen Äußerungen, dass die Quilliam-Stiftung Tommy Robinson bei einem privaten Treffen versprochen hat, dass ich ein schriftliches Statement abgäbe, in dem ich meine Behauptungen zurückzöge und mich dafür entschuldigte, den Gründer der English Defence League mit Rassismus in Verbindung gebracht zu haben. Im Gegenzug würde Tommy Robinson dann »seine Hunde zurückpfeifen«. »Ich will aber dem *Guardian* nicht derart in den Rücken fallen, außerdem stehe ich zu meiner Analyse«, sage ich. »Ich kann belegen, dass es eine große Schnittmenge gibt zwischen seiner Unterstützerbasis und den Mitgliedern rassistischer Gruppierungen. Und wir wissen doch beide, dass Tommy Robinson auf nichts anderes aus ist, als etablierte Medienhäuser in Verruf zu bringen.«

»Denk doch mal so darüber: Wenn deinen Kolleginnen und Kollegen etwas passiert, musst du mit dieser Verantwortung leben. Es ist deine Entscheidung.« Ich muss schwer schlucken. Wenn ich ein Statement veröffentliche, das all meinen Prinzipien zuwiderläuft – wie soll ich mir dann jemals wieder in die Augen sehen? »Er hat uns 24 Stunden Zeit gegeben«, schließt Haras und bestellt die Rechnung. Tommy Robinsons Einschüchterungstaktik hat offenbar Erfolg: Es gelingt ihm, sein Social-Media-Megafon so auszurichten, dass kritische Stimmen nachhaltig zum Schweigen gebracht werden.

Keine 24 Stunden nachdem ich mich weigere, das Statement öffentlich zu machen, bekomme ich eine E-Mail von meinem Chef. In der Mail selbst steht nichts, sie hat lediglich drei Anhänge – zwei förmliche Abmahnungen und meine Kündigung:

Unprofessionelles Verhalten – Weigerung, den Anweisungen des Geschäftsführers zu folgen

(...) Du hattest zwei Wochen Zeit, um über das von dir erwartete schriftliche Statement nachzudenken. (...) Du lässt mir keine andere Wahl, als dir dieses zweite Abmahnungsschreiben zukommen zu lassen. Nach dem Inhalt unseres heutigen Gesprächs zu urteilen, steht deine Auffassung von diesem Teil deines Tätigkeitsbereichs der Auffassung unserer Stiftung entgegen, und zum wiederholten Mal bleibt mir keine Alternative, als folgendermaßen vorzugehen: (...)

Es war nicht zu fassen. Hatte ich tatsächlich gerade meinen ersten Job verloren? Wegen eines rechten Krawallmachers?

Wenige Protagonisten aus der rechtsextremen Szene in England spielen so geschickt mit den Medien wie Tommy Robinson. Selbst in Luton aufgewachsen – laut der letzten Volkszählung eine der drei Gemeinden im Vereinigten Königreich, in der Weiße in der Minderheit sind (neben Slough und Leicester) –, hat Robinson sich zu einem Helden stilisiert, der sein eigenes Leben aufs Spiel setzt, um die Verlogenheit der Medien aufzudecken, die nicht über Vergewaltigergangs, Kriminalität und Terrorismus berichten. Robinson ist der Ansicht, dass all diese Missstände Resultat der wachsenden muslimischen Bevölkerung im Vereinigten Königreich sind. Für seine Fans ist er ein aufrechter Patriot, einer, der sein Land und die weiße Arbeiterklasse verteidigt. Für seine Kritiker ist er ein gefährlicher ultrarechter Influencer und Meinungsmacher, der die gesellschaftliche Spaltung befördert.

Die eigene Meinung über Robinson mal außen vor gelassen: Dass er ein charismatischer, mitreißender Erzähler ist, steht außer Zweifel. Mark Rowley, ehemaliger Chef der Terrorabwehr bei der Metropolitan Police, hat ihn mal mit dem islamistischen Hassprediger Anjem Choudary verglichen, dessen Reden schon dschihadistische Anschläge inspiriert haben: »Während Choudary de facto zum Sprecher des Islamismus im Vereinigten Königreich wurde, haben es Sprachrohre des rechtsextremen Flügels ebenfalls zu großer Bekanntheit und viel Aufmerksamkeit gebracht, Tommy Robinson zum Beispiel.« Die Polizei geht davon aus, dass seine Rhetorik des Hasses und seine wütenden Auslassungen gegenüber Islam und Immigration bereits als Beschleuniger von Radikalisierungstendenzen in Großbritannien und sogar über die Landesgrenzen hinaus gewirkt haben. 2016 fuhr der rechtsradikale Terrorist Darren Osborne mit einem Auto in eine vor der Moschee von Finsbury stehende Menschengruppe und gab an, er habe nach der Lektüre der Newsletter von Tommy Robinson »Muslime töten« wollen.

Obwohl Robinson behauptet, weder Rassist noch Antisemit zu sein, war er früher Mitglied der British National Party, und zu seinen Anhängern gehören unter anderen auch Neofaschisten, die den Hitlergruß zeigen und rassistische Parolen grölen. 65 Prozent seiner Follower auf der alternativen Medienplattform Gab folgen auch mindestens einem weiteren populären rechtsextremen Account. Seine Fans sind tendenziell noch deutlich radikaler als er selbst, aber von seiner Seite lässt sich kein besonderes Bemühen erkennen, sich proaktiv von den extremen Rändern seiner Fanbasis zu distanzieren. 2018 sammelte auch Tommy Robinson Spenden für den schottischen Videoblogger Mark Meechan aka Count Dankula, der nach der Veröffentlichung von Videos, die zeigen, wie er dem Hund seiner Freundin beibringt, auf Aussagen wie »Vergast die Juden« und »Sieg Heil« den Hitlergruß zu zeigen, wegen ›gross offence‹ verurteilt wurde und eine Geldstrafe von 800 Pfund zahlen musste.

Tommy Robinson ist eine zentrale Figur im Krieg, den die internationale Rechte gegen die Medien führt. Anfang 2019 gründete er mit Bubba Media sein eigenes Medienimperium in Großbritannien und inszenierte Demonstrationen gegen die investigative BBC-Fernsehsendung *Panorama*. An einem Samstagnachmittag im Februar 2019 versammelten sich vor dem BBC-Stammsitz in Manchester 4000 Protestler, um seine Dokumentation »Panodrama« zu sehen und die Abschaffung der BBC-Rundfunkgebühr zu fordern.

Nur wenige Tage vor der Premiere attackierte ein Trump-Unterstützer einen für die BBC berichtenden Kameramann bei einer Wahlkampkundgebung in El Paso, Texas. Tommy Robinson ist nur einer von vielen selbsternannten Journalisten, die die ›Lügenpresse‹ vor neuartige, grenzüberschreitende und manchmal zur Gewalt aufstachelnde Vorgehensweisen stellen. ›Alternative‹ Nachrichtenplattformen und rechte Youtube-Videoblogger sind immer besser untereinander vernetzt – zum Beispiel über die von Steve Bannon begründete ›Movement‹-Initiative, die nationalistische Gruppierungen in Europa stärken und zusammenführen soll, oder über rechtsgerichtete Geldgeber wie die Horowitz-Stiftung und die Mercer Family Foundation, die beide viele Bewegungen finanziell unterstützen. Wie jedoch bei allen populären Websites gehören auch bei den ›alternativen‹ Medien die Werbeeinnahmen zu den wichtigsten Geldquellen.

Als sich Gerald Hensel eines Samstagvormittags im Jahr

2016 hinsetzte, um für seinen Blog einen Text zu schreiben über Marken, die auf rechtsextremen Webseiten Anzeigen- und Werbebannerplatz kaufen, dachte er nicht, damit eine Folge von Ereignissen in Gang zu setzen, die seither sein Leben verändert hat.

»Ich habe auf der deutschen Breitbart-Website eine Anzeige gesehen und wollte Markenunternehmen dazu bewegen, ein bisschen länger darüber nachzudenken, wo sie ihre Anzeigen schalten und wer davon profitiert«, erzählt er mir. »Spätestens seit der zweiten Obama-Wahl 2012 wissen wir, wie wichtig das Internet für die Politik werden würde. Aber wir haben damals nicht vorausgesehen, dass es dieses Frankenstein-Monster hervorbringen würde, das antidemokratische und hasserfüllte Graswurzel-Bewegungen derart stark werden lässt.«

Er begriff, dass die großen Institutionen nicht Schritt gehalten haben mit der Digitalisierung und dass die extremen Ränder in dieser Hinsicht meilenweiten Vorsprung haben: »Für jemanden wie mich, der in der Werbung arbeitet, hatte die Erkenntnis, wie weit die großen Institutionen hinter so ein paar Internet-Fuzzis zurücklagen, etwas fast Surreales. Die wussten noch nicht mal, was ein Mem ist.« Der Begriff ›Mem‹ wurde 1976 von Richard Dawkins geprägt. In seinem Buch *Das egoistische Gen* bezeichnete Dawkins mit diesem Begriff eine Idee, einen Gedanken oder ein Verhalten, das leicht weitergegeben und in einem neuen Trägermedium einfach reproduziert werden kann. Als solche sind Meme im Internetzeitalter visuelle Versatzstücke, die ein großes Potenzial haben, viral zu gehen. Sie sind nicht per se politisch. Meme können alles Mögliche zeigen, von Tieren bis hin zu Lebensmitteln (oder beides gleichzeitig, wie das »Puppy or Bagel«-Mem beweist). Eines der ersten viralen Meme war der ›Hampster Dance‹, der sich 1998 wie ein Buschfeuer im World Wide Web verbreitete.

Gerald Hensels Blogeintrag ließ den Hashtag #KeinGeldfürRechts umgehend trenden. Die Kampagne wurde zum deutschen Gegenstück der anonymen ›Sleeping Giants‹-Initiative, die kurz nach dem Trump-Wahlsieg gestartet wurde, um US-Markenunternehmen dazu zu bringen, ihre Anzeigen von den Websites von Rechtsaußen-Medien herunterzunehmen.

Nur Stunden nachdem #KeinGeldfürRechts als Kampagne begonnen hatte, erschien auf »Die Achse des Guten«, einem rechten deutschen Nachrichten- und Kommentarblog, ein vernichtender Artikel über Gerald Hensel, der eine ganze Reihe von Einschüchterungsversuchen und eine koordinierte Hasskampagne zur Folge hatte. »Ich weiß noch, dass ich gerade in einem sechsstündigen Meeting saß, als es anfing«, erzählt er mir. Dass etwas im Gange war, merkte er erst, als seine Freundin ihn anrief und wissen wollte, was eigentlich los sei.

Von diesem Augenblick an entdeckte Hensel täglich mindestens einen Artikel über sich in den rechten deutschen Nachrichtenportalen – von *Tichys Einblick* und *Junge Freiheit* bis hin zu *Breitbart* –, hinzu kamen tausende Hass- und Drohbotschaften auf seinen Social-Media-Kanälen. »Diese starke Vernetzung innerhalb der alternativen Medien war unglaublich.« Er bezeichnet es als ›kollektives Storytelling‹: »Sie kannten mich überhaupt nicht, aber innerhalb weniger Tage konstruierten sie aus dem, was meine digitale Signatur über meine Vergangenheit hergab, eine Story, die zu ihrer Version der Geschichte passte. Erst war ich ein arroganter Werber, dann ein Merkel-Agent. Dann ein Antisemit und am Tag drauf ein Stalinist. Alles war komplett sinnfrei, aber das spielte überhaupt keine Rolle.« Als ihm klar wurde, dass seine Wohnadresse geleakt war, fand er es nicht mehr sicher genug, nach Berlin zurückzukehren, und fuhr auf direktem Weg nach Frankfurt.

In den anschließenden Wochen gingen auch bei seinem Arbeitgeber massenhaft Hassbotschaften und Drohanrufe ein. Gerald Hensel arbeitete seit 20 Jahren in der Werbung, er war Executive Strategy Director bei Scholz & Friends, einer der europaweit größten Werbeagenturen. »Ich hatte nicht wirklich Angst davor, meinen Job zu verlieren. Aber meine Kolleginnen und Kollegen taten mir leid. Ich wollte nicht, dass sie diesem ganzen Stress ausgesetzt waren«, erzählt er mir. Der Feldzug gegen ihn veranlasste ihn dazu, aus dem Unternehmen auszuscheiden und die Initiativen ›Fearless Democracy‹ und ›HateAid‹ zu gründen, die Menschen Hilfe bieten, die ähnliche Erfahrungen machen müssen.

Die Geschichte von Gerald Hensel und mein Erlebnis mit Tommy Robinson sind keine Ausnahmefälle. Sie stehen nur beispielhaft für ein sehr viel weiter verbreitetes Phänomen, das Journalisten, Aktivisten, Künstler, Datenanalysten und Wissenschaftler, die mit politisch kontroversen Themen befasst sind, immer stärker betrifft. Berichten zufolge sind zwischen Anfang 2017 und Mitte 2018 allein in den USA mindestens 250 Universitätsprofessorinnen und -professoren Opfer rechter Online-Kampagnen geworden. »Wir im Hochschulwesen werden immer häufiger zur Zielscheibe von Feindseligkeiten«, schrieb Joshua Cuevas, Psychologieprofessor an der

University of North Georgia. Er selbst wurde wegen seiner liberalen politischen Ansichten zur Zielscheibe eines Troll-Feldzugs auf höchstem Niveau und erhielt rassistische Nachrichten von rechten Trollen.

Besonders abgesehen haben rechte Netzaktivisten es auf alle, die journalistisch über die rechte Szene berichten. Lizzie Dearden, Korrespondentin für Innenpolitik beim *Independent* und damit abonniert auf die Themen Kriminalität und Terrorismus, sitzt mir in einem italienischen Restaurant in London gegenüber. Wir feiern, dass die Rechtsextremen ihre wahre Adresse nicht geleakt haben. Es ist 13 Uhr und für ein Glas Wein an einem normalen Arbeitstag eigentlich noch zu früh, aber Dearden kommt gerade aus dem Gerichtsprozess, an dessen Ende Tommy Robinson aus dem Gewahrsam entlassen wurde.

Sie erzählt mir: »Die erste und schlimmste Welle von Drohungen kam, als ich über den Prozess zum Anschlag auf die Moschee in Finsbury berichtet habe. Es ist schon interessant: Seit Jahren berichte ich über diverse islamistische Gruppierungen, die meisten Drohungen aber habe ich bislang von Rechtsextremen bekommen.« Nachdem ihr Artikel über den antimuslimischen Terroristen Darren Osborne veröffentlicht wurde, leakte die Webseite ›Right-wing Dox Squad‹ Fotos von ihr und ihrem Freund, eine veraltete Adresse sowie die Social-Media-Accounts ihres Freundes.

›Doxen‹, eine Kurzform für ›dropping documents‹, also Dokumente ablegen, steht für die Veröffentlichung personenbezogener Daten – im üblichen Fall der Adresse und der Telefonnummer – gegen den Willen der betroffenen Person. Laut Crash Override Network, einem von ehemaligen Cybermobbing-Opfern gegründeten Verein, ist Doxing »ein gängiger Eröffnungsschachzug, wenn anonyme Mobs jemanden online einschüchtern wollen und damit anfangen, Informationen über sein Leben zusammenzutragen«.

Zum ersten Mal aufgetreten ist Doxing in den 1990er Jahren in der Hacker-Szene. Aber im Laufe der vergangenen Jahre ist es zu einer Lieblingstaktik für rachelüsterne Mitglieder der Alt-Right geworden. Die so genannte ›Gamergate‹-Kontroverse im Jahr 2014 war eine groß angelegte Doxing- und Belästigungskampagne gegen Journalistinnen und Journalisten, die über Frauenfeindlichkeit in der Videospielindustrie berichtet hatten. Zoë Quinn gehörte zu den Journalistinnen im Auge des Gamergate-Hatestorms. Sie wurde mit Halbwahrheiten, Lügen und der Veröffentlichung privater Informationen auf ihrem Twitter-Account angegriffen, über den die Hacker die Kontrolle übernommen hatten.

Das Ziel des böswilligen Eindringens ins Privatleben anderer ist es, kritische Stimmen und politische Gegner einzuschüchtern, zum Schweigen zu bringen und öffentlich unglaubwürdig zu machen. Doxing-Feldzüge liefern nicht nur neues Futter für Hass im Netz, sondern erhöhen die Wahrscheinlichkeit, dass die betroffenen Personen auch im realen Leben Angriffen ausgesetzt sind. Die Folgen des Doxens reichen von unerwünschten Abonnements über Drohanrufe bis hin zu gefakten Anthrax-Sendungen und persönlichen Besuchen zuhause. Doxer bedienen sich hin und wieder des Social Engineerings und des Social Hackings, um an Informationen aus nichtöffentlichen Quellen zu kommen. Aber in den meisten Fällen reicht eine schlichte Recherche in den frei zugänglichen Informationsquellen (»open source intelligence«,

OSINT), um die Angreifer mit allem zu versorgen, was sie brauchen. Sie haben unsere Profile in den sozialen Medien, sie haben öffentlich einsehbare Behördendaten, Online-Telefonbücher und Drittanbieter von Informationen wie Spokeo, Pipl und Intelius – das Internet ist für Doxer eine wahre Schatzkiste.

All seine Spuren aus dem Internet zu tilgen, kann anstrengend und langwierig sein. Manche der Firmen, die das Löschen von Accounts und sämtlicher Basisinformationen anbieten, haben die Anträge zur Entfernung der Daten so kompliziert wie möglich gemacht. Es ist per se eine Ironie, dass manche der angesagtesten und neuesten Personensuchmaschinen mit den ältesten Kommunikationstools arbeiten, wenn es um die Abmeldung geht. PeopleLookup.com zum Beispiel verlangt als Identitätsnachweis eine per Post oder Fax eingesandte Kopie des Führerscheins. So kann die Entfernung aller personenbezogenen Daten dann schon mal mehrere Wochen in Anspruch nehmen.

»Glücklicherweise hatte ich darauf geachtet, nirgendwo im Netz meine aktuelle Adresse zu hinterlegen, aber mein Freund ist wirklich durchgedreht, als sie herausgefunden hatten, wo er wohnte«, erzählt mir Lizzie Dearden und fährt fort, wie seltsam das Ganze war, schließlich seien beide online nirgendwo befreundet, hätten nicht denselben Nachnamen, seien nicht verheiratet und chatteten in den sozialen Medien ausschließlich privat. »Welche Mühe sich diese Typen bei ihrer Recherche gemacht hatten, war schockierend. Das war mit einer schlichten Google-Suche nicht getan. Ich vermute, sie waren lange beschäftigt.« Sie hatten Screenshots gemacht von auf Twitter geführten Unterhaltungen zwischen ihr und ihrem Freund. »Es war sehr intim. Die Tweets, die sie als Beweis für unsere Beziehung zitiert haben, stammten von 2014.«

Deardens Doxer nahmen nicht nur sie ins Visier, sondern drohten darüber hinaus, Einzelheiten über ihre Familienmitglieder öffentlich zu machen. »Innerhalb der nächsten Woche habe ich ihre Verwandten im Netz gefunden, schaut ruhig immer mal wieder hier rein«, stand in einer der Botschaften. Sie erstattete wiederholt Anzeige bei der Polizei, aber die Ermittlungen führten ins Nichts, denn die meisten Accounts waren anonym. Die Seite wurde abgeschaltet, und Lizzie ergriff die notwendigen Sicherheitsmaßnahmen, um sich und ihre Familie zu schützen. Das hier war etwas Anderes. »Ich bin ja daran gewöhnt, über fiese Dinge zu schreiben, die Menschen anderen Menschen antun, aber eben nicht mir. Es scheint zunehmend dahin zu gehen, dass wir Journalisten selbst zum Ziel der Angriffe werden und nicht so sehr die Leute und Themen, über die wir schreiben. Aber ich kapiere irgendwie nicht, warum das gerade jetzt geschieht,« sagt Dearden.

Eine zweite Belästigungswelle schlug über ihr zusammen, als Tommy Robinson, nachdem er ihr vorgeworfen hatte, Tatsachen aus dem Finsbury-Park-Prozess falsch dargestellt zu haben, ein Foto von ihr ins Netz stellte, auf dem sie 2015 ein Schild mit der Aufschrift »Refugees welcome« in die Höhe hält. Diesmal gab es auch viele Vergewaltigungsdrohungen. »Da draußen gibt es nach wie vor Meme und fotogeshoppte Bilder, die jedes Mal in Umlauf gebracht werden, wenn ich mal wieder über ihn berichte.« Deardens männliche Kollegen, die über vergleichbare Themen schreiben, werden schon mal als »Fotzenknecht« oder »Pussy« bezeichnet, bekommen aber nie dieselbe Menge an direkten Gewaltandrohungen. »Alle werden bepöbelt, aber das Ausmaß des angedrohten Missbrauchs ist unterschiedlich«, fasst sie zusammen.

Der *Guardian* zählte zwischen 2010 und 2016 70 Millionen auf seiner Webseite gepostete Kommentare und fand heraus, dass von Journalistinnen verfasste Artikel durchgängig mehr Kommentare bekamen, die anschließend vom Administrator gelöscht wurden, als von ihren männlichen Pendants geschriebene. 8 von 10 der massiv angepöbelten Autoren waren Frauen, die verbleibenden zwei schwarze Männer. Die zehn am wenigsten beschimpften Autoren waren allesamt Männer.

Im Dezember 2018 veröffentlichte der Journalistenverband International Federation of Journalists eine Studie, deren Ergebnis besagte, dass 66 Prozent aller in den vergangenen fünf Jahren im Internet beschimpften, bepöbelten und drangsalierten Journalistinnen aufgrund ihres Geschlechts und sehr geschlechtsspezifisch belästigt wurden: Es reichte von sexistischen Beleidigungen über demütigende frauenfeindliche Kommentare bis hin zu Vergewaltigungsdrohungen. Die Anonymität des Internets führte dazu, dass, auch wenn die Hälfte der Fälle zur Anzeige kam, nur 13 Prozent der Täter identifiziert oder vor Gericht gebracht werden konnten. Die Folgen sind oft schwerwiegend: 63 Prozent der Opfer berichteten von massiven psychologischen Auswirkungen, 38 Prozent gaben an, die Präsenz von Online-Mobbing führe zur Selbstzensur, 8 Prozent verloren ihren Job und 6 Prozent kündigten nach Belästigungsvorfällen aus eigenen Stücken.

Es ist allerdings nur ein Teilaspekt des Informationskriegs, einstmals renommierten Medienhäusern und ihren Beschäftigten die Glaubwürdigkeit abzusprechen. Eine weitere Strategie besteht in der Verbreitung von Desinformation. Desinformation heißt nicht zwangsläufig, dass direkt gelogen wird. Desinformation ist es auch dann, wenn vorsätzlich irreführende Informationen gestreut werden. Ungenauigkeiten, klar polarisierende, vorurteilsbehaftete Aussagen und Logikfehler machen derlei Narrative oft noch stärker. Ganz in der Tradition der strategisch eingesetzten Täuschungstechnik der Sowjets, der *Desinformazija*, sind auch heutige Desinformationskampagnen auf Verschleierung, Verzerrung oder Unterschlagung von Tatsachen ausgerichtet. James Jesus Angleton, Gründungsoffizier bei der Spionageabwehr der CIA, behauptete, das Ziel der Russen sei die Schaffung einer Informationslandschaft, in der »Fakten und Illusionen verschmelzen, eine Art von Spiegelwildnis«.

Im Oktober 2018 betrete ich in Riga ein schlichtes weißes Haus, das fast aussieht wie ein ganz normales Einfamilienhaus. Nur die Hochsicherheitstüren deuten darauf hin, dass dieses Gebäude nicht in Privatbesitz ist, sondern dass hier die weltweit führende Analysestelle für Informationskriegsführung untergebracht ist: Hier hat das Stratcom-Team der NATO seinen Sitz.

»Wir haben ein verrücktes Wochenende hinter uns«, sagt Donara Barojan, nachdem sie mich durch mehrere Sicherheitskontrollen geleitet hat. An dem Tag, als in Lettland gewählt wurde, hat ein russischer Troll das größte lettische Social-Media-Netzwerk Draugiem gehackt. »Wir sind immer noch dabei herauszufinden, wer hinter diesem Hack steckt«, sagt sie. »Wenn so etwas passiert, kann das bei Wählerinnen und Wählern starke psychologische Auswirkungen haben.« Donara ist, was manche einen ›digitalen Sherlock‹ nennen.

Ihr Team am Atlantic Council's Digital Forensic Research Lab in Lettland deckt die Taktiken und Narrative auf, die bei der Verbreitung von Desinformation zum Einsatz kommen, und verfolgt Desinformationskampagnen in Echtzeit.

Barojan erklärt mir: »Zur Verbreitung von Desinformation gibt es vier verschiedene Vorgehensweisen: den Gegner zu disqualifizieren, die Fakten verzerrt darzustellen, vom Hauptthema abzulenken und die Öffentlichkeit zu schockieren.« Mit diesem so genannten ›4D-Ansatz‹ (für: *dismiss, distort, distract, dismay*) arbeiten sowohl staatliche Akteure wie die russische oder die chinesische Regierung als auch nichtstaatliche Akteure wie z. B. die Trolle der Neuen Rechten. Die Taktik des Kremls, den medialen Raum mit derart viel Inhalt zu fluten, dass die Unterscheidung zwischen wahren und falschen Informationsversatzstücken zu einem Ding der Unmöglichkeit wird, ist in letzter Zeit zunehmend von nichtstaatlichen Troll-Netzwerken kopiert worden. Viele der Operationen vom rechten Rand bekommen ihre Breitenwirkung heute allerdings auch durch staatlich unterstützte Bots und Mediennetzwerke. Beispielsweise helfen russische Nachrichtensender wie Sputnik und Russia Today (seit 2009 RT) rechtsextremen Aktivisten regelmäßig bei der Verbreitung von deren Botschaften, indem sie auf deren Themen aufspringen und deren Hashtags groß machen.

Manche Accounts, von denen aus Desinformationskampagnen gefahren werden, funktionieren wie Cyborgs: Es sind halbautomatisierte, menschenbetriebene Accounts. Ein Twitter-Account mit dem Alias @thebradfordfile setzt beispielsweise 300 Mal pro Tag Tweets ab, verfügt über ein Netz aus mehr als 100 000 Followern und über eine Kerngruppe von mehreren hundert Verstärkern, die diese Tweets retweeten und weiterverbreiten. Seine Messages – mal rechtsextreme Propaganda, mal Verschwörungstheorien – sind auch von Donald Trump retweetet und von großen US-Medienunternehmen zitiert worden, um die Social-Media-Erfolge der Alt-Right-Bewegung zu illustrieren.

Am Digital Forensic Research Lab der NATO müssen viel zu wenige Leute viel zu viele Wahlen überwachen. »Geschätzt verbreiten über 100 000 Webseiten Desinformation«, erzählt mir Donara, »aber gute, von echten Fact-Checkern betriebene Websites gibt es nur ein paar Dutzend.« Mit anderen Worten: Wir sind ständig in der Unterzahl. Das Oxford Internet Institute hat allein für das Jahr 2017 in 48 Ländern von staatlicher Seite organisierte Social-Media-Manipulationskampagnen nachgewiesen. Seit 2010 sind mehr als eine halbe Milliarde Dollar in psychologische Operationen und Kampagnen zur Beeinflussung der öffentlichen Meinung geflossen. Taktisch kam dabei alles zum Einsatz zwischen automatisierten Accounts, angeheuerten Kommentarschreiberteams und gezielten Online-Werbekampagnen. Bei den meisten Kampagnen ging es darum, während einer Krise oder im Vorfeld entscheidender Ereignisse wie Wahlen und Referenden Falschinformationen in Umlauf zu bringen.

Der Vertrauensverlust in unabhängige Informationsquellen ist ein schleichendes Gift, das droht, die tragenden Säulen unserer Demokratien anzugreifen. Die Erosion des bürgerlichen Diskurses, politische Lähmung, Entfremdung und Unsicherheit gehören zu den schwerwiegendsten Konsequenzen dieses Verfalls der Wahrheit als Wert – ›Truth Decay‹, wie Forscher der RAND Corporation das Phänomen bezeichnen. Die Wahrheit verschwindet nicht über Nacht, aber im Laufe der letzten Jahre konnten wir beobachten, wie sie auf allen möglichen Ebenen nach und nach erodiert ist:

Zunächst kam das gestiegene Misstrauen gegenüber der Politik- und Finanzelite. Die globale Finanzkrise von 2008 und die vielfältigen damit im Zusammenhang stehenden Skandale befeuerten Ängste, dass sowohl nationale wie auch internationale politische und ökonomische Instanzen nicht im öffentlichen Interesse handeln könnten, sondern eine Geheimagenda haben, die sich jederzeit negativ auf das Bankkonto der einfachen Leute auswirken kann. Viele, die im Nachklapp der Finanzkrise echte Verluste erlitten oder Angst vor Verlusten entwickelt hatten, fühlten sich verraten von denjenigen, die ihnen – so glaubten sie – ein geschöntes Bild der Globalisierung verkauft hatten. Dieser Frust speiste in der Folge das wachsende Misstrauen gegenüber den Mächtigsten und den Argwohn gegenüber den Schwächsten. Eine Umfrage des Meinungsforschungsinstituts Public Policy Polling ergab, dass im Jahr 2013 drei von zehn US-Wählern glaubten, »eine im Geheimen agierende Machtelite mit Globalisierungsagenda« habe sich verschworen, »um irgendwann die Welt in Form einer autoritären Weltregierung oder der Neuen Weltordnung zu beherrschen«. Republikaner glaubten mehr als zwei Mal so häufig an diese Verschwörungstheorie als Demokraten.

In einer zweiten Stufe eskalierte das Misstrauen gegenüber den etablierten Medien und den akademischen Institutionen. Die späte Reaktion der Medien auf die Vorfälle in der Kölner Silvesternacht 2015 war hierzulande ein entscheidender Moment: Er brachte viele am rechten Rand dazu, den in Deutschland historisch gefärbten Begriff ›Lügenpresse‹ wiederauferstehen zu lassen. In Großbritannien wurde die Tatsache, dass die Medien zunächst nicht über die Kindesmissbrauchsskandale von Rotherham, Rochdale, Telford und Oxford berichteten, von Gestalten wie Tommy Robinson dazu benutzt, die ›Mainstreammedien‹ als Komplizen der Vergewaltiger zu verunglimpfen.

In den USA waren polarisierende Ereignisse wie 9/11, die Präsidentschaft von Barack Obama und Donald Trumps Wahlsieg Zäsuren, die den landesweiten Informationskrieg anheizten. Der investigativ arbeitende Journalist David Neiwert hat in seinem Buch *Alt-America* sehr prägnant herausgearbeitet, wie 9/11, der rassistische Backlash gegen den ersten schwarzen US-Präsidenten und die wachsende Prominenz ultrarechter Medienfiguren zur Entstehung eines »geistigen Raumes jenseits von Tatsachen oder Logik« geführt haben, zu einem Raum, »in dem die eherne Regel der Belegbarkeit ersetzt wurde durch pure Paranoia«. Ultrarechte und konservative Influencer waren schnell bei der Hand, in den sozialen Medien die Überzeugung zu vertreten, die Berichterstattung über Trump sei vorurteilsbehaftet, einseitig und unfair. In schöner Zusammenarbeit mit Trump selbst haben diese aufkommenden Galionsfiguren der ›alternativen‹ Nachrichtenkanäle einiges dafür getan, Begriffe wie ›Lügenpresse‹ und ›Fake News‹ salonfähig zu machen.

Eine Studie des Pew Research Centre aus dem Jahr 2017 ergab, dass sich zwei von drei US-Amerikanern über die sozialen Medien informieren. In der kompetitiv aufgestellten, schnelllebigen 24-Stunden-Welt der Nachrichten tun sich die traditionellen Medienunternehmen schwer damit, eine

Balance zu finden zwischen journalistisch gebotener Schnelligkeit und Genauigkeit. Dieser für die Berichterstattung ohnehin schon schwierige Kontext wird noch durch die absichtlich boshaften Versuche verschärft, Medien auszutricksen und zu manipulieren. Zum Beispiel verpflanzen Trolle manchmal irreführende oder falsche Informationen in glaubwürdige Quellen, etwa in die Verlautbarungen von politischen Thinktanks oder Lokalzeitungen, die dann häufig von anderen Journalisten zitiert werden. Weniger als eine Stunde nach dem Amoklauf an der Parkland-Highschool im Februar 2018 schmiedeten rechtsextreme Trolle den Plan, die öffentliche Erzählung über diesen Vorfall zu kapern: »Fangt besser mal an, nach jüdischer Numerologie und nach Krisenfall-Darstellern zu suchen«, schrieb einer auf 8Chan. Eine solche Desinformations- und Verdunkelungsstrategie wird als ›Source-Hacking‹ bezeichnet.

Im Dezember 2018 deckte der *Spiegel* auf, dass Claas Relotius, einer der preisgekrönten Reporter des Magazins, große Teile seiner Geschichten – Zitate, Orte, Szenen, ja sogar Protagonisten – frei erfunden hatte. Dieser Skandal war für rechtsextreme Akteure in ganz Europa, Martin Sellner zum Beispiel, ein gefundenes Fressen, gab er ihnen doch eine Vorlage, Journalisten insgesamt als verlogen und unprofessionell darzustellen. Einen Monat später, im Januar 2019, bliesen Mitglieder der Identitären zu einer landesweiten Kampagne gegen Journalistinnen und Journalisten: Sie klebten Plakate und Flugblätter an die Fassaden von Medienhäusern und attackierten in Berlin eine Mitarbeiterin der Tageszeitung *taz*. Im Vorfeld der Europawahl 2019 druckten die Identitären Zehntausende Flyer in einer Aktion namens »Briefkasten: die freien Medien zur Europawahl unters Volk bringen«. Wenige Wochen später veranstaltete die AfD ihre »Erste Konferenz der freien Medien«, zu der sie den umstrittenen britischen rechtsextremen Blogger Milo Yiannopoulos als Gastredner einlud. Eine ähnliche Welle des Skeptizismus gegenüber wissenschaftlichen Forschungsergebnissen nahm ihren Ausgang, als drei Akademiker unter dem Titel »Grievance Studies« 2017 und 2018 gleich mehrere gefälschte Aufsätze veröffentlichen konnten, mit dem expliziten Ziel, Mängel bei der Begutachtung von Texten für wissenschaftliche Zeitschriften offenzulegen. Auch wenn der Relotius-Skandal und die Affäre um die Grievance Studies Einzelfälle sind, haben ultrarechte Influencer wie Martin Sellner sie als den letztgültigen Beweis dafür benutzt, dass man Zeitungsartikeln und wissenschaftlichen Studien keinen Glauben schenken darf.

Eine der Folgen hiervon ist, dass das Vertrauen ins demokratische System selbst rasant schwindet. 2018 verbreiteten rechtsextreme Aktivisten in Deutschland Panik wegen angeblicher Manipulationsversuche bei Wahlen und riefen ihre Follower dazu auf, bei den Landtagswahlen in Bayern und Hessen Wahlbeobachter zu werden. Gleichzeitig stellten schwedische Neurechte die Behauptung auf, die Parlamentswahlen seien so manipuliert worden, dass sie für rechtsextreme Parteien vorsätzlich nachteilig ausgegangen wären. Der deutsch-amerikanische Soziologe und Harvard-Dozent Yascha Mounk zeigte in seinem Buch *Der Zerfall der Demokratie – Wie der Populismus den Rechtsstaat bedroht*, dass die Menschen in den Demokratien des Westens nicht nur wachsendes Misstrauen hegen gegenüber ihren politischen Repräsentanten und Institutionen, sondern dass – bei stagnierendem Lebensstandard, den Ängsten vor einer multiethnischen Gesellschaft und dem Stärker-Werden der sozialen Medien – auch ihr Glaube an die liberale Demokratie als System stetig schwindet. Diese Krise des Demokratievertrauens hat zu einer Grundstimmung geführt, in der antidemokratische Bewegungen Oberwasser haben: Ihre Rufe nach einem radikalen Wandel werden lauter, ihre Proteste in der Öffentlichkeit weiten sich aus.

In diesem Kapitel habe ich mein Augenmerk auf einen Informationskrieg gerichtet, der die Verunglimpfung glaubwürdiger Quellen mit der proaktiven Verbreitung von Desinformation kombiniert. Ich habe gezeigt, wie viel Erfolg rechtsextreme Influencer und deren ›alternative‹ Nachrichtennetzwerke bereits damit gehabt haben, hyperparteiische und unwahre Geschichten in die Mainstream-Öffentlichkeit hineinzutragen. Das nächste Kapitel beschäftigt sich mit einer weiteren organisierten Community, die zwecks Einflussnahme auf die öffentliche Meinung alternative Wirklichkeiten zusammenbastelt, dabei aber gänzlich anders vorgeht. Um ein Schlaglicht werfen zu können auf deren strikt durchorganisierte Desinformations- und Mobbingkampagnen, gehe ich auf Erkundungstour ins Innenleben von Troll-Armeen.

Meme-Kriege: Undercover bei der größten Troll-Armee Europas

»Es ist echt traurig«, sagt O, »dass die Leute heute, wenn sie ›Trolling‹ hören, nur an die Verbreitung von Hass und spalterischen Theorien im Internet denken.« O ist einer der wenigen linken Trolle da draußen.

»Was glaubst du«, will ich wissen, »haben die meisten Trolle eine politische Motivation, oder machen sie nur mit, weil es ihnen Spaß macht?« »Gute Frage«, meint O, »ich frage mich manchmal, ob die schon immer latent rechts waren oder ob sie deswegen zu Ausländerfeinden, Rassisten und Verschwörungstheoretikern werden, weil sie den ganzen Tag diesen Inhalten, dieser Gehirnwäsche ausgesetzt sind. Auch eine Rolle gespielt bei der Radikalisierung der Troll-Community im Laufe der letzten Jahre hat es vielleicht, dass viele Youtuber auf Discord AMA-Sessions (›Ask Me Anything‹) anbieten.«

Ich kenne O, seit wir gemeinsam daran arbeiteten, die Aktivitäten rechtsextremer Trollarmeen durch den Twitter-Account ›Alt Right Leaks‹ offenzulegen. Seit einigen Jahren gehört O jetzt zu Youtuber-Netzwerken, die stark mit der Troll-Welt verbandelt sind. Aus vielen Youtubern werden Trolle, und aus vielen Trollen Youtuber, erklärt er mir. Laut O ist seine Community wie die Welt des Journalismus: »Jeder kennt jeden.«

Youtube ist einer der Hauptnährböden für Rechtsextremismus im Internet. Mit über 1,8 Milliarden Einzelbesuchern (›Unique Visitors‹) pro Monat zieht die Plattform fast ein Viertel der Weltbevölkerung auf ihre Seiten. Die Tatsache, dass ihre Algorithmen nicht zwischen ›konservativ‹ und ›rechtsextrem‹ unterscheiden und dass rechte Inhalte eng verlinkt sind mit den Videos von Verschwörungstheoretikern, ist in dieser Hinsicht nicht gerade hilfreich. Die Techniksoziologin Zeynep Tufekci von der University of North Carolina hat überzeugend dargelegt, wie die Youtube-Algorithmen der Radikalisierung Vorschub leisten, indem sie extreme Inhalte priorisieren. In einem Selbstexperiment hat sich Tufekci in die Untiefen der Autoplay-Mechanismen begeben. Obwohl sie nur nach Mainstream-Inhalten gesucht hatte, fing Youtube irgendwann an, ihr »die Hetze von weißen Nationalisten und von Holocaust-Leugnern sowie anderweitig verstörende Inhalte« vorzuschlagen oder sogar automatisch vorzuspielen.

Egal ob man mit einem Clinton- oder einem Trump-Video anfängt: Dass man letzten Endes bei einem Trump-Video landet, ist in jedem Fall wahrscheinlicher. Dieses Muster gilt nicht nur bei per se politischen Themen. Oft ist die Einstiegsdroge sogar klar apolitisch: Ein Video über Online-Gaming kann zum Beispiel den Weg weisen zu radikalen Inhalten. »Jetzt wurde ich neugierig und habe mit gänzlich unpolitischen Themen experimentiert. Aber das Grundmuster blieb immer gleich«, schrieb Tufekci. Wer zum Beispiel mit einem Video über Joggen anfängt, kann fast sicher davon ausgehen, irgendwann Videos von extremen Parcours-Läufen oder Ultramarathons gezeigt zu bekommen. Und wer sich vegetarische Kochtipps ansieht, bekommt am Ende des Tages Vorschläge für einen militant gelebten Veganismus.

Im Unterschied zu Youtubern hat es Trolle schon seit der Frühzeit des World Wide Web gegeben. Mitte der 1990er Jahre waren Trolle nichts anderes als Unruhestifter im digitalen

Raum. In den frühen 2000er Jahren entwickelten sich rund um das Imageboard 4chan und das ›Anonymous‹-Kollektiv die ersten Troll-Netzwerke und Internet-Subkulturen. Die meisten Trolle waren damals dabei, weil sie einfach gern Tabus brachen, anderen einen Streich spielten oder sich einen Spaß erlaubten. Die frühen Tage der Troll-Communitys waren witzig und unbeschwert, es ging ums Vergnügen an und für sich. Auch wenn manche Witze auf Kosten anderer gingen, war die Hauptmotivation doch weniger der gelebte politische Aktivismus als vielmehr der Kampf gegen die Langeweile.

Das hat sich in den letzten Jahren dramatisch verändert. Seit der Wahl in den USA 2016 ist die politische Kriegsführung mithilfe von Trollen zur neuen Normalität geworden. Zwischen 2015 und 2017 haben spalterische Social-Media-Inhalte, die von Troll-Accounts der russischen Internet Research Agency (IRA) verbreitet wurden, jeden dritten US-Amerikaner, jede dritte US-Amerikanerin erreicht. Der Geheimdienstausschuss des US-Repräsentantenhauses hat eine Liste von 3841 Twitter-Accounts veröffentlicht, die an die IRA angedockt sind. Forscher haben diese Accounts analysiert und sind auf fünf verschiedene Troll-Typen gestoßen, die allesamt ein unterschiedliches Verhaltensmuster an den Tag legen: rechte Trolle, linke Trolle, Newsfeeds, Hashtag-Gamer und Panikmacher.

Die größte Troll-Armee Europas – die Reconquista Germanica – hat klare politische Ziele. »Hältst du die für gefährlich?«, fragt mich O. »Das will ich doch von dir wissen«, antworte ich, und er sagt: »Also, ich fände es nicht gut, wenn die wüssten, wie ich heiße.«

Weil er Angst davor hat, ins Visier von Neonazi-Trollen zu

geraten, kennen die meisten seinen echten Namen nicht – sogar viele seiner Freunde nicht. Auf WhatsApp benutzt er zwei Tarnnamen.

Das ist nicht unüblich in diesen Online-Subkulturen. Trolle tun alles, um ihre wahre Identität zu verbergen, sogar vor ihren engsten Verbündeten im Netz. ›Die Vulgäre Analyse‹, ein populärer deutscher Youtuber und Troll, bekannt für Koranverbrennungen und die Veröffentlichung von islamophoben und frauenfeindlichen Videos, benutzt sogar zwei VPNs. Der größte Alptraum für jeden Troll ist es, wenn aus seiner Netzidentität Rückschlüsse gezogen werden auf seine wahre Identität. »Wegen Doxing?« »Genau«, sagt O.

Ich verspreche, seinen Namen nicht zu veröffentlichen, und betrete auf der Gaming-Applikation Discord ein weiteres Mal die Einsatzzentrale der Reconquista Germanica.

Mein Avatar-Account ist zu diesem Zeitpunkt einer von 7000 virtuellen Soldaten, die den täglichen Anweisungen von Oberbefehlshaber Nikolai Alexander Folge leisten. Als Referenz auf die Königin von Kastilien im ausgehenden 15. Jahrhundert nenne ich mich Isabella I.; sie und König Ferdinand II. von Aragón befahlen die Bekehrung oder die Ausweisung der in Spanien lebenden Muslime und Juden. Bekanntermaßen haben sie vollendet, was gemeinhin ›Reconquista‹ genannt wird: die christliche Rückeroberung der Iberischen Halbinsel. Und warum sich nicht nach Isabella benennen? Schließlich behauptet Reconquista Germanica ja, nichts als ein großes LARP zu sein, ein Live-Rollenspiel.

»Sei gegrüßt, Anwärter! Willkommen auf dem größten patriotischen Discord-Server Deutschlands«, begrüßt mich ein Bot an meinem ersten Tag.

Gemäß den offiziellen Auswahlkriterien ist eine glaubhafte Darstellung patriotischer Gesinnung entscheidend für den Zugang.

»Grüß dich, was muss ich machen, um der LARPer-Crew beitreten zu dürfen?«, frage ich den Anwerber.

»Ich grüße dich. Erzähl doch mal etwas über dich. Wie bist du auf unseren Server aufmerksam geworden? Wie alt in etwa bist du? Wie warst du als LARPER bisher aktiv?«

Schnell haue ich meine Bewerbung in die Tastatur:

»Ich bin hier über Krautpol hergekommen, der Link hat sich spannend angehört. Ich bin 19 und hab noch keine Erfahrung im LARPEN ehrlich gesagt, ich glaube aber, dass ich euch helfen kann. Ich bin aus Oberammergau und wohne jetzt in München, ich helfe im Online-Marketing bei AXA aus. Mein Facebook-Account wurde letzte Woche zum zweiten Mal gesperrt, Facebook hat mir noch immer nicht geantwortet. Hier ist mein Gab [...]. Ich wohn in Pasing neben dem Flüchtlingsheim, das erklärt wohl, warum ich hier bin ;-)«

»Hört sich doch mal gut an. Besitzt du ein Headset?«

»Ja, klar!«

Wir verabreden uns zu einem Voice Call am selben Abend.

Meine Vorbereitungszeit ist einigermaßen begrenzt, aber ich recherchiere noch schnell ein paar Infos zur AXA in München, mache mir eine kleine Liste mit Begriffen aus dem Marketing-Jargon und öffne auf meinem Laptop eine Google-Earth-Karte von Pasing. Da mich der Anwerber namens »Gardes du Corps« im Voice-Chat erwartet, versuche ich die Wahrscheinlichkeit abzuschätzen, dass er aus Bayern kommt. Ich rufe mir schnell noch den Dialekt meiner Großmutter ins Gedächtnis und schalte das Mikrofon an.

»Hallo. Du willst also zu Reconquista Germanica. Wie hast du von uns erfahren?« Gott sei Dank, ein norddeutscher Akzent. Er klingt beherrscht, aber nicht unfreundlich, ich frage mich, wie alt er wohl ist. Ich beschließe, einen breiten bayrischen Akzent aufzusetzen. »Grüß dich.«

»Was bedeutet es für dich, Patriotin zu sein?«

»Dass ich mir meines kulturellen Erbes bewusst bin und meine Nation bewahren will«, gebe ich zurück und achte bei jedem einzelnen Wort auf die Aussprache.

»Bist du in anderen patriotischen Gruppen aktiv?«

»Nein, zurzeit nicht.« Ich lege eine Pause ein. »Aber ich wüsste gern, wie das so ist, und deswegen bin ich ja hier.«

»Hast du schon mal was von den Büchern *Mein Kampf* und *Das Kapital* gehört?«

»Na ja, die haben wir in der Schule durchgenommen.«

»Und hast du sie gelesen?«

»Nicht ganz. Sollte ich tun?«

»Das wäre nicht schlecht. Aber denk dran: Egal, was du davon hältst oder was du daraus machst: Wir wollen nicht, dass du auf diesem Kanal aus diesen Büchern zitierst oder dich darauf beziehst.«

»Ah, okay.« Sie befürchten, dass Discord mittlerweile Tracker einsetzt, die immer dann, wenn nationalsozialistische Schlüsselwörter benutzt werden, die Sicherheitsteams alarmieren. Und tatsächlich, so berichtete mir Sean Li, der Public Policy Manager der Gaming-App, im Januar 2017 in seinem Büro in San Francisco, geht Discord genau so vor.

Nachdem der Anwerber mich über meinen familiären Hintergrund, meine politischen Ansichten, meine Marketing-

Skills und meinen potenziellen Wert für die Bewegung ausgefragt hat, stellt er mir eine unerwartete Frage.

»Würdest du dich als ausschließlich konservativ oder als progressiv beschreiben?«

Ich muss an den deutschen Nationalkonservativismus in der Zwischenkriegszeit denken. Als der deutsche Kulturhistoriker Arthur Moeller van den Bruck in den 1920er Jahren sein bekanntestes Buch *Das dritte Reich* schrieb, drückte er dem Konservativismus mit seiner Idee eines neuen Staates, der rechten Nationalismus mit linkem Sozialismus verband, einen neuen Stempel auf. Und genau wie der Faschismus kombiniert auch der islamistische Extremismus konservative mit progressiven Elementen. Die Iranische Revolution von 1979 zum Beispiel war der sorgfältig vorbereitete, gut durchdachte Versuch, zutiefst widersprüchliche linke und rechte Werte miteinander zu versöhnen. Die daraus resultierende, unter dem Obersten Führer Ayatollah Chomeini propagierte Ideologie war dann ein innovatives Gegensatzpaar aus Sozialismus und Islamismus, das oft mit Oxymora wie »pragmatischer Fundamentalismus« oder »illiberale Demokratie« beschrieben wurde. Die Stoßrichtung vieler radikaler Bewegungen lautet: »Vorwärts in die Vergangenheit« – oder zumindest hin zu einer Neuinterpretation der Vergangenheit.

»Ich glaube, das eine schließt das andere nicht aus. Ich bin konservativ, weil ich etwas bewahren will, unsere nationale Identität und unser kulturelles Erbe. Aber ich bin auch progressiv, weil ich für einen radikalen Wandel eintrete.«

»Was sagst du?«, fragt er in die Stille. Jetzt erst wird mir klar, dass wir unser Gespräch nicht allein geführt haben. Zwei weitere Anwerber haben die ganze Zeit über zugehört, was die Wahrscheinlichkeit erhöht, dass mein laienhaft nachgemachter Dialekt jemandem aufgefallen ist.

Stille. »Bist du noch da?« Es kommt keine Antwort, aber ich kann hören, dass jemand auf einer Tastatur tippt.

»Okay, du bist aufgenommen.«

Er erläutert mir die Verhaltensregeln und die Hierarchien. »Neo ist dein Hauptansprechpartner, wenn du Fragen oder Ideen hast, kannst du ihn anschreiben.« Neo ist ebenfalls in der Leitung, hat aber bislang kein Wort gesagt. »Klingt gut.« Ich gehöre jetzt also zur »virtuellen Armee« der Reconquista Germanica.

Seit sie im September 2017 von dem prominenten rechtsextremen Youtuber Nikolai Alexander gegründet wurde, hat die Gruppe der politischen Elite und allen linken Aktivistinnen und Aktivisten den totalen Krieg erklärt. Nur wenige Tage später hatte Alexanders Troll-Armee schon einige Tausend Mitglieder, denen militärische Ränge zugewiesen wurden.

Per E-Mail erklärt der selbsternannte Oberbefehlshaber Nikolai Alexander meinem französischen Avatar Claire seine Strategie: »Erstens musst du einen Weg finden, um Leute zu gewinnen, dann brauchst du, zweitens, einen Raum, um diese Leute miteinander in Kontakt zu bringen, und drittens brauchst du eine klare Mission. (...) Da ich Youtuber bin, habe ich diese Plattform benutzt, um Leute anzuwerben. Aber das geht natürlich auch ganz anders: Genauso gut könnte man auf einem Unicampus rekrutieren und zur Kontaktpflege in ein Café gehen.« Das Wichtigste, sagte er, sei der Aufbau eines guten Teams, eines Teams, dem man vertraut und auf das man sich unter allen Umständen verlassen kann. Absolute Zahlen seien nicht so ausschlaggebend wie die Qualitäten der einzelnen Mitglieder. »Zehn kreative, fleißige, mutige Leute sind mehr wert als 100 Luschen.« Er sprach auch von den Problemen, die man bekommen kann, wenn man eine Neonazi-Troll-Armee ins Leben ruft – es sei in vielfacher Hinsicht riskant. »Meine Empfehlung: anonym bleiben – zumindest am Anfang.«

Seitdem ich Discord darauf aufmerksam mache, haben sie den Kanal schon viele Male entfernt, aber unter anderen Namen taucht er dennoch ständig wieder auf. Das Beitrittsverfahren wird zunehmend strenger gehandhabt, aber die Mitgliederzahlen wachsen trotzdem. »Aktuelle Heeresstärke: 10 845, davon 4200 Gefreite«, so steht es in einer Nachricht des Oberbefehlshabers im Frühjahr 2018.

Der erste große Meilenstein für Reconquista Germanica war die Beeinflussung der Bundestagswahl in Deutschland im September 2017. In den Wochen vor der Wahl gelang es den Trollen, ausgedachte Geschichten, Anti-Merkel-Meme und rechte Hashtags in die Top-Social-Media-Trends zu katapultieren. Es ist relativ einfach, Computersysteme so zu manipulieren, dass sie die Reichweite einer bestimmten Kampagne maximieren und die Relevanz eines Themas in der Wahrnehmung erhöhen. Die ›Trending Topics‹-Funktionen bei Facebook und Twitter ermöglichen es beispielsweise Einzelpersonen und Gruppen, für ein bestimmtes Thema den Eindruck von großem öffentlichem Interesse entstehen zu lassen, völlig unabhängig davon, ob dem tatsächlich so ist oder was der jeweilige Inhalt bezwecken will.

Über die Verbreitung von Desinformation und das Säen von Zwietracht gelang es der Reconquista, den politischen Diskurs im Internet zugunsten der AfD zu verschieben. Sieben ihrer Hashtags schafften es in die deutschen Top-Trends, die erfolgreichsten davon waren #TraudichDeutschland, #nichtmeinekanzlerin, #merkelmussweg und #reconquista. Sogar offizielle AfD-Accounts teilten schließlich manche ihrer Hashtags und Inhalte, was der Reichweite ihrer Kampagne zusätzlich Schub verschaffte und sie letztendlich in den Mainstream brachte. Der offenbar von einem bayrischen AfD-Mitglied betriebene Youtube-Kanal *AfD-Television* warb sogar offen für Reconquista Germanica, indem er auf deren Discord-Kanal verlinkte.

Im Frühjahr 2018 ist eine neue Offensive in Planung:

> Guten Morgen, Kameraden. (...) Es ist an der Zeit, unsere diesjährige Sommeroffensive zu starten. In einer nächtlichen Lagebesprechung hat das Oberkommando die erforderlichen Maßnahmen bereits veranlasst. Erster Schritt wird es nun für mich sein, rasch ein Blitztotalstvideo auf den Weg zu bringen (...), um maximalste Aufmerksamkeit auf uns zu ziehen, neue Truppen zu rekrutieren und sowohl im Netz als auch auf der Straße wieder in die Offensive zu gehen. Jetzt ist die perfekte Jahreszeit, um Deutschland mit Aufklebern zu tapezieren – und die offiziellen RG-Flyer sind auch pünktlich fertig geworden. (...) Die Reconquista Germanica [hat] nun die Möglichkeit, sich 2018 endgültig in die Geschichtsbücher einzuschreiben.

Die Mitglieder der Gruppe bedienen ein großes Spektrum: Es sind Neonazis und Reichsbürger, aber auch einfache Patrioten und AfD-Fans, die nach Möglichkeiten suchen, den Wahlkampf im Internet zu unterstützen. Manche geben sich noch nicht mal die Mühe, ihre rechtsextremen Ansichten zu verbergen. Auf den Kanälen findet man Nazi-Symbole, Literatur von Holocaustleugnern und Ankündigungen des bevorstehenden Rassenkriegs. »Ich möchte euch allen ans Herz legen, legt euch ein Messer zu«, schreibt einer der User im so genannten ›Krisenvorsorgezentrum‹ der Gruppe. Innerhalb der Gruppe werden Anleitungen für den Bau eigener Elektroschockgeräte und Empfehlungen für Schuss- und andere Waffen weitergegeben. Aber die meisten Aktivisten wissen, wie vorsichtig sie sein müssen, vor allem vor dem Hintergrund der strengen deutschen Hatespeech-Gesetze. »Wir sollten das Video aus dem Netz nehmen«, meint ein Mitglied, nachdem im Mai 2018 eine Livestream-Session vorbei ist, die im Live-Chat von NS-Symbolik geflutet und rassistischen Beleidigungen begleitet wurde.

Andere Userinnen und User, vor allem die jüngeren, scheinen jedoch gar nicht unbedingt aus politischen Gründen dabei zu sein. Für die meisten von ihnen spielen Gemeinschaft, Freundschaft und Zugehörigkeit eine große Rolle. Viele Mitglieder schreiben, dass sie wegen »der Gemeinschaft und Geselligkeit unter allen Kameraden und Kameradinnen« dabei sind. Andere schreiben sogar: »Die Bewegung hat mein LEBEN zum POSITIVEN verändert! Ihr seid einfach toll und vernunftbegabte Menschen!« Die Hierarchien und die militärische Sprache dieser Community schaffen einen Rahmen, den viele attraktiv finden. Der User ›Wahrheitskampf‹ schreibt zum Beispiel: »Mir gefällt die starke Struktur des Servers, die ungeschminkt hierarchisch daherkommt, anstatt uns einen blauen Dunst von Freiheit vor zu lügen, sowie unser ehrenwertes und über alles erhabene Oberkommando. Es lebe der Oberbefehlshaber!!«

Wenn ich die Mitglieder dabei beobachte, wie sie sich über die strengen Regeln und Befehlsketten begeistern, fühle ich mich doch stark an *Die Welle* erinnert, dieses 1967 in einer kalifornischen Highschool-Klasse durchgeführte soziale Experiment, das aus 30 Schülerinnen und Schülern eine faschistische Bewegung machte: Der Geschichtslehrer Ron Jones wollte seinen Schülern zeigen, wie es den Nazis gelingen konnte, die Massen mit ihrer Ideologie zu impfen, und rief unter dem Motto »Macht durch Disziplin! Macht durch Gemeinschaft! Macht durch Handeln! Macht durch Stolz!« eine Bewegung ins Leben, die schon nach wenigen Tagen außer Kontrolle geriet. Die Bewegung bekam starken Zulauf, Hunderte Schüler, die gar nicht zur Klasse gehörten, wollten mitmachen, und die, die sich nicht an die Regeln hielten, wurden immer stärker drangsaliert.

Auf den ersten Blick kommt Reconquista Germanica wie ein Videospiel daher, wie ein lustiges Experiment, ein Rollenspiel. LARPen, nicht mehr. Klare Ziele werden gesteckt, Erfolge werden gefeiert und besonders gute virtuelle Soldaten belohnt. Durch gute Leistung kann man in der Rangliste aufsteigen und Offizier bzw. General werden. Das Setting ist kompetitiv, aber trotzdem ist dank gemeinsamer Feinde und Ziele das Gefühl der Solidarität vorherrschend. Die Eroberungserfolge der Mitglieder in der Online-Welt werden sich eines Tages in ihrem wirklichen Leben widerspiegeln, so das Versprechen von Nikolai Alexander. Als Erstes aber müssen die herrschenden Machtverhältnisse geändert werden. Reconquista Germanica hat also, wie viele andere extremistische Bewegungen auch, einen Weg gefunden, Propaganda, Rekrutierung und Mission zu gamifizieren.

Psychologische Studien haben gezeigt, dass bestimmte spielerische Gestaltungselemente wie Medaillen, Kennzeichen, Bestenlisten und Leistungskurven effektive Tools sein können, um die Nutzerbeteiligung zu maximieren und die emotionale Bindung zu stärken. In den letzten zehn Jahren haben die meisten Marken- und Medienunternehmen interaktive Gaming-Elemente in ihren Internet-Auftritt integriert, um Motivation und Engagement der Userinnen und User zu steigern. Politische Bewegungen, darunter auch extremistische und terroristische Gruppierungen, haben es genauso gemacht: Zunehmend setzen sie kompetitive Bewertungs- und Belohnungssysteme ein sowie eine dem Gaming entlehnte Wortwahl und Bildsprache. Die meisten islamistischen und rechtsextremen Hardliner-Foren haben sich auf ein punktebasiertes Bewertungssystem verlegt: In dem Neonazi-Forum Stormfront reicht der mögliche Status der User von »wird schon noch berühmt werden« bis zu »sein Ruf eilt ihm voraus«. Die britische Islamisten-Webseite Salafi Media wiederum hat ein »Fundamentalismus-Meter« eingeführt, um das Engagement ihrer User zu bewerten.

Schon im Jahr 2003 drehte al-Qaida die Rollenverteilung des US-Videospiels *Quest for Saddam* um und brachte mit *Quest for Bush* eine eigene Version heraus. In seinen Aufrufen zum Dschihad bezog sich der IS immer häufiger auf Computerspiele wie *Call of Duty*, mischte Begriffe aus der Gaming-Szene mit Koran-Zitaten und programmierte mit *Salil al-Sawarim* (»Säbelrasseln«) dann sogar ein eigenes Videospiel. Ganz ähnlich erstellen auch rechtsradikale Gamer rassistische Modifikationen (Mods) ihrer Lieblingskonsolenspiele. Das rechtsextreme Nachrichtenportal Daily Stormer beispielsweise brachte eine eigene Mod von *Doom 2* heraus, unter dem Namen: »Kampf gegen die jüdische Vorherrschaft«. Das Game *Hearts of Iron IV* lässt seine Spieler die politischen Geschehnisse des 20. Jahrhunderts von Grund auf umkrempeln – zum Beispiel in Hitlers Sinne. Einer der User kommentierte, er finde die alternative Mod des neueren Spiels *Millennium Dawn* »total geil«, denn hier könne man sich ganz auf die »rassische Überlegenheit« konzentrieren. Ein anderer ergänzte: »viele Völkermord-Optionen, ganz großer Spaß«. Einige Trolle auf 4chan montierten qua Photoshop den Kopf von Luca Traini, jenem neofaschistischen Terroristen aus Italien, der im Frühjahr 2017 auf afrikanische Migranten schoss, auf die Startseite des Videospiels *God of War* und benannten es in »God of Race War« um. Der Social-Media-Experte Ahmed Al-Rawi fasst diese Gamification-Strategie zusammen mit: »trollen, beleidigen, reinziehen«.

Obwohl Reconquista Germanica wie ein Online-Game daherkommt, entfaltet das Netzwerk doch ganz reale Wirkungen. Die Trolle nutzen geleakte Daten des britischen Nachrichtendienstes, um ihren Informationskrieg gegen das politische Establishment besser führen zu können, und entscheiden tagtäglich neu, wen man sich vorknöpfen will – mal werden Flüchtlinge, mal Fernsehmoderatoren zu ihren Opfern. Dann geben die Reconquista-Generäle und -Offiziere Hashtags und Zeitfenster vor, woraufhin koordinierte Kampagnen anlaufen, die die Algorithmen der Social-Media-Plattformen insofern austricksen, als dass sie die Reconquista-Inhalte vorrangig behandeln. Was es den Trollen wiederum möglich macht, ihre provokanten Postings und Kommentare einer breiten Öffentlichkeit zuzuführen – einer Öffentlichkeit, die deutlich größer ist als ihre angestammte Unterstützerbasis. Um die Verbreitung ihrer Inhalte zu maximieren, arbeiten sie mit falschen Accounts und Unterwanderungstaktiken: »Mehrere Accounts, und vor allem mindestens einen Account außerhalb der ›Filterblase‹. Accounts bei denen ihr nur über Fußball oder Autos tweetet, völlig egal.«

Ihre Strategie für den Wandel beruht auf der psychologischen Kriegsführung, was Oberbefehlshaber Nikolai Alexander so erklärt:

> Man kann nicht jeden, der einem in die Quere kommt, aus dem Weg räumen, und selbst wenn man es könnte, wäre es meistens nicht sinnvoll. Nein, am besten ist es, den Gegner zu besiegen, ohne einen Schuss abzufeuern. Das heißt, man muss ihn mit weichen Mitteln schlagen. [...] Durch Demoralisierung, Zersetzung und Unterwanderung. Das heißt, man zerstört die Kampfmoral des Gegners, indem man Defätismus verbreitet. Man sagt, das hat doch sowieso alles keinen Sinn, das bringt doch nichts oder das ist zu gefährlich, lasst es bleiben. Gern auch in Kombination mit Verleumdung, zum Beispiel man behauptet, wir würden für den Feind arbeiten. Dann natürlich Miesmacherei, alles wird in Frage gestellt, zerpflückt und schlechtgeredet. Man säht Unzufriedenheit, Ungeduld und Zweifel an der Führung. Der Tarnname für diese Angriffstaktik nennt sich übrigens ›konstruktive Kritik‹, ein Konzept der Frankfurter Schule. Dann versucht man die Mitglieder gegeneinander aufzustacheln und Streit anzuzetteln, Klüngel zu bilden, Verräter hochzuhieven und Loyalisten herauszudrängen. Hebel zu installieren, um alles in seinem Sinne zu beeinflussen, relevante Strukturen aus-

zulagern und sich dieser zu bemächtigen usw. Und dann natürlich Spionage, Desinformation, Lügen, Verleumdung – das ganze Programm. Das sind die Taktiken und Mechanismen, um eine Bewegung zu sabotieren und zu zerstören.

Einige der Aktivitäten der Reconquista Germanica stützen sich auf das so genannte *Handbuch für Medienguerillas*, eine Anleitung für Informationsoperationen im digitalen Raum, das die Identitären wenige Wochen vor der Bundestagswahl in Deutschland 2017 veröffentlichten. In der Einleitung heißt es: »Wir alle verarschen gerne Opfer im Internet. Die Bezeichnungen dafür sind vielfältig: Trollen, shitposten, ficken, memetische Kriegsführung oder einfach nur verarschen.« Das Handbuch spricht von »massivem Luftschlag« und »Sniper Missionen« im Cyberspace. Eine Sniper Mission wäre zum Beispiel ein zielgerichteter verbaler Angriff auf einen »großen Feind-Account«, mit der Perspektive, die hinter dem Account stehende Person zu beleidigen oder runterzumachen. Die Anweisungen für den Massiven Luftschlag hingegen empfehlen, »visiere direkt auf Accounts vom Gegner: Politiker, Promis, Staatsfunk, usw. und knall die Comments voll«. Um die automatisierten Blockade- oder Löschmechanismen wegen auffällig hoher Aktivität zu umgehen, wird allen Trollen empfohlen, nach zwei oder drei Tweets den Account zu wechseln.

Meme sind das wichtigste Online-Manipulationswerkzeug rechter Trolle, die oft behaupten, dass »die Linke nicht memen kann«. Während der letzten zehn Jahre haben Arbeitsgruppen nationaler Sicherheitsbehörden sowie internationale Militärbündnisse zunehmend verstanden, wie groß das psychologische Potenzial von Memen im Krieg um die Informationen ist. 2011 schlug Dr. Robert Finkelstein, Experte für Militärrobotik, gar die Einrichtung einer neuen Einheit innerhalb der US-Armee vor, das so genannte ›Meme Control Center‹, was damals noch wie eine alberne Idee erscheinen wollte. Inzwischen ist die memetische Kriegsführung für staatliche und nichtstaatliche Akteure zu einem oft eingesetzten Mittel geworden, um Einstellungen und Verhaltensweisen zu beeinflussen und um den Wettbewerb um die Narrative und soziale Kontrolle auf den Kriegsschauplätzen im Internet zu gewinnen.

Während des US-Wahlkampfs 2016 verwandelten Trump-Anhänger die Internetkultur in eine Waffe der politischen Propaganda und drehten so den Wahlausgang. Diverse Meme-Kampagnen gegen politische Gegnerinnen und Gegner wurden gestartet, immer mit dem Ziel, Einfluss zu nehmen auf die öffentliche Wahrnehmung von Wahrheit und Macht. Auf 4chan sprach man damals vom »Großen Meme-Krieg«. Der legendäre Hashtag #MAGA (für: »Make America Great Again«) ist denselben Online-Gruppen und Communitys entsprungen.

Der Stanford-Absolvent Jeff Giesea, der »gelangweilt davon war, immer nur nett zu den Menschen zu sein« und dem der Trumpismus als »der einzige pragmatische und moralisch vertretbare Weg« schien, um »die westliche Zivilisation vor sich selbst zu retten«, organisierte MAGA-Treffen und leistete einen nicht unerheblichen Beitrag dazu, eine Armee von Pro-Trump-Meme-Trollen auf die Beine zu stellen. Eine Analyse von 160 Millionen Archivbildern wies 2018 nach, wie extrem erfolgreich rechte Internet-Trolle damit gewesen sind, aus Randgruppenforen wie dem Board /pol/ auf 4chan oder dem Sub-Reddit /r/The_Donald stammende Meme mit rassistischen und antisemitischen Inhalten auf deutlich mainstreamigeren Plattformen zu verbreiten.

Die soziodemografische Forschung hat gezeigt, dass Männer 1,76 Mal wahrscheinlicher hasserfüllten Inhalt generieren und im Netz verbreiten als Frauen. Eine andere Studie kam zu dem Ergebnis, dass der Grund, warum Männer eher zu antisozialen Facebook-Umtrieben wie Trolling tendieren, darin zu suchen ist, dass sie die stärker ausgeprägten Narzissten sind. Andersherum sind es natürlich Frauen, die mit einer höheren Wahrscheinlichkeit Opfer von Hass im Internet werden. Eine Studie des Pew Research Center hat gezeigt, dass Frauen sehr viel häufiger Erfahrungen mit Online-Stalking und sexueller Belästigung im Netz machen als Männer. Eine Untersuchung von Amnesty International kam sogar zu noch erschreckenderen Ergebnissen: Im Jahr 2017 wurde alle 30 Sekunden eine Politikerin oder eine Journalistin zum Opfer von Hatespeech auf Twitter. Insgesamt 1,1 Millionen Hass-Tweets richteten sich an hochrangige Frauen in den USA und Großbritannien, darunter sämtliche britische Unterhausabgeordnete und alle weiblichen Angehörigen des US-Kongresses.

Das Medienguerilla-Handbuch der Identitären Bewegung empfiehlt, sich vor allem junge Frauen vorzuknöpfen, »die direkt von der Uni kommen. Das sind klassische Opfer und nicht gewöhnt einzustecken. Die kann man eigentlich immer ziemlich einfach auseinandernehmen.« Im Folgenden wird geraten: »Und da ziehe jedes Register. Lass nichts aus. Schwacher Punkt ist oftmals die Familie. Habe immer ein Repertoire an Beleidigungen, die Du auf den jeweiligen Gegner anpassen kannst.«

In ganz Europa und in den USA sind prominente Künstlerinnen, Aktivistinnen und Politikerinnen wiederholt zur Zielscheibe von Internettrollen geworden. Die englische Sängerin Lily Allen entschied sich sogar dazu, Twitter zu verlassen, nachdem mehrere Wellen von Online-Belästigung über sie hereingebrochen waren, unter anderem, nachdem ihr Sohn tot zur Welt gekommen war. Die konservative britische Parlamentsabgeordnete Nicky Morgan wurde mit Morddrohungen und beleidigenden Tweets überflutet, nachdem sie sich 2017 gegen den Brexit ausgesprochen hatte.

Aber nicht nur Prominente haben es mit derartigen Kampagnen zu tun. Nachdem ich zusammen mit ›Alt Right Leaks‹ die Taktiken von Reconquista Germanica aufgedeckt hatte, erhielt ich eine ganze Reihe an Mord- und Vergewaltigungsdrohungen. »Du musst vorsichtig sein, Julia«, stand in einem Tweet der Reconquista Germanica. »Nichts entgeht unseren Fangarmen. Sie reichen bis nach England. Sie reichen um die ganze Weltkugel!« Daraufhin postete ein weiterer Account ein Bild einer Frau, die von einem Kraken vergewaltigt wird. In den darauffolgenden Tagen bekam unser Büro Polizeischutz, und wir erhöhten die Sicherheitsvorkehrungen massiv. Zu den Botschaften, die das gesamte Team bedrohten, gehörten anonyme Posts wie dieser hier: »Hey ISD: Was meinen ›psychologischen Antrieb‹ anbelangt, gebe ich euch mal einen Profi-Tipp: Ich will euch alle tot sehen – und wie ihr sterbt, ist mir egal.«

Insgesamt gesehen haben 40 Prozent aller Internetnutzerinnen und -nutzer selbst mittelschwere bis schwere Belästigung im Netz erlebt, über 70 Prozent sind Zeuge davon geworden. Man muss nicht allzu viel Zeit auf die Lektüre der

Kommentare zu Zeitungsartikeln verwenden, um der Illusion zu erliegen, dass Hatespeech im digitalen Zeitalter ein wirklich allgegenwärtiges Phänomen ist. Und trotzdem ist der in den sozialen Medien überall sichtbare Hass hochgradig irreführend. In vielen Fällen ist es nämlich eben nicht der durchschnittliche User, der hasserfüllte Inhalte verbreitet: Es sind rechtextreme Randgruppen, die auf Online-Nachrichtenportalen quasi das Monopol halten auf die Hasskommentare.

Tatsächlich ist nur eine verschwindend geringe Minderheit verantwortlich für den Großteil von Hatespeech im Internet. In einer Studie in Kooperation mit der Facebook-Community #ichbinhier fand unser Institute for Strategic Dialogue heraus, dass nur fünf Prozent aller aktiven Accounts über 50 Prozent aller Likes produzieren, die auf Facebook vergeben wurden für Hasskommentare in den Kommentarbereichen deutscher Zeitungsartikel. Für Millionen von Facebook-Nutzern stellt das eine grobe Verzerrung der Realität dar. Die Diskussionskultur im Netz wird derart beeinflusst, dass Politiker und Journalisten massiv unter Druck geraten. Bei Reconquista Germanica ist man sich der eigenen unverhältnismäßigen Wirkung in den sozialen Medien durchaus bewusst. Ein Mitglied der Troll-Armee schreibt: »Das Beste an dem Server ist, dass wir uns vernetzen konnten und nicht mehr komplett voneinander isoliert sind. Ein gewaltiger strategischer Vorteil!«

Reconquista Germanica ist nur eine von Dutzenden von Online-Trolling-Gruppen, die in Deutschland zu Hass anstacheln, spalterische Tendenzen in der Gesellschaft aktiv befördern und gefälschte Geschichten verbreiten. International sind es Hunderte. Die Neue Rechte ist gut aufgestellt, wenn es darum geht, globale Netzwerke und Content-Sharing-Plattformen aufzubauen und internationale Beziehungen stark zu machen. Beispielsweise hat sich Reconquista Germanica mit dem neurechten schottischen Videoblogger Millennial Woes zusammengetan, um gemeinsam an den US-amerikanischen Rechtsradikalen und Publizisten Jared Taylor heranzutreten, der ganz gerührt darüber war zu erfahren, dass es in Deutschland eine mit der Alt-Right vergleichbare Bewegung gibt. Als Alt Right Leaks anfing, Material zu veröffentlichen, das diese Kontaktaufnahme belegte, nahm Millennial Woes ganz schnell alle öffentlich einsehbaren Chat-Verläufe mit Reconquista Germanica aus dem Netz.

Die von europäischen Troll-Armeen eingesetzten Taktiken erinnern stark an die der US-Alt-Right. Deren strategisches Handbuch zur psychologischen Kriegsführung liegt auf obskuren Data-Sharing-Plattformen und ist für die internationale ultrarechte Trolling-Community, die Kampagnen fährt, um Wahlausgänge zu manipulieren, zur Bibel geworden. Eine beliebte Vorgehensweise ist zum Beispiel, trendende Hashtags mit extremistischen Hashtags zu verkoppeln, um radikalere Diskussionsthemen massenkompatibel zu machen. Eine andere gern eingesetzte Technik ist es, gegnerische Hashtags zu kapern, was auch als ›Hashtag Stuffing‹ bezeichnet wird.

Vor den Wahlen in Frankreich, Deutschland, Italien und Schweden griffen aktive neofaschistische Trolle auf dieselben Systeme, Begriffe und Bebilderungen zurück wie ihre US-amerikanischen Pendants. Im Normalfall rekrutieren und mobilisieren diese Trolle ihre Sympathisanten auf Imageboards wie 4chan, 8chan und Reddit. Im nächsten Schritt wird der

Austausch in verschlüsselten Chatrooms auf Discord, Telegram oder WhatsApp fortgesetzt, wo die Organisation und Koordination der Kampagnen stattfinden. In einem letzten Schritt wird eine Kampagne dann auf den großen Social-Media-Plattformen wie Facebook, Twitter und Instagram angefahren, um eine breite Öffentlichkeit zu erreichen.

Den Versuch, Einfluss zu nehmen auf im Netz geführte Diskussionen und die eigenen Ansichten zu normalisieren, unternehmen Rechtsextreme zwar am häufigsten, aber bei weitem nicht als Einzige. Auch islamistische Gruppierungen sind in der Vergangenheit erfolgreich damit gewesen, in den sozialen Medien gezielt Influencer-Operationen durchzuführen, um eine größere Öffentlichkeit anzusprechen und damit die Aufmerksamkeit der Medien zu gewinnen. Im April 2018 brach unter den deutschen Integrationsbeauftragten der Länder eine kontrovers geführte Diskussion darüber aus, ob das Kopftuch für Mädchen unter 14 verboten werden sollte oder nicht. In Reaktion darauf läutete die deutsche Islamistengruppe ›Generation Islam‹, die verbandelt ist mit der weltweiten islamistischen Bewegung Hizb-ut-Tahrir, ein ›Wochenende der Empörung‹ ein und rief zum »TwitterStorm« auf. Unter dem Hashtag #NichtOhneMeinKopftuch wurde eine koordinierte Kampagne gestartet. Unsere Untersuchungen am ISD ergaben, dass der Hashtag auf Twitter an einem einzigen Tag mehr als 100 000 Mal geteilt wurde.

Russische Medienunternehmen wie Sputnik und Russia Today sowie alternative Nachrichtenkanäle lassen die Stimmen der Trolle noch vernehmlicher werden. Aber es sind nicht nur sie. Auch traditionelle Medienhäuser haben Alt-Right-Accounts unabsichtlich groß gemacht, indem sie sich ständig Wettrennen liefern um die Geschichten, die die meisten Klicks generieren. Aktivisten der Neurechten, die sich mit der Dynamik der medialen Sensationsgier bestens auskennen, haben passgenau zugeschnittene Aufmachergeschichten entwickelt und sind zu Nutznießern der inkonsistenten Berichterstattung über ihr Tun geworden.

Teilweise trug auch die generationelle Kluft innerhalb der journalistischen Zunft dazu bei, dass die Neue Rechte zwischen 2016 und 2018 deutlich an Bekanntheitswert zugelegt hat. Es verläuft ein tiefer Graben zwischen den (meist jüngeren) Journalistinnen und Journalisten, die mit Memen und der Sprache auf Boards wie 4chan aufgewachsen sind, und jenen, die noch nicht einmal wissen, was ein Troll ist, also zwischen – wie das Data and Society Research Institute sie bezeichnet – »troll-trainierten« und »nicht troll-trainierten« Berichterstattern. Während Erstere sich eher auf die witzigen und bizarren Aspekte des Trollens kaprizierten, näherten sich Letztere ihm mit einer hysterischen Sensationsgier. Das hat in der Vergangenheit zu einer stark inkonsistenten, ja geradezu widersprüchlichen Berichterstattung über rechtsextreme Troll-Fabriken geführt, der gefühlten Glaubwürdigkeit der Traditionsmedien hat es nachweislich geschadet.

Ich habe in diesem Kapitel gezeigt, wie das neue mediale System zum Aufkommen von Online-Kriegen um Wahrheit und Macht geführt hat. Das Internet hat sich in ein Informationsschlachtfeld verwandelt. Neueste Entwicklungen wie Bots und Fake-Accounts sind zu den Waffen von Troll-Armeen wie Reconquista Germanica geworden. Extremistische Gruppierungen lernen nicht nur, wie man komplexe Influencer-Operationen durchführt, nein, durch internationale Vernetzung steigern sie ihre Reichweite und ihre Wirksamkeit enorm. Das folgende Kapitel zeigt, wie solche Gruppierungen international Schnittstellen und Kontakträume aufbauen, Dating-Apps und soziale Medien etwa, die die Basis bilden für ihr weltweit wachsendes Netzwerk.

4 Vernetzung

Noch nie waren extremistische Akteure und Bewegungen international so vernetzt wie heute. Von überall auf der Welt besuchte Foren und Treffpunkte im Internet – seien es Plattformen für sexuelle Kontakte oder für kollektive Detektivspiele – haben es Randgruppen ermöglicht, zu zahlenmäßig deutlich größeren Online-Communitys anzuwachsen. Ihr Alleinstellungsmerkmal ist die Kontaktvermittlung und -pflege zwischen gleichgesinnten Menschen aus der ganzen Welt. Man kann über die abwegigsten Gemeinsamkeiten miteinander in Verbindung treten, zum Beispiel über den Glauben an Verschwörungstheorien oder den Wunsch, die angebliche Auslöschung der weißen Rasse zu verhindern. Derartig vernetzt aufgestellte Online-Communitys können sowohl ein Einstieg in als auch ein Beschleuniger für Radikalisierungsprozesse sein. Vor allem aber versetzen sie Bewegungen mit ursprünglich höchstens regionaler Bedeutung in die Lage, ihre Einflusssphäre auf ein transnationales Niveau zu heben. Das folgende Kapitel nimmt die Leserinnen und Leser erst mit in die Dating-Welt von weißen Rassisten und von da aus weiter in die globalen Communitys von Verschwörungstheoretikern.

»Endlich da: Die Webseite zur Partnersuche für alle, die ihr Erbe bewahren wollen!« Ich starre gebannt auf die Ankündigung für ›WASP Love‹, der weltweit ersten Dating-Site für weiße Nationalisten und Nationalistinnen. Auf dieser obskuren Seite können weiße, angelsächsische Protestanten (WASPs eben) andere »Weiße aller Glaubensrichtungen, Nationalitäten und politischen Hintergründe finden, vereint in dem Bestreben, etwas zu tun zum Wohle unserer Rasse und unserer Kinder«. Ich kann nicht anders: Ich will wissen, was für Menschen sich auf WASP Love tummeln. Wie präsentieren sie sich? Ob sich der Umgangston unterscheidet von dem normaler Dating-Apps?

Um Zugang zu bekommen zu WASP Love, muss man zunächst einen Account anlegen. Die Profilbeschreibungen sind deutlich länger als die auf eher mainstreamigen Plattformen wie Tinder, Bumble oder Happn. Zur Einrichtung eines Profils gilt es, zuerst einen langen Fragebogen auszufüllen und Einzelheiten anzugeben über die eigenen politischen und religiösen Einstellungen. Die Standardantwort, die man in vielen Profilen liest, lautet: »konservativ und patriotisch gesinnt«. Aber manche sind eindeutiger: »Mein Ziel sind die 14 Worte. Ich möchte eine Kernfamilie gründen mit einer liebevollen, treu ergebenen Hausfrau. Ich möchte, dass meine Kinder meinem Namen und dem Vermächtnis meiner Familie Ehre einbringen.« Oder auch: »Ohne die Kirche und den Herrgott lässt sich die Gesellschaft nicht davor bewahren, zu der leeren Hülle zu werden, die sie heute schon ist.«

Na dann, gehen wir's an.

»Ich heiße Claire. Ich arbeite als Stewardess und komme aus Frankreich. Aufgewachsen bin ich in einem konservativ-christlichen Elternhaus und möchte, dass meine Kinder ebenfalls mit diesen Werten groß werden.« Ich suche nach WASP-Männern zwischen 25 und 30. Und bekomme 371 Treffer.

Nach nur wenigen Wochen auf WASP Love hat Claire bereits über 30 Kontaktanfragen von Männern aus Europa und den USA erhalten. Die Kennenlern- und Anmachsprüche unterscheiden sich nicht allzu sehr von denen auf herkömmlichen Seiten. Man darf sich allerdings sicher sein, dass das in Frage kommende Date ein Single ist aus der großen Gruppe der »reformiert christlichen, der Quiverfull-Bewegung anhängigen, konföderierten, zu Hause unterrichteten, christlich geprägten, weiß-nationalistischen, baptistischen Alt-Right-Singles«.

Auf den ersten Blick wirken die meisten Profile einigermaßen aussagefrei, aber man lernt, die kleinen Hinweise zu erkennen: »Alle meine Vorfahren waren keltischen Ursprungs«, schreibt da zum Beispiel ein galizischer Veteran der spanischen Armee. »Ich mag ausschließlich europäische Musik. Je mehr ausländische Einflüsse, desto weniger mag ich sie«, teilt mir ein in Großbritannien lebender Rumäne mit. Es wird sehr schnell deutlich, dass diese Menschen hier sämtliche Entscheidungen für Lebensstil und Hobbys vor dem Hintergrund ihres Weiß-Seins treffen. Alle anderen Ebenen ihrer Identität merzen sie aus, ihr Weiß-Sein schließt alles andere mit ein und wird zum mit Abstand wichtigsten Anknüpfungspunkt.

Die meisten weißen Nationalisten, denen ich im Internet

folge, gehen davon aus, dass der weiße Genozid kurz bevorsteht. Aber jeder von ihnen hat seinen eigenen Weg gefunden, seine eigene Strategie entwickelt, die angebliche Auslöschung der europäischen Rasse und Kultur noch abzuwenden. Einige fordern die Schließung der Grenzen und die ›Remigration‹, andere konzentrieren sich auf den Kampf gegen LGBT-Rechte und die Legalisierung der Abtreibung. Und dann gibt es eben diejenigen, die sich auf das Wesentliche konzentrieren: auf die Fortpflanzung. Webseiten zur Partnersuche unter weißen Nationalisten besetzen hier ganz eindeutig eine Nische.

Einige der Userinnen und User von WASP Love räumen ein, auf den »Mainstream-Dating-Apps« negative Rückmeldung bekommen zu haben – was mich nicht groß überrascht: Man stelle sich die beklemmende Situation vor, ein Tinder-Date zu treffen, das einem dann erst mal erzählt, jüdische Banker, Journalisten und politische Entscheidungsträger hätten ein Komplott zur Auslöschung der weißen Rasse geschmiedet. Andere haben andere Gründe, um Tinder etc. nicht länger nutzen zu wollen: Was, wenn diese Apps ebenfalls vom globalen Establishment kontrolliert werden? Ein User, mit dem ich chatte, erzählt mir, er würde seine Daten niemals an Tinder oder andere »Mainstream-Plattformen geben, die doch nichts als Spionagewerkzeuge der Zionisten sind«.

»Wie schön, hier auch auf eine Patriotin zu treffen.« Für eine Webseite mit dem Motto ›Liebe deine Rasse und vermehre dich‹ finde ich das kaum überraschend. »Absolut«, schreibe ich zurück.

Ich scrolle durch die unterschiedlichen Gruppen:

Nationalsozialismus. »Interessenvertretung des indoeuropäischen (arischen) Volkes durch die Pflege der Einheit auf der Grundlage von Rasse, Sprache, Kultur, Religion, Tradition und Stammesstruktur.« 123 Mitglieder

Alt-Right. »Weiße Menschen mit unterschiedlicher Religionszugehörigkeit, Nationalität, mit unterschiedlichen Hintergründen und politischen Einstellungen, vereint in dem Ziel, zum Wohle unserer Rasse und unserer Kinder zu handeln.« 259 Mitglieder

Für mehr Nachwuchs sorgen als die anderen. »Ihr seid 9 % der Weltbevölkerung. Diese Gruppe ist für alle, die mit anderen diskutieren und zusammenkommen wollen, die diese Tendenz umdrehen wollen. Diese Gruppe ist gegen Verhütung und für Polygamie.« 7 Mitglieder.

Weitere Gruppen heißen unter anderem *»Christliche Identität«* und *»Gamergate-Veteranen«*.

Manche User scheinen einfach Langeweile zu haben, andere wirken einsam. Von einem bekomme ich folgende Nachricht: »Auch ich möchte eine Familie haben, ich lebe allerdings auf 120 Hektar komplett abgeschieden und ohne Strom in Kanada.« Dann faltet er seine gesamte Herkunft auf: »Ich habe englische, akadische, französische, schottische, belgische, irische und norwegische Wurzeln.« Andere sprechen unumwunden über ihre politischen Ideale: »Mein Traum ist es, eine soziale Bewegung ins Leben zu rufen, die sich für ein ›europäisches Israel‹ starkmacht. Ich möchte erleben, wie aus einer Geheimgesellschaft erst ein größerer Verein, dann eine politische Partei und schließlich ein Staat wird.«

Lucas aus Südkalifornien ist Mitte 30, segelt gern und mag

Bluegrass Music, hasst aber Football und Techno. Was seine politischen Einstellungen anbelangt, bezeichnet er sich als »Hardliner«, glaubt aber gleichzeitig auch, ein »klassischer Liberaler« zu sein. Er schreibt, ihm gefielen »ernsthafte Frauen, aber natürlich Frauen, gern sehr weiblich«. Lucas spricht mich als »Schwester« an und erklärt, »Frauen mit französischem Hintergrund« faszinierten ihn in ganz besonderer Weise. Das aus seiner Sicht erstrebenswerteste weibliche Charakteristikum ist »Sittsamkeit«. Er schreibt: »Ich bin ein großer Verehrer der Franzosen und der französischen Kultur.« Dann will er wissen, ob wir unsere Unterhaltung nicht in SMS-Form weiterführen wollten.

Benjamin aus den USA ist von Frankreich nicht ganz so beeindruckt und fragt, wie ich es bloß aushielte, dort zu leben. Er erzählt von seinem letzten Aufenthalt in Paris, wo er »überall in der Nähe der Touri-Orte massenhaft Migranten aus Afrika und dem Nahen Osten« gesehen habe, die alle »irgendwelchen Plunder und sonstigen Krempel« verkaufen wollten. Er studiert Geschichte, betrachtet aktuelle Ereignisse also gern aus historischer Perspektive. »Ich sehe viele Parallelen zwischen der heutigen westlichen Welt und dem Alten Rom, kurz vor seinem Fall«, teilt er mir mit. »Alles, was in Rom passierte und was zu seinem Zusammenbruch führte: Rom ist nicht durch den Übergang von Republik zu Kaiserreich gefallen, Grund dafür waren letzten Endes die Inflation und der kulturelle Wandel von Nationalismus und dem Stolz, ein Römer zu sein, hin zu einer eher stammesartigen Mentalität und dem Fokus auf die Bedürfnisse der Einzelnen.« Von daher habe er beschlossen, seinem Freundeskreis Dinge über Rom beizubringen und sich bei den Marines zu verpflichten – »um unser Land ganz direkt in seinem Bestreben zu unterstützen, dem Druck einer Kultur standzuhalten, die den Westen zerstören will«.

»Was glaubst du, was passieren wird? Und was würdest du dir wünschen?«, frage ich Benjamin. Er antwortet: »Das Beste, was ich tun kann, um dem Verfall des Westens entgegenzuwirken, ist, was ich mir schon immer erträumt habe: eine große Familie zu haben und meine Kinder ordentlich und nach den besten Werten zu erziehen. Ich möchte mindestens vier Kinder haben, noch lieber aber sechs. Und du? Wie viele Kinder willst du?« Sechs ganz sicher nicht.

Ich weiß über Jeff, dass auch er mindestens vier Kinder haben möchte. Außerdem weiß ich, dass er Anfang Zwanzig ist, einen Jack-Russell-Yorkshire-Terrier-Mischling sein Eigen nennt und in einer Marketingabteilung arbeitet. Und dass er an einem kühlen Dezembervormittag in Cambridge in der Côte Brasserie ganz in der Nähe des River Cam auf mich wartet.

Mein konservativstes, unschuldigstes Outfit ist klitschnass vom Regen, weil ich vor der Tür stehend noch meinen französischen Akzent (und die üblichen Stewardess-Ansagen) geübt habe. Als ich die französische Brasserie betrete, winkt mir ein recht gutaussehender junger Mann in einem schwarzen Pulli über einem weißen Hemd zu. Er hatte darauf bestanden, vor unserer Begegnung ein Foto von mir zu bekommen. »Ha, nur, damit ich weiß, mit wem ich mich da treffe! :)« Ich hatte mich für ein Bild mit geringer Auflösung entschieden, um nicht noch irgendeinem Gesichtserkennungssystem in die Falle zu gehen, und hatte vor dem Verschicken sämtliche Metadaten gelöscht.

»Wie schön, dich endlich kennenzulernen«, sagt er. Sein Lächeln ist schüchtern, aber freundlich. Abgesehen von seiner politischen Einstellung macht er einen vollständig normalen Eindruck.

»Du kommst also aus der Nähe von Cambridge?«, frage ich. »Ja, aus einer hübschen, kleinen, konservativen Stadt«, erzählt er mir. »Bis jetzt gibt's noch keine Migranten dort, aber das kann sich ja ändern. Es lässt sich bereits feststellen, wie sich auch auf dem Land langsam der Wandel einschleicht. In ein paar Jahren sieht es dort aus wie in London.« London findet er schrecklich, wegen der liberalen Einstellung und der kulturellen Vielfalt der Stadt. »Zum Glück stehen in meiner Gegend auch meine Freunde politisch alle rechts.«

Jeff entscheidet sich für ein Schokocroissant, dazu bestellen wir English Breakfast Tea. »Eine perfekte Mischung aus französischer und englischer Kultur«, sage ich. Und diese beiden Kulturen zu mischen, geht für Jeff auch in Ordnung. Er ist stolzer Europäer und sagt, er würde sich wünschen, dass Europa europäisch bliebe. »Das klingt ja fast proeuropäisch! Wie hast du denn beim Referendum gestimmt?«, frage ich. »Oh, ähm, ich mag die europäische Kultur, aber ich würde trotzdem lieber raus aus der EU.«

Er beschreibt sich selbst als einen weißen Nationalisten. Traditionelle Werte schätze er, Entartung dagegen nicht. »Die weiße Identität ist mir sehr wichtig. Ich habe die Hoffnung, jemanden zu finden, der diese Werte und Ansichten teilt.« Im Idealfall möchte er eine auf den christlichen Grundwerten fußende Ehe führen, gibt aber zu, nicht gläubig zu sein. »Ich schätze die christlichen Werte sehr, und ich möchte sie unbedingt auf mein Leben und meine Ehe anwenden, ganz unabhängig davon, ob ich selbst gläubig bin oder nicht. Vielleicht finde ich eines Tages noch zum Glauben.«

»Wie bist du denn zu WASP Love gekommen?«, frage ich ihn. Er sagt, er habe einfach gegoogelt und nach einem Ort gesucht, an dem er gleichgesinnte potenzielle Partnerinnen finden könne, was die herkömmlichen Dating-Apps ja so nicht unbedingt hergäben. »Ich bin mir sicher, das wird noch richtig groß werden«, meint er. »Wenn mehr Leuten klar wird, dass wir dem Untergang geweiht sind, kommen sie von ganz allein dorthin.«

»Hast du dich schon mal mit einer Frau getroffen, die du über WASP Love kennengelernt hast?«, frage ich ihn. Er schaut ein wenig beschämt zu Boden. »Nein, persönlich noch nicht. Aber es ist gut, auf der Plattform mit Leuten von überall auf der Welt in Kontakt zu kommen.«

Wir finden beide, dass Cambridge eine schöne Stadt ist. »Trotz Regen und der ganzen linken Studenten«, sagt er. Er schlägt vor, nach dem Tee noch eine Runde spazieren zu gehen, aber ich sage, mir sei zu kalt, ich müsse zurück ins Hotel. Er zieht sich seine Hollister-Jacke an, und zusammen gehen wir noch zu seinem Auto. »Wann bist du mal wieder hier?« Nie wieder, zumindest nicht als Claire.

Andere hatten erfolgreichere Dates. Ein User schreibt: »Hiermit möchte ich kundtun, dass ich hier auf WASP.LOVE jemanden ganz Wunderbaren kennengelernt habe! Ich bin ganz begeistert und total glücklich. Gebt die Hoffnung nicht auf ... Eure zweite Hälfte sucht nach euch. Gott segne euch alle!«

WASP Love ist nur eine von vielen neurechten Dating-

Websites. Europäische Singles können sich beispielsweise noch an die Plattform ›White Date‹ halten, US-amerikanische an ›Trump Singles‹ oder ›Farmers Only‹. Das Motto von Trump Singles lautet »Making Dating Great Again«, White Date hingegen wirbt mit dem Spruch: »Wir halten uns an die klassische Rollenverteilung: Starke Männer übernehmen die Führung und anmutige Frauen spielen das Spiel klug mit.« White Date möchte bei der Anmeldung sogar den IQ und den Persönlichkeitstyp erfahren. Potenzielle Partnerinnen können nach Lieblingshaarfarben gefiltert werden, bei den Blondtönen kann man besonders wählerisch sein – von »Rapunzel« bis zu »venezianisch blond« ist alles dabei. Genauso kann man präferierte Abstammungsmerkmale voreinstellen – von Afrikaaner, einer südafrikanischen, aus den niederländischen Siedlern hervorgegangenen Bevölkerungsgruppe, bis hin zu Walisisch/Kornisch. Wer sich für Letzteres entscheidet, hat es auf der Plattform noch mit insgesamt acht walisischen/kornischen Männern im Alter von 18 bis 80 Jahren zu tun.

Die Identitären sind – seit einigen Jahren schon, die Fertigstellung der App wurde immer wieder verschoben – dabei, eine eigene verschlüsselte Applikation zu entwickeln, die schon als »Tinder für Nazis« bezeichnet wurde. Aber der App ›Patriot Peer‹ geht es um weit mehr als nur um die Partnersuche – nämlich darum, Rechtsextreme auf romantische, aber auch unromantische Art und Weise miteinander in Kontakt zu bringen. »Wer weiß schon, wie der Mensch, der da im Bus, im Café oder in der Universität neben einem sitzt, so tickt«, schreibt ein Identitärer auf Telegram, um die zukünftige App zu bewerben. »In der gesichtslosen Masse stechen Patrioten schließlich nicht sofort heraus.« Das Ziel des identitären

Tools ist, »dass die User sich vernetzen und für die patriotische Wende zusammenarbeiten«. Wenn man an patriotischen Veranstaltungen teilnimmt oder den Kontakt aufnimmt zu anderen identitär Gesinnten, soll man Sozialpunkte gutgeschrieben bekommen; so kann man zum perfekten Patrioten werden. »Diese App wird die Firewall der Angst niederreißen. Sie verfügt über einen Patrioten-Radar und macht aus politischem Aktivismus ein Spiel.« Die Website AltRight.com, die von dem US-Rechtsextremisten Richard Spencer betrieben wird, brachte einen großen Artikel zu Patriot Peer und machte die App so international unter Rechtsextremen bekannt.

Das so genannte ›Alt-Dating‹ ist nur ein Aspekt des im Entstehen begriffenen alternativen Online-Universums von und für Extremisten. Wenn Mainstream-Social-Media-Unternehmen wie Facebook und Twitter strengere Anti-Hatespeech-Maßnahmen ergreifen, führt das meist lediglich dazu, dass die Extremisten auf andere Plattformen wechseln und Ersatzkanäle einrichten, um sich zu vernetzen, ihre Aktivitäten zu koordinieren und crowdfunden zu lassen. Viele umstrittene Aktivisten – sei es vom rechtsextremen, linksextremen oder ultrareligiösen Rand – sind längst auf alternative Plattformen umgezogen.

»Lieber habe ich es, dass Putin meine Daten hat als irgendso ein SJW im Silicon Valley«, schrieb Martin Sellner an anderer Stelle und meinte damit die von den neuen Rechten abwertend so bezeichneten »Social Justice Warrior«.

Extremisten, die aufgrund ihrer entmenschlichenden oder zur Gewalt aufrufenden Sprache aus den großen sozialen Medien verbannt wurden, haben Twitter durch Gab, Facebook durch VK oder Minds und Patreon durch Hatreon ersetzt.

Gab, der Twitter-Ersatz für die Neue Rechte, hat in nur anderthalb Jahren über 400 000 neue User hinzugewonnen. Während der Holocaust auf Metapedia nur »in der politisch korrekten Geschichtsschreibung« stattgefunden hat, bieten BitChute oder D.Tube eine »zensurlose Alternative« zu Youtube und ziehen so insbesondere Verschwörungstheoretiker und Holocaustleugner an. »Ich bin bei Bitchute gelandet, weil ich bei Jewtube rauswollte«, schreibt mir einer der User, nachdem er mir erzählt hat, er glaube, dass »Youtube von den Juden betrieben wird«.

Es gibt drei Typen von Alt-Tech-Plattformen: 1. Extremistische Eigenkreationen, also Plattformen, die von Extremisten für Extremisten gemacht worden sind, z. B. WASP Love und Hatreon; 2. ultraliberale Plattformen, aufgesetzt von Libertären oder kommerziell motivierten Entwicklern, die tendenziell vor allem im Namen der Redefreiheit operieren und von daher auch extremistische Inhalte dulden, z. B. Gab, Minds und 8chan; 3. gekaperte Plattformen, also Plattformen, die für einen völlig anderen Zweck entstanden und von Extremisten übernommen worden sind, dabei aber proaktiv mit den Behörden zusammenarbeiten, um die Extremisten daran zu hindern, ihre Dienste weiter zu nutzen, z. B. Discord, Telegram und JustPaste.it.

Nach den rechten Aufmärschen in Charlottesville im Sommer 2017 schaltete Twitter Hunderte rechtsextremer Accounts ab, die Gaming-App Discord schloss reihenweise Kanäle, und der Daily Stormer, die weltweit bekannteste Neonazi-Website, verlor mit einem angekündigten Vorlauf von 24 Stunden seine Domain. Auf Twitter brach die Kampagne #DailyStormerNeverDies los, ein Massenexodus begann. Dauerhaft gesperrte User und libertäre Entwickler schlossen sich zusammen und unternahmen den abgestimmten Versuch, ein paralleles Social-Media-Universum zu errichten, um der Hegemonie des Silicon Valley ein Ende zu bereiten.

»Es herrscht Krieg. (...) Die Tech-Revolution für freie Meinungsäußerung hat begonnen«, verkündete die ›Alt-Tech-Alliance‹ im August 2017. Die Bewegung beschreibt sich als »leidenschaftliche Gruppe aus mutigen Ingenieuren, Produktmanagern, Investoren und anderen, die genug haben vom Status quo in der Technologiebranche«. Die Mitglieder der Allianz sehen sich selbst als einsame Verteidiger von »Redefreiheit, persönlicher Freiheit und Wahrheit«. Dass sie – anders als Facebook und Twitter – rassistische, hetzerische und zu Gewalt anstiftende Posts stillschweigend hinnehmen, ist das, was sie auszeichnet. So werden sie zu einem attraktiven Unterschlupf für Extremisten.

In den Wochen vor dem Zusammenschluss zur ›Alt-Tech Alliance‹ sahen sich nicht nur die Neonazis aus Charlottesville mit einem härteren Durchgreifen der Social-Media-Konzerne konfrontiert. Auch beim Mainstream-Publikum überaus beliebte Figuren wie der prominente britische Antifeminist und Youtuber Sargon of Akkad wurden vorübergehend von Twitter gesperrt, was unter Libertären und einigen konservativen Fans einen Sturm der Entrüstung auslöste. Die Spannungen erreichten ihren Höhepunkt, als der Google-Ingenieur James Damore gefeuert wurde, weil er unter der Überschrift »Googles ideologische Echokammer« ein internes Memo verfasst hatte, in dem er die Behauptung aufstellte, die Gleichstellungs- und Diversitätspolitik des Unternehmens führe zur Diskriminierung weißer, männlicher Konservativer. Die Libertären von der ›Alt-Tech Alliance‹ nutzten den Moment und schrieben:

> Der August 2017 hat gezeigt, dass wir Krieg führen um die freie Meinungsäußerung im Internet. Die Free Speech Tech Revolution hat begonnen. Jetzt wird nicht länger um das Thema herumgeredet. Die Konzerne im Silicon Valley werden mit Milliarden von Dollar subventioniert – alles ausländische Interessen. Sie sind überaus feindselig eingestellt gegenüber jedweder Form von Konservativismus, Populismus und Nationalismus oder anderen politischen Ansichten. Aus der Angst heraus, den Job zu verlieren oder von der unehrlichen, widerlichen Medien-Oligarchie des Establishments öffentlich an den Pranger gestellt zu werden, sagen ihre Angestellten, Manager und Nutzer nicht mehr, was sie wirklich denken.«

Mit den Silicon-Valley-Unternehmen haben sich die Alt-Tech-Streiter starke Gegner ausgesucht. Zwei Milliarden Menschen nutzen zum Beispiel Facebook jeden Monat, das Unternehmen hat mehr als 50 andere Firmen aufgekauft und einen Marktanteil von über 70 Prozent. Klingt nach Monopol? »So fühlt es sich sicherlich nicht an«, sagte Facebook-Chef Mark Zuckerberg bei seiner Anhörung im US-Senat 2018 zu Senator Lindsey Graham. Er erntete viel Gelächter für seine Antwort. Ganz falsch war sie allerdings nicht: Es gibt tatsächlich eine stetig wachsende Nischenöffentlichkeit, die alternative Lösungen ausprobiert.

Während die großen Tech-Unternehmen zunehmend unter Beschuss geraten – ob durch den US-Senat, das britische

Innenministerium oder den deutschen Justizminister –, wittern nichtstaatliche Akteure von radikalen Libertären bis hin zu extremistischen Internetusern die einmalige Chance, die Unzufriedenen von den großen Firmen wegzulocken. Der Cambridge-Analytica-Skandal ließ den Börsenwert von Facebook einbrechen. Tausende Nutzerinnen und Nutzer beteiligten sich an der Kampagne #Deletefacebook, die von den Konkurrenzplattformen massiv unterstützt wurde, nahmen diese doch alle Unzufriedenen gleich mit offenen Armen auf.

Auch die extremistischsten User fanden immer Mittel und Wege, ihre Online-Präsenz zu behalten. Der Account der britischen Terrororganisation ›National Action‹ ist in Großbritannien zwar auf Twitter gesperrt, über ein VPN allerdings weiterhin zugänglich. Von der Website whitesingles.com wird man automatisch weitergeleitet auf das Neonazi-Forum Stormfront. Und auch der Daily Stormer ist noch am Leben, obwohl wirklich jede seiner Länderdomains verboten wurde, unter anderem die chinesische .wang und die isländische .is. Wenn es darum geht, rechtliche Vorschriften zu umgehen, sind Extremisten beim Einsatz von Technologien zweifelsohne geschickt: Sie arbeiten mit VPNs und Redirect-Automatismen, mit Tor-Diensten im Darknet und mit privaten Domains wie .name.

Wer als in extremistischen Kreisen engagierter Mensch die eigenen Informationsflüsse unabhängig und sicher gemacht hat, muss sich in einem nächsten Schritt darum kümmern, dass das für Finanztransfers auch zutrifft, sonst ist Ersteres nicht viel wert. »Fintech ist die Lösung!«, erklärt mir ein User auf Stormfront ganz begeistert. Seiner Ansicht nach sind Kryptowährungen »sicher, schnell und anonym«.

Es ist für Extremisten mehr als nur praktisch, herkömmliche Finanzdienstleistungen durch eine dezentrale, unregulierte Währung zu umgehen. »Das ist gleichzeitig ein politisches Statement«, sagt John Bambenek, ein US-amerikanischer Experte für Internetsicherheit, der ein Tracking-Tool programmiert hat, das Bitcoin-Transaktionen von Neonazis nachverfolgt. »Für den, der glaubt, Banken seien Teil einer jüdischen Weltverschwörung, gibt es nur zwei Wege, um Finanztransaktionen zu tätigen: in bar oder in Bitcoins.« Vor diesem Hintergrund überrascht es nicht, dass der weiße Nationalist Richard Spencer Bitcoin schon lange bevor der Bitcoin-Hype so richtig losbrach, als »Währung der Alt-Right« ausgerufen hatte.

Nachdem prominenten Figuren der Alt-Right der Zugang zu den großen Crowdfunding-Plattformen wie Patreon und GoFundMe verboten und sie von Online-Bezahldiensten wie PayPal, Apple Pay und Google Pay gesperrt worden waren, wechselten einige von ihnen zu Hatreon. Über diese alternative Crowdfunding-Plattform wurden bis zu ihrer Schließung im November 2017 antidemokratische Projekte wie der Weiterbetrieb der beiden weltweit größten Neonazi-Plattformen Daily Stormer und Stormfront sowie die Aktivitäten von Weev, einem Hacker und radikalen Rassisten, finanziert. Bambeneks Tracker fand zum Beispiel heraus, dass auf der öffentlich sichtbaren Bitcoin-Wallet-Adresse von Weev Kryptowährungsspenden in Höhe von 1,8 Millionen Dollar eingegangen sind.

Vergleichbar große Spendensummen in Kryptowährungen haben auch Dschihadisten schon erhalten. Eine Pro-IS-Gruppe hat es sogar mal geschafft, so viel Geld einzusammeln, dass sie ihre ›Cyber-Dschihadisten‹ bezahlen konnte.

»Wir haben einen Teil unserer Bitcoins eingewechselt, um die Brüder auszurüsten, die uns bei unseren letzten Missionen am Computer unterstützt haben«, schrieb ein Gruppenmitglied im Dezember 2017 in einer privaten Chatgruppe. Auf Telegram und im Darknet haben Terroristen ihre Unterstützerinnen und Unterstützer in jüngster Zeit immer häufiger dazu aufgerufen, Spenden doch bitte in Kryptowährungen eingehen zu lassen. Die an al-Qaida angedockte Gruppierung al-Adaqa zum Beispiel startete im November 2017 eine Bitcoin-Spendenkampagne, und der indonesische IS-Führer Bahrun Naim nutzte die Kryptowährung dazu, seinen Gefolgsleuten Geld zu überweisen.

Bitcoin-Transaktionen können allerdings getrackt und die elektronischen Portemonnaies, die ›Wallets‹, aufgrund der hochgradig transparenten Blockchain-Technologie, auf der sie aufbauen, leicht zu ihren Besitzern zurückverfolgt werden. Ein Ergebnis davon ist, dass viele Extremisten sich auf anonyme Kryptowährungen wie Monero verlegt haben, die »unsere Privatsphäre am besten wahren«, wie es der Neonazi-Hacker Weev formulierte.

Von alternativen sozialen Medien und Nachrichtenkanälen bis zu extremistischen Messaging-Apps und Kryptowährungen: Die Veränderungen, denen das System der neuen Medien zurzeit unterworfen ist, ähneln jenen, die sich aktuell in der politischen Landschaft abspielen. Der Vertrauensverlust gegenüber dem Mainstream kommt den radikalen Rändern zugute: Eine immer größer werdende Zahl von Usern wendet sich ab von den etablierten Medienunternehmen: zum einen diejenigen, die ihre Unzufriedenheit und ihre Enttäuschung über die Plattformen dadurch zum Ausdruck bringen, dass sie sich ganz aus den sozialen Medien verabschieden, zum anderen jene, die aus Protest auf andere Plattformen abwandern.

Aufgrund des Netzwerkeffekts steigert jeder neue User den Wert eines Netzwerks signifikant, wohingegen jeder verloren gegangene User ihn exponentiell verringert. Was wiederum bedeutet, dass die durch die Blockade-Politik der Großen in Gang gesetzte Wanderungsdynamik die Social-Media-Landschaft in den kommenden Jahren massiv verändern könnte. Das könnte mittelfristig ein Schrumpfen der großen Tech-Plattformen zugunsten der ultralibertären Wettbewerber bedeuten. Haben wir vielleicht Peak Silicon Valley schon erreicht?

Die Schnelligkeit, mit der dieses Alt-Tech-Paralleluniversum entsteht, könnte für die Dominanz der großen Social-Media-Konzerne tatsächlich zur Herausforderung werden. Auf lange Sicht könnten sich so auch die zurzeit etablierten Machtverhältnisse im Internet verschieben. Eines der Risiken jener im Entstehen begriffenen ›sicheren Häfen‹ im Internet ist jedoch die Carte Blanche, die all diejenigen in die Hand gedrückt bekommen, die kontrafaktische, wissenschaftsfeindliche und verschwörungstheoretische Narrative verbreiten wollen. Was überaus gut funktioniert, wenn man Individuen dazu bringen will, sich zu vernetzen und zusammenzutun: sie vor gemeinsam zu lösende Rätsel und Aufgaben zu stellen. Das nächste Kapitel taucht tiefer ein in die transnational organisierten Communitys paranoider Verschwörungstheoretiker, denen genau das sehr gut gelingt.

Folge Q: In der bizarren Welt der Verschwörungstheorien

> Manchmal denke ich bereits vor dem
> Frühstück an sechs unmögliche Dinge.
> · *Lewis Carroll, Alice im Wunderland*

Ein Kaninchen, ein rotes X und eine Taschenuhr. Folge Q hinunter in den Kaninchenbau, in eine kollektiv fantasierte Welt, die so allumfassend ist, dass sie die Vergangenheit, die Gegenwart und die Zukunft erklären zu können behauptet. Betreten wir die Welt von QAnon.

Akribisch geführte Aufzeichnungen zur Abstammung von Prominenten, sorgfältig kuratierte Nachrichtenausschnitte und ein Lexikon voller Verweise auf Hollywood-Science-Fiction-Filme. Tagtäglich werden hier neue Märchen geboren, hier kommen alle klassischen Verschwörungstheorien zusammen: 9/11 und die Terroranschläge vom 7. Juli 2005 in London waren staatlich orchestrierte Anschläge, die Tode von Prinzessin Diana, John F. Kennedy und Osama bin Laden sämtlich vorgetäuscht, inszeniert oder mit Unwahrheiten ummantelt, Wissenschaft und Medien sagen mit voller Absicht nicht die Wahrheit über die Entstehung von HIV und die Existenz von Außerirdischen.

Ich bin umgeben von Zehntausenden QAnon-Mitgliedern, die alle glauben, dass Trump im Geheimen daran arbeitet, einen Pädophilen-Ring auszuheben, in den zahlreiche Prominente und eine politische Elite involviert sind, die seit Jahrzehnten aus dem Verborgenen heraus das Land regiert. Robert Mueller, so versichert man mir, ermittelt gar nicht wirklich gegen Trump. Eigentlich arbeitet Trump mit ihm, dem Militär und der NSA zusammen, um eine gigantisch große Verschwörung über den ›Deep State‹ aufzudecken. ›The Great Awakening‹, das Große Erwachen, so nennen sie das Zeitalter der Aufklärung, indem wir uns angeblich aktuell befinden. ›The Storm‹ werde folgen, sobald Trump zum finalen Sturm bläst und sämtliche politischen Missetäter, darunter Barack Obama, Hillary Clinton und John Podesta, in Guantanamo wegsperrt.

Verschwörungstheorien als Phänomen hat es schon immer gegeben. Sie erfüllen unterschiedlichste Aufgaben: Sie schaffen eine klare Gruppenzugehörigkeit und Einteilung der Welt in »Gut« und »Böse« (Identitätsstiftung) und liefern eine Erklärung für individuell erlebte Ungerechtigkeiten, politische und historische Ereignisse (Erkenntnisfunktion). Darüber hinaus werden sie verwendet, um ideologische Konstrukte zu bauen und größere Gruppen zu beeinflussen (Manipulationsfunktion), um diskriminierendes oder gewaltvolles Vorgehen gegen bestimmte Gruppen zu rechtfertigen (Legitimationsfunktion). Wissenschaftler sind jedoch zu der Erkenntnis gelangt, dass Verschwörungstheorien in Zeiten gesellschaftlicher Krisen häufiger entstehen als in Zeiten von Frieden und Wohlstand. Im Jahr 64 n. Chr. wurde Rom bei einem Großbrand zerstört, Hunderttausende Bewohner der Stadt wurden obdachlos. Schneller fast als das Feuer selbst verbreitete sich das Gerücht, Kaiser Nero habe die Stadt in Brand gesteckt. Nero wiederum klagte die Christen an, sich gegen Rom verschworen zu haben, aus Verachtung für die Menschheit und aus Weltuntergangssehnsucht heraus.

Seit der Flüchtlingskrise von 2015 haben Verschwörungstheorien in Europa massiv Zulauf erhalten. Die größte länderübergreifende Studie, die je zu Verschwörungstheorien durchgeführt wurde, fand 2018 heraus, dass ein Drittel der britischen, deutschen und französischen Bevölkerung glaubt, die politischen Entscheidungsträger sagten »nicht die Wahrheit« über die Einwanderung. In Ungarn, wo Premierminister Viktor Orbán vorgeworfen wird, Verschwörungstheorien über den jüdischen Millionär und Philanthropen George Soros und ›das globale Establishment‹ zu verbreiten, war es sogar fast die Hälfte der Menschen. 60 Prozent aller Briten glauben an zumindest eine Verschwörungstheorie.

Studien haben außerdem ergeben, dass das Internet nicht nur die Verbreitung von Mythen und Falschmeldungen beschleunigt, sondern auch einer Verschwörungstheorie-Kultur ständig neue Nahrung gibt. Zunächst demokratisiert das Netz das Wissen, wobei es die Netzbürger darin bestärkt, auf eigene Faust Recherchen zu betreiben und detektivisch inspirierte Open-Source-Ermittlungen zu führen – auch dann, wenn sie über keine erlernten Techniken zur Prüfung ihrer Quellen verfügen. Zweitens begünstigt die Informationsüberfülle im Internet kognitive Filter- und Musterkennungsprozesse, die die Wirklichkeit verzerrt darstellen. Der menschliche Geist sieht sehr gern Muster im Chaos. Er schließt genauso gern Informationslücken in unvollständigen Geschichten und Bebilderungen – auch wenn das Ergebnis logisch keinerlei Sinn ergibt. Ein gutes Beispiel hierfür sind optische Täuschungen. Der Mensch neigt dazu, zwischen völlig zusammenhanglosen Dingen willkürliche Zusammenhänge herzustellen. Die Wissenschaft hat hierfür sogar ein Wort: Apophänie. In der Kunst oder beim Schreiben von Lyrik kann Apophänie durchaus eine treibende Kraft sein, aber sie kann eben auch zur Entwicklung von Verschwörungstheorien und Spielsucht anregen. Drittens stellt das Internet einen Rahmen für die kollektive Verfertigung von Fiktionen zur Verfügung und fördert so alternative Erklärungen für in der echten Welt getätigte Beobachtungen – seien es politische Entwicklungen oder Naturphänomene.

»Bereit für das Große Erwachen?«, fragt mich ein Anon (kurz für ›Anonymous‹). Für ihn sind terroristische Anschläge staatliche Operationen zur Täuschung der Öffentlichkeit, Flugzeugabstürze immer geplant und Krankheiten fürs Töten designt. »Dann folge dem weißen Kaninchen«. Ein Mem im Chat Room zeigt Alice im Wunderland, wie sie die rote Pille aus der *Matrix* nimmt.

Wie investigativ arbeitende Journalisten und Geheimdienstler sammeln auch die Anons Tag und Nacht angebliche ›Beweise‹. Kryptische, von Q ins Netz gestellte Gedichte – so genannte ›Brotkrümel‹ – sind für sie Informationsquelle und Inspiration zugleich. Q, der behauptet, ein US-Geheimdienstoffizier zu sein und offiziellen Zugang zu haben zu geheimen Informationen über die Agenda des ›Deep State‹, zieht eine kuriose Mischung aus gelangweilten Teenagern, Rechtsextremen, Leugnern des Klimawandels und evangelikalen Trump-Unterstützern an. Sie selbst nennen sich »Bäcker«, weil sie Qs Brotkrümel zusammentragen, um daraus »den Teig« zu machen – eine Synthese aus (Des)Informationen. »Wir sind hier, um die Wahrheit herauszufinden«, kündigt einer von ihnen an. Und ein anderer postet:

DIE SCHMERZLICHE WAHRHEIT:

- Dein Wasser wird vergiftet
- Banker orchestrieren Kriege
- Die Medien betreiben Gehirnwäsche an uns allen
- Die Regierung ist eine Firma
- Impfstoffe werden mit Gift gestreckt
- Politiker sind Pädophile; sie spionieren uns alle aus
- Du wirst krank gemacht, damit man dich besser ausbeuten kann
- Terroranschläge sind von der Regierung gefakt
- Die Einzigen, die wahren Terror ausüben, sind die Eliten – was die meisten Menschen nicht wahrhaben wollen

Seitdem Q im Oktober 2017 mit seinen Postings angefangen hat, wird das Leben vieler ergebener Anons vom Rätsellösen bestimmt, was manchmal ihre gesamte Freizeit in Anspruch nimmt. »Wissen wir, wann wir den Sturm erwarten dürfen?«, frage ich einen hyperaktiven User namens Andrew.

»Der Sturm ist längst über uns, die Gelbwesten stehen für ›Uns, das Volk mit dem global erweiterten Bewusstsein‹«, kommt im Dezember 2018 seine Antwort quasi umgehend.

Weltuntergangsfantasien können attraktiv sein, weil sie eine Brücke schlagen zwischen ausgedachten Märchen und echtem Leben. Der Begriff ›Apokalypse‹ kommt von dem griechischen Wort *apokalypsis*, das ›Enthüllung, Enttarnung, Offenbarung‹ bedeutet. Aber es lässt sich kaum von der Hand weisen, dass die prophezeite Offenbarung bis jetzt schon einige Male verschoben wurde. »Lol, 5453 Threads und immer noch kein Sturm«, heißt es süffisant in einem Kommentar auf der Website des Imageboards 8chan, das unter Anhängern der extremen Rechten und von Verschwörungstheoretikern stark genutzt wird. »Das gesamte Land lacht über euch Q-Loser.«

Da die vorausgesagte Offenbarung ständig vertagt wird, kann der Zusammenprall von Vorstellung und Realität eine kognitive Dissonanz erzeugen, ein Gefühl geistigen Unwohlseins. Die Motivation, Fakten neu zu interpretieren und gemachte Erfahrungen in einen anderen Rahmen zu stellen, wird größer, je mehr Zeit und Geld man in eine ausbleibende Apokalypse gesteckt hat. Man sehe sich nur die Weltuntergangsprepper an, die im Durchschnitt 6000 Dollar ausgeben für gefriergetrocknete Lebensmittel und Dosen mit Trockennahrung, ca. 50 000 Mahlzeiten, um »die unausweichliche Zombie-Apokalypse« zu überleben, die evangelikale TV-Prediger wie Tim Bakker, der Moderator der US-Fernsehsendung *Survival Food*, im Wochenrhythmus ankündigen und dann immer wieder vertagen. (Neben dieser Zombie-Apokalypse-Ausrüstung nehmen sich die nur 15 Kilo schweren, mit Chicken Tikka, Rindfleisch und Kartoffelpüree ausgestatteten ›Brexit-Emergency-Kisten‹ fast noch vernünftig aus.)

Qs Motto – »Erweitere dein Denken!« – und seine enigmatischen Recherche-Anweisungen helfen, apokalyptische Glaubensvorstellungen lebendig zu halten, auch ungeachtet jeglicher Realität. Eine willkürliche Stichprobe aus den ›Brotkrümeln‹ von Q sieht beispielsweise so aus:

Nov 22 2017 16:52:24
3 Seiten ergeben welche Form?
Erweitere dein Denken.

Lies Krümel erneut.
Q

November 23 2017 22:21:46
Was sind das für neue Nachrichten
Amerikanische Bauunternehmer wo?
Hängen an den Füßen
Lies den Abfall erneut.
Warum ist das relevant?
Nachrichten entschlüsseln Karten.
Erweitere dein Denken.
Q

November 24 2017 01:14:46
Wer weiß »wo die Leichen beerdigt sind«
Die Karte liegt vor dir.
Lies erneut.
Erweitere dein Denken.
Sinn und Zweck der hier verbrachten Zeit.
Q

Verschwörungstheorien haben einen oft obskuren Ursprung, manche fangen sogar als Witz oder Streich an. *The Book of Q*, eine Sammlung der frühen Botschaften von Q, legte die Vermutung nahe, dass QAnon »das am längsten dauernde LARP (Live Action Role Play, aka Scherz)« in der Geschichte von 4chan sein könnte. In vielen Medienartikeln und auf Wikileaks wurde auch schon darüber spekuliert, ob QAnon nicht vielleicht als Schabernack gestartet wurde und dann außer Kontrolle geraten ist. Buzzfeed brachte sogar einen Artikel mit der Titelzeile »Alles sieht danach aus, als sei QAnon eine linke Verarsche von Trump-Anhängern«. Das Hacker-Kollektiv Anonymous vermutet ohour1 hinter QAnon, einen Troll, der aus ihrer Gruppe ausgeschlossen wurde.

Ein paar konkretere Hinweise gibt es tatsächlich. Mitte der 1990er Jahre startete eine links-anarchistische Gruppe aus Internetrevoluzzern und Untergrundkünstlern aus Bologna das Projekt ›Luther Blissett‹, das seinen Namen von einem berühmten Fußballstürmer hatte, der in den 1980ern für die englische Nationalmannschaft gespielt hatte. Seit damals haben Tausende Künstlerinnen und Künstler in ganz Europa und Amerika den Namen Luther Blissett angenommen, um Stunts in den Medien und Akte kultureller Sabotage durchzuziehen. QAnon nimmt mehrfach Bezug auf die Handlung und die Sprache des Romans Q, der 1999 unter dem Pseudonym ›Luther Blissett‹ veröffentlicht wurde.

Ich trete auf Discord den Arbeitsgruppen Wetter als Waffe, Organhandel und Pädogate bei. Ein anderes Mitglied fragt: »Gibt's eigentlich irgendwas, was sich nicht irgendwie auf Clinton zurückführen lässt?« Es wird in vielen verschiedenen Sprachen ermittelt, die Recherchen werden länderübergreifend betrieben – von Großbritannien, Schweden und Mazedonien bis in die USA, nach Russland und Mexiko.

»Kann ich irgendetwas tun, was nützlich ist?«, frage ich einen der Moderatoren aus Neugierde und nicht, weil ich das wirklich vorhabe.

»Es wäre gut, wenn du diesem Server hier weitere Berichte hinzufügen könntest, damit die Informationen fließen, vor allem im Zusammenhang mit Q, mit aktuellen Ereignissen und mit den Verkündern harter Wahrheiten, auch jenen, die vom Status quo nicht akzeptiert werden. Gibt es bestimmte Gebiete, auf denen du dich vielleicht besonders gut auskennst?«, antwortet mir Max. Er ist gleichzeitig Mitglied bei QEurope, QNN, Operation Name and Shame, Meme Warfare, The Freedom Fighters und noch einigen anderen Gruppen.

»Leute wie du können helfen, indem sie Informationen streuen. Hier kannst du meinem Server beitreten.« Ich folge Max ins QOffice. Er erklärt mir, dass der Bot des Newskanals schon Nachrichten aus fünf Quellen zur Verfügung stellt: von Natural News, SouthFront, No Agenda, Zero Hedge und SGT Report.

»Wie viel Zeit sollte ich investieren?«, frage ich.

»Wir machen für die einzelnen Rollen grundsätzlich keine Vorgaben. Du hast das, was du mitbringst, und du darfst deine Fähigkeiten jederzeit gerne einsetzen. Ich bin ein Archivar.«

Ich muss zugeben: Das Archiv von QAnon ist beeindruckend. Wahrscheinlich sind QAnon-Anhänger besser sortiert als so manche Abteilung einer Behörde. Ich scrolle durch Archiv nach Archiv, jedes voll mit Fake News, widersinnigen Grafiken und absurden Unterstellungen, alles hübsch durchnummeriert und in verschiedene Kategorien unterteilt. Die meisten Kanäle sind verlinkt mit anderen, noch spezialisierteren – auf einem gibt es ausschließlich Youtube-Newsfeeds, auf einem anderen ausgewählte Twitter-Accounts, auf einem nächsten werden Materialien für die Meme-Kriegsführung zur Verfügung gestellt. Und inmitten dieser ganzen gesammelten Daten und endlosen Listen voller Abkürzungen findet sich auch noch ein Rhythmus-Bot, der Musiktipps postet: Elvis Presley, Pink Floyd und Bob Dylan gehören zu ihren »Music Favs«.

Egal wo ich hinschaue, entdecke ich das rote X, was so viel bedeutet wie: »Wir werden zensiert.« Das Symbol wurde ursprünglich vom Unicode-Konsortium in die Unicode 6.0-Version aufgenommen (ja, so etwas gibt es: ein institutionalisiertes Konsortium, das u. a. Emojis normiert) und sollte für eine Verneinung oder Warnung stehen, aber die Alt-Right eignete es sich dann an, um Anti-Hatespeech-Kampagnen von Facebook, Twitter, Google und anderen Unternehmen anzuprangern. In der Welt von QAnon sind die Technologie-Giganten allesamt Teil einer weitreichenden Verschwörung.

Die Aufregung in den QAnon-Gruppen ist deutlich spürbar. Joe, ein Mann Mitte 50, ist angeblich seit seiner Teenager-Zeit vor 40 Jahren »so wach«. Er schreibt: »Ich liebe euch alle, weiß zwar noch nicht ganz genau, wo ich hier reinpasse, aber ich werde so langsam warm.« Er behauptet, all diesen Dingen schon immer nachgegangen zu sein. »Ich habe das Gefühl, zu euch geführt worden zu sein. Ich war so glücklich, endlich Menschen um mich zu haben, mit denen ich reden kann, denn niemand in meinem Umfeld, weder bei der Arbeit noch zu Hause, will aufwachen.«

Unter der Kategorie »Stammbäume« recherchieren die Anons zur Abstammung von allen, die ihnen verdächtig vorkommen: die chinesische Familie Li, die Rockefellers, die Kennedys, die Clintons, die Familien Disney und McDonalds, die Royal Family. »Die britische Königin ist eine Nachfahrin des Propheten Mohammed«, behauptet einer der Anons. »Sie ist seine 43. Urenkelin.« Sie glauben, dass drei Familien – und zwar die Häuser Saud, Rothschild und Soros – als geheimbündlerische Clique die Welt als ›The New World Order‹ beherrschen. Seit Generationen häuften diese Familien Reichtum an und kontrollierten so gut wie jede einflussreiche Regierung und bekannte öffentliche sowie private Institution.

»Ein gesundes Unterbewusstsein ist die einzig wahre Verteidigung gegen ihre Täuschungsmanöver«, führt Joe aus. »Wir unterstehen IHRER Kontrolle. (...) Sie entstellen die Sprache, verzerren die Perspektive und verdrehen die Wahrheit und machen uns so unserem kulturellen Erbe gegenüber blind. Sie lassen uns vorsätzlich in dem Unvermögen, uns auch nur vorstellen zu können, zu welchen erstaunlichen körperlichen und intellektuellen Leistungen wir eigentlich fähig sind.«

Die Anons glauben, dass sechs Medienunternehmen den gesamten Informationsraum kontrollieren: General Electric, News Corp, Disney, Viacom, Time Warner und CBS. »Hört auf, euch Gift einzuverleiben. Die Lügen und die verzerrte Darstellung in den Medien verschleiern die Realität. Chemikalien in Nahrung und Wasser vergiften Körper und Geist«, warnt Joe.

> Was ist besser für uns? Uns gegen SIE zur Wehr zu setzen? Oder unsere Sklavengutscheine lieber für Ausrüstung auszugeben, die wir zum Überleben brauchen, außerdem für gutes, gesundes Essen für uns und unsere Familien? (...) Viele sind dazu fähig. Wer macht ernst? Bleibt AUFRECHT. Seid Helden eurer eigenen Geschichte. Bis zum nächsten Mal. Was steckt in einem Namen, My'Anon? Seid es der Sache wert. Patrioten.
> Q

Joe schlägt vor, den Tag um 4 Uhr morgens, nordamerikanische Ostküstenzeit, zu beginnen, dann, wenn bei den US-Fernsehanstalten der Sendebetrieb losgeht. »Wir müssen alles Nötige, was wir gesammelt haben (Beweise, Quellen etc.), noch vor 4 Uhr morgens an die Mainstreammedien geschickt haben.« Die routinemäßig anfallende tägliche Arbeit wird in Vier-Stunden-Schichten aufgeteilt, in denen jeweils folgende Schritte erledigt werden sollen: 1.) Rechtliche Hinweise, 2.) Nachrichten, 3.) Gebet, 4.) Moderationsregeln für den Tag, dazu gehören auch die verbotenen Themen, und 5.) der jeweilige ›Moderator‹ gibt einen Überblick über alles, was in den vergangenen vier Stunden passiert ist. Wer in der Gruppe bleiben will, muss sich eine Rolle zuweisen lassen, die er auf der Grundlage einer Evaluation seiner Kompetenzen bekommt. Die Rollen sind detailliert beschrieben. Man kann Moderator, Producer, Planungsbetreuer, Berichterstattungsbetreuer, Recherchebetreuer oder Diskussionsleiter sein.

»Hier kommt die frischgebackene neue QMap. Was meint ihr?« Joe teilt das komplizierteste Flussdiagramm, das mir jemals begegnet ist – verglichen damit ist das Liniennetz der Tokioter U-Bahn eine übersichtliche Darstellung. Pfeile verbinden auf den ersten Blick völlig zusammenhanglose Wörter: Pfeile von ›Obama‹ und ›Clinton‹ zeigen auf ›Taschentuch‹, ›Pizza‹ und ›Kochpartys‹, von da geht es weiter zu ›Geheimcodesprache‹ und ›schräge Kunst‹, dann zu ›Satanismus‹ und ›Menschenhandel‹.

Als Kind habe ich gern Assoziationsspiele gespielt. Man konnte den Kopf darauf trainieren, sich etwas vorzustellen, was dann sofort das nächste Bild hervorrief. Je exotischer der Bezug und je unwahrscheinlicher die gedankliche Verkettung, desto lustiger die Geschichte, die am Ende herauskam. Aber man wusste ja immer, dass es nur eine Übung im Fantasieren war.

»Interessant!«, antworte ich schließlich, immer noch beeindruckt von Detailreichtum und Komplexität dieser »Kartographie der global organisierten Korruptionsnetzwerke«. Die Anons haben Mittel und Wege gefunden, die CIA und den britischen Geheimdienst MI6 mit den Rothschilds, dem Vatikan, mit Facebook und Hollywood, mit den Nazis, den Illuminaten und den Aliens in Verbindung zu bringen und dadurch nicht nur sämtliche Weltkriege, den Klimawandel und alle Terroranschläge zu erklären, sondern obendrein noch Impfpolitik, Pädophilie und Kannibalismus. Warum sich mit der geradlinigsten Erklärung für aktuelle politische Dynamiken zufriedengeben, wenn man's auch kompliziert haben kann?

Verschwörungstheorien müssen nicht logisch sein, manchmal glauben ihre Anhängerinnen und Anhänger auch gänzlich widersprüchlichen Behauptungen gleichzeitig. Zum Beispiel haben Studien ergeben, dass Menschen, die glauben, Prinzessin Diana habe ihren eigenen Tod vorgetäuscht, tendenziell auch eher davon ausgehen, sie sei ermordet worden. Dieselbe Studie fand heraus, dass Personen, die denken, Bin Laden sei längst tot gewesen, als US-Spezialeinheiten 2011 sein Anwesen in Abbottabad stürmten, auch mit höherer Wahrscheinlichkeit daran glauben, dass er heute noch am Leben ist. Solche Menschen haben dann das, was Psychologen eine ›Verschwörungsmentalität‹ nennen: Wer an eine Verschwörungstheorie glaubt, glaubt mit größerer Wahrscheinlichkeit auch an andere Verschwörungstheorien, selbst wenn diese sich widersprechen.

Leute mit geringerer Schulbildung glauben tendenziell eher an Verschwörungstheorien. Wer sehr wenig über eine Sache weiß, hat mit höherer Wahrscheinlichkeit großes Vertrauen in sein eigenes Wissen und Urteil. Dieser Zusammenhang wird auch als Dunning-Kruger-Effekt oder ›Mount Stupid‹ bezeichnet. (Un)Logische Schlussfolgerungen kann man natürlich ewig und drei Tage ziehen, da kommt man von einem zum anderen. Verschwörungstheorien sind ein Fass ohne Boden: Es gibt sogar Verschwörungstheorien über Verschwörungstheorien. Für den Schweizer Historiker Daniele Ganser jedoch ist sogar der Begriff ›Verschwörungstheoretiker‹ auf eine Verschwörung zurückzuführen. Laut ihm ist der Ausdruck ein von der CIA erfundener »politischer Schlachtruf« – was eher unwahrscheinlich ist, benutzte der deutsche Philosoph Karl Popper den Begriff doch bereits 1940, also vor der Gründung der CIA im Jahr 1947.

Auf 8chan können User Fragen an Q schicken, so als träten sie vor ein Orakel:

»Was ist das große Geheimnis der Antarktis?«

»Wird der Aktienmarkt einbrechen?«

»Ist Boris Johnson vertrauenswürdig?«

»Sind Zeitreisen möglich?«

»Ist Michelle Obama ein Mann?«

Manche Anons ärgern sich auch über Verschwörungstheorien, die sich verselbständigt haben.

»Um die Scheibenerdler endlich mal zum Schweigen zu bringen, Q: Ist die Erde eine Scheibe?«

»Nein. Q.«

»Lebt JFK Jr.?«

»Nein. Q.«

Der Erfolg von QAnon ist unfassbar. QAnon ist von einer Verschwörungstheorie am Rand von 4chan und 8chan zu einer Massenbewegung mutiert, die die sozialen Medien genauso erobert hat wie Pro-Trump-Kundgebungen. Allein für 2018 haben unsere Monitore am Londoner Institute for Strategic Dialogue in sozialen Medien wie Twitter und Youtube sowie in anderen Blogs und Foren wie Reddit und 4chan annähernd 30 Millionen Mal die Eingabe des Begriffs ›QAnon‹ registriert. Auf Youtube werden QAnon-Videos oft mehrere hunderttausend Mal angesehen, und selbsterklärte ›Bäcker‹ gibt es zu Zehntausenden, mit Ablegern in so gut wie jeder Ecke Amerikas und Europas. Laut einer Datenanalyse der einflussreichen Nachrichten-Webseite Vox gibt es zwischen den QAnon-Followern und den Usern des Reddit-Boards /r/The_Donald, einem der beliebtesten Online-Treffpunkte der Alt-Right-Szene, eine deutlich erkennbare Schnittmenge. Im August 2018 tauchte in den sozialen Medien ein Foto vom Besuch des führenden QAnon-Verschwörungstheoretikers Michael Lebron bei Donald Trump im Oval Office auf, was zu einer kontroversen Angelegenheit wurde.

Sogar Prominente wie die Schauspielerin Roseanne Barr und der ehemalige Baseballspieler Curt Schilling sprangen auf den Zug auf und verhalfen QAnon zu noch mehr Popularität. Es gab den Moment, in dem man, wenn man ins Youtube-Suchfeld ›Tom Hanks‹ eingab, QAnon-Videos als oberste Treffer bekam. Und wer dort »die Wahrheit über« eingibt, taucht ein in ein virtuelles Lügenuniversum, in dem es überall in Schweden Scharia-kontrollierte Stadtviertel gibt, in dem Impfstoffe Krebs verursachen und jüdische Banker die Übernahme der Weltherrschaft planen. Über Jahre haben politische Provokateure wie Alex Jones die Video-Plattform benutzt, um vorsätzlich Lügen zu verbreiten. Der Betreiber der weltberühmten verschwörungstheoretischen Plattform Infowars erzählte den monatlich zehn Millionen Besucherinnen und Besuchern auf seiner Website, der Amoklauf an der Sandy-Hook-Grundschule von 2012 sei eine Falschmeldung gewesen, ein »komplett inszenierter Insiderjob«. 2018 wurde Jones von den Eltern des sechsjährigen Noah, der unter den 20 beim Amoklauf getöteten Kindern war, wegen Verleumdung verklagt. Als Folge von Jones' Behauptungen wurden die beiden zum Opfer mehrerer Hetzkampagnen und mussten sieben Mal umziehen.

Zugegeben, es hat etwas Aufregendes, Mitglied einer Geheimgesellschaft zu sein, die sich aus wild zusammengesammelten ›Beweisstücken‹ ein eigenes Universum erschafft, um den Grund allen Übels zu erklären. Es ist die Flucht in eine Welt, in der man sich vollständig darauf konzentrieren darf, die Teile eines mysteriösen Puzzles zusammenzusetzen, so ähnlich wie in einem Dan-Brown-Krimi. Dabei ist jedwede wissenschaftliche Erkenntnis zu vernachlässigen, Wahrscheinlichkeiten sind nichts als redundante Variablen. Alles ist möglich, nichts verifizierbar.

Für die meisten Anons ist ein erster Schritt, weiter am globalen Netz von Q zu stricken, also noch mehr Menschen dazu zu bringen, »dem weißen Kaninchen zu folgen«. Mobilisiert wird im gesamten Alt-Tech-Universum: Q hinterlässt seine Brotkrümel auf 8chan, das von den Anons übernommene ›Backen‹ und Kartieren passiert anschließend auf Gab, Reddit und Discord. Aber die Anons produzieren auch virale Meme und Videos für Instagram, Twitter, Facebook und Youtube.

»Könnt ihr diese Grafik bitte in eurem Netzwerk in den sozialen Medien teilen?«, bittet Raven auf ›Q Britannia‹, dem britischen Ableger der Bewegung. Wie ich erfahre, ist das Ziel von Q Britannia, »für die Menschen im Vereinigten Königreich ein Ort zu sein, an dem sie sich vernetzen, Informationen austauschen und archivieren sowie Wege entwickeln können, sich das Land zurückzuholen«. Die Administratoren erklären: »Wir sollten immer auf die Enthüllung von Informationen bedacht sein, die Korruption belegen und den Leuten die Augen öffnen. Q wird Großbritannien zweifelsohne noch rechtzeitig erreichen. Dann wird es für uns alle einige schockierende Offenbarungen und bittere Pillen zu schlucken geben.«

Die Kombination unterschiedlicher Verschwörungstheorien hat einen ganz praktischen Aspekt – man kann Verschwörungstheoretiker aus den entferntesten Ecken des Internets zusammenbringen und so die Reichweite der Bewegung insgesamt deutlich erhöhen. In ihrem Bemühen, ihre Märchen auf unterschiedliche Zielgruppen zuzuschneiden, haben die Anons bereits eine beträchtliche ideologische (und logische) Flexibilität an den Tag gelegt. Sie haben sich die Proteste der Gelbwesten auf die Fahnen geschrieben, den Wahlkampf der Brexit-Hardliner unterstützt und den Protestaktionen von Tommy Robinson Aufwind verschafft. Indem sie diesen Gruppierungen ihre verschwörungstheoretischen Narrative einpflanzen, können sie solche bereits bestehenden Netzwerke für ihre Zwecke einsetzen und Einfluss nehmen auf deren politische Ausrichtung.

Seit ihrem ersten Auftreten in Großbritannien haben die Anons sich massiv für den Brexit eingesetzt. Mitglieder von

Q Britannia haben Remainern wie dem Labour-Politiker Baron Andrew Adonis vorgeworfen, Verbindungen zur satanistischen Szene zu haben und die Schließung der EU-Grenze nur wegen seiner Verstrickungen in den Menschenhandel abzulehnen. In einer Untersuchung, die ich zusammen mit iTV durchgeführt habe, habe ich herausgefunden, dass Kampagnen wie #BrexitBetrayal und #StandUp4Brexit oft auch gekoppelt waren mit den Hashtags von QAnon und dem Großen Erwachen.

Eine Studie hat ergeben, dass Brexit- und Trump-Befürworter beim Thema Einwanderung deutlich wahrscheinlicher an Verschwörungstheorien glauben als diejenigen, die für ›Remain‹ oder Hillary Clinton gestimmt haben. 30 Prozent derjenigen, die für ›Leave‹ gestimmt haben, glauben beispielsweise an die Verschwörungstheorie des Großen Bevölkerungsaustauschs – wohingegen es unter denjenigen, die für ›Remain‹ gestimmt haben, nur 6 Prozent sind. Es gibt kein eindeutiges Profil für Verschwörungstheoretiker, aber tendenziell bilden sie doch eine große Schnittmenge mit denjenigen, die sich von der Globalisierung negativ betroffen fühlen.

Schon in den 1960er Jahren schrieb der US-amerikanische Historiker Richard Hofstadter über die »paranoide Rhetorik« von »Pseudokonservativen«, einen Stil, in dem sich »aufgeheizte Übertreibung, Argwohn und verschwörerische Fantasie« mischten. Heute gibt es jedoch deutlich mehr und deutlich weiter verbreitete Verschwörungstheorien als im Prä-Internet-Zeitalter. Der Soziologe Andrew Wilson von der Universität Derby sagt, die Alt-Right-Aktivisten im Netz seien die neuen »Pseudokonservativen«. Sie bedienten sich der Verschwörungstheorien, um in Kombination mit ihrem Hashtag-Aktivismus in den sozialen Medien extremistische Meinungen in den Mainstream hineinzutragen.

Die Vorgehensweisen, um Verschwörungstheorien im Netz zu verbreiten, werden immer kreativer. Raven schreibt in der QAnon-Discord-Gruppe: »In Bezug auf das Redpillen von allen und wenn es darum geht, die Message von TrueLiesQNN rauszublasen, habe ich gerade mal überlegt: Es gibt so viele Leute, die überall auf der Welt irgendwelche Periscopes machen. Wie wäre es bei so wichtigen Diskussionen wie der, die wir hier gerade führen, wenn sich ganz viele von uns einen Periscope-Account zulegen und unsere Diskussionen dann nach draußen senden – das wäre wie eine Art ÜBERFALL von uns, überall auf der Welt.«

Manche Anons haben sich Visitenkarten und Merchandising-Artikel machen lassen, mit Q-Slogans darauf und einem entsprechenden visuellen Auftritt. »Wir brauchen einen Ordner, in dem Vorlagen für Q-Visitenkarten liegen«, schreibt Raven. »Ganz ähnlich wie Meme, aber im Kartenformat, und mit einem Verweis auf TrueLiesQAnon auf YT, oder auf eine Website oder einen Hashtag, die die Leute mit den Anons in Kontakt bringen. Ein, zwei der besten Entwürfe will ich mal von VistaPrint drucken lassen.«

QAnon ist nicht nur nach Großbritannien gewandert, es gibt auch Ableger in Deutschland, den Niederlanden, Frankreich und anderen europäischen Ländern. Der Gründer von ›DutchLeaks‹ – einer Plattform, die behauptet, Vertuschungsaktionen politischer Institutionen in den Niederlanden und in Europa aufzudecken – bedankt sich bei der Community für die Anregungen, die er für seinen TrueLiesQNN nachempfundenen holländischen Discord-Kanal bekommen hat. »So können wir unsere Informationen teilen und unser Netzwerk vergrößern«, schreibt er. »Auf den sozialen Plattformen betreiben wir eine Menge Aufbau- und Werbearbeit, um noch mehr wache Menschen auf uns aufmerksam zu machen.«

So absurd und kontrafaktisch Verschwörungstheorien auch sein mögen: Sie können einen Anlass liefern für gefährliche Taten im wirklichen Leben. Der 30 Jahre alte Matthew P. Wright aus Nevada, der im Juni 2018 mit einem gepanzerten Fahrzeug den Highway in der Nähe des Hoover-Staudamms blockierte, hatte sich dem QAnon-Motto »For where we go one, we go all.« verschrieben. Zwei Jahre zuvor schoss Edgar Welsh, ein fest an ›Pizzagate‹ (jene Vorläufer-Verschwörungstheorie von QAnon, die den Demokraten unterstellt, von ihrer angeblichen Zentrale aus, der Washingtoner Pizzeria *Comet Ping Pong*, einen gigantischen Kinderschänderring zu betreiben) glaubender Feuerwehrmann und Familienvater aus South Carolina, in ebenjener Pizzeria um sich, weil er nicht existente Kinder befreien wollte. Im Januar 2019 tötete ein QAnon-Unterstützer seinen Bruder mit einem Schwert, weil er ihn für eine Eidechse hielt.

»Militärisch gesehen brauchen wir einen Plan, um das Böse ans Licht zu bringen«, schreibt Max Ende 2018. »Dürfen ich und meine Jungs bitte einen Überfall starten auf die MI6-DVD- & GO2-Büros in London?«, kommentiert ein anderer Anon und stellt dabei den britischen Auslandsgeheimdienst in eine Reihe mit angeblichen deutschen Geheimbünden.

Max behauptet, im Vietnamkrieg Zugang zu streng geheimen Informationen gehabt zu haben. Er ist überzeugt davon, dass »die Eliten« Stimm- und Gesichtserkennung anwenden, um uns alle zu klassifizieren und zu überwachen. »Ich hoffe wirklich, dass ich nur paranoid bin«, schreibt er. »Aber ich glaube nicht, dass das Böse so einfach zurückzuschlagen oder dumm ist. Da müsste Satans IQ in den letzten 2000 Jahren schon deutlich gesunken sein.«

In diesem Kapitel habe ich gezeigt, auf welche Weise Randgruppen wie QAnon den Online-Raum zum Einsatz bringen, um weltweite Netzwerke von (Des)Informationssammlern, Auswertern und Propagandisten aufzubauen. Ihre Aktivitäten beschränken sich zwar vor allem auf die digitale Welt. Aber ihre Beteiligung an realen Veranstaltungen, Protesten und sogar Überfällen zeigt ihre Bereitschaft, das Netzwerken auch offline fortzusetzen. Im folgenden Kapitel geht es darum, in welcher Form neuerdings im Internet mobilisiert wird für die Offline-Rebellion.

5 Mobilisierung

Der Online-Raum hat die politische Massenmobilisierung revolutioniert. Noch nie ist es für eine kleine Kerngruppe von Radikalen so einfach gewesen, großformatige Veranstaltungen und Protestaktionen zu organisieren, zu finanzieren und zu bewerben. Übers Internet verkaufen Neonazis Merchandising-Artikel und Hipster-Klamotten, Crowdfunding spült zudem Geld in Form von Kryptowährungen in ihre Kassen. Aggressive Feldzüge zur Erhöhung der eigenen Reichweite zapfen ganz unterschiedliche Netz-Subkulturen an – von der Rechtsrock- und Synthwave-Musikszene bis hin zur Mixed-Martial-Arts-Community. Die logistische Planung und die Koordination von Aktionen finden in den geschützten Ecken verschlüsselter Chatrooms statt, aber Livestreams, Erfahrungsberichte und zielgruppenspezifische Anzeigen erreichen auch die Mitte der Gesellschaft. Das folgende Kapitel ist eine Reise, die bei den organisatorischen Chats im Vorfeld des tödlich endenden Aufmarschs in Charlottesville beginnt und zum größten Neonazi-Rockfestival Europas nach Ostritz führt.

Unite the Right: Im Organisationsteam der Charlottesville-Proteste

»Weißes Hemd, helle Khakihose. Durchsichtiger Schutzschild, schwarze Handschuhe, schwarze Helme.« Auf diese Kleiderordnung können sich die Neonazis schließlich einigen. »Steckt eure MAGA-Kappen ein, damit wir, falls die Antifa uns angreift, wie ganz normale Trump-Anhänger aussehen«, empfiehlt Jason Kessler unter seinem Username MadDimension. Der US-amerikanische Neonazi ist der Organisator der rechtsextremen Aufmärsche, die für den 11. und 12. August in Charlottesville geplant sind. Ich trete seiner Discord-Gruppe im Juni 2017 mit meinem amerikanischen Avatar-Account bei.

Den Protestzug hat sich Kessler ausgedacht, um der digitalen Alt-Right-Bewegung ein attraktives Offline-Gesicht zu geben und so sämtliche Untergruppierungen und nützliche Verbündete zusammenzubringen. Zu den angekündigten Rednern gehören Alt-Right-Prominente wie Richard Spencer, Mike Enoch, Baked Alaska und Christopher Cantwell, die auf dem ›Charlottesville‹-Server auf Discord sämtlich den VIP-Status verliehen bekommen haben. »Wir werden Richard Spencer ein Exemplar von *Mein Kampf* signieren lassen und es als Preis anbieten«, schreibt ein Mitglied.

Mit einer Mischung aus Ekel und Faszination beobachte ich die Diskussionen im offiziellen ›Charlottesville‹-Kanal, der bei der Organisation der weiß-nationalistischen Proteste eine Vorreiterrolle einnimmt. Während der Protestmarsch in der kommenden Woche immer näher rückt, sehe ich Mitgliedern dabei zu, wie sie sich über die besten Strategien austauschen um möglichst normal und seriös aufzutreten. Allgemeine Zustimmung bekommt die Aussage von Andrew Anglin: »Wir zielen auf die Mitte. Wir wollen die ganz normalen Leute.«

Bainbjorn, eines der engagiertesten Mitglieder des Organisationsteams, meint: »Die Optik ist sehr wichtig, und der Nordische Widerstand geht diesen Punkt genau richtig an. Wenn alle in ihrer eigenen Aufmachung aufkreuzen, sehen wir unorganisiert aus wie der gemeine Pöbel. Wenn aber alle ein weißes Hemd und eine beigefarbene Khakihose anhaben und die Leute von unserer Security alle die gleichen Schutzschilde und Helme tragen, machen wir einen seriösen Eindruck.« Im privaten Chatroom ist Bainbjorn weniger auf massenverträgliches Auftreten bedacht: Er postet Hakenkreuze und ein Mem, das ein gefoltertes jüdisches Baby zeigt, darunter die Worte: »Keine Gaskammer für dich«.

Leute, die kein ansprechendes äußeres Erscheinungsbild haben bzw. die es nicht schaffen, den vereinbarten Standards zu entsprechen, werden dazu angehalten, lieber zuhause zu bleiben. Zu den offiziellen Regeln der ›Unite The Right‹-Demonstration gehört:

> Gut aussehen: Zieht euch etwas an, das euch steht. Ihr solltet nicht aussehen wie eine Witzfigur oder ein Rollenspieler. Denkt dran: Ihr repräsentiert unsere Bewegung. Sollte euer Erscheinungsbild erhebliche Mängel aufweisen (ihr seid krankhaft fettleibig, entstellt o. ä. – seid ehrlich!), kommt bitte nicht zu dem Marsch und nutzt die Zeit lieber, um an euch zu arbeiten.

Alle, die es aus irgendeinem Grund nicht zu dem Aufmarsch schaffen, ruft der Daily Stormer zur Geldspende auf. Auf seiner Website behauptet er voller Stolz, von über 2000 Geldgebern aus der ganzen Welt insgesamt eine Summe von 150 000 US-Dollar erhalten zu haben.

Masken, Ku-Klux-Klan-Kapuzen und Nazi-Symbole sind verboten. Den Demonstranten wird geraten, anstelle von Masken lieber Sonnenbrillen und Kappen zu tragen sowie nur Fahnen, Schilder und Schutzschilde dabei zu haben und keine Schusswaffen, Messer und Schlagstöcke. »Die Ästhetik von Schilden gefällt mir«, schreibt Bainbjorn. »Da sagt schon die Optik, dass es uns darum geht, etwas zu verteidigen. Dass es uns ganz allgemein um unsere eigene Verteidigung geht. Dass es einen Punkt gibt, an dem es zu weit geht für uns.« Das Argument ist, dass die Bewegung und ihr Anliegen einem Risiko ausgesetzt würden, wenn Schusswaffen mitgebracht würden – es sei nicht der Zeitpunkt für Krieg, noch nicht. »Egal, welche gewalttätigen Ideen wir auf ›Radical Agenda‹ auch haben und durchspielen: Sie werden hier nicht umgesetzt«, mahnt der Daily Stormer. »Wenn ihr an diesem Wochenende eine Revolution startet, dann wird das nicht die Revolution sein, die ihr euch erhofft, das kann ich euch versprechen. Wenn ihr euch als Krieger beweisen wollt, dann legt erstmal etwas Disziplin an den Tag.«

Absoluten Vorrang hat es in Alt-Right-Kreisen, hip, stolz und unschuldig auszusehen, schließlich steht das Verschleiern und Umetikettieren alter Ideologien durch die Übernahme moderner Symbole und Stile im Kern ihrer Strategie. Manche bezeichnen die Alt-Right aus genau diesem Grund auch als Krypto-Faschisten. In Deutschland nennt man sie ›Nipster‹, also Nazi-Hipster, die sich Elemente aus Hipster-Mode und -Kultur aneignen. Seit den 1980er Jahren hat die radikale Rechte einen gewaltigen ästhetischen Wandel durchlaufen. In ihrem Frauenbild spiegeln sich nicht mehr unbedingt alte, stereotype Geschlechterrollen wie die nationalsozialistische Mutter, sondern eher »die idealisierten Freundinnen« heutiger Jugendkulturen.

Die Obsession der Ultrarechten mit der Ästhetik speist sich aus ihrem Wunsch, für eine breite Öffentlichkeit seriös und attraktiv auszusehen. Mode und Lifestyle sind für extremistische Bewegungen ein Einfallstor zu ihrer jeweiligen politischen Ideologie. In seinem Aufsatz *Das Kunstwerk im Zeitalter seiner technischen Reproduzierbarkeit* argumentierte Walter Benjamin 1936, die Ästhetisierung der Politik habe für den Aufstieg des Faschismus eine ausschlaggebende Rolle gespielt. Diesen ausgeprägten Fokus auf die Ästhetik haben aber nicht nur Rechtsextreme. Ähnlich der Alt-Right-Bewegung hat sich auch der IS als eine coole Gegenkultur und Lifestyle-Marke entworfen, die sich zwar gegen die Ansichten der Mitte zur Wehr setzt, aber trotzdem an den aktuellsten kulturellen Maßstäben gemessen werden will.

Starke Marken erobern allgemeine Vorstellungswelten und bauen um sich herum eine Gemeinschaft der Gläubigen. Eine Marke, die emotionale Bindungskraft entfalten will, braucht als zentrale Elemente eine Story, Glaubwürdigkeit, Ikonen, Rituale und einen eigenen Wortschatz.

Um bei dem Aufmarsch für vollständige Uniformität und eindrucksvolle Spektakelwerte zu sorgen, gründen die Organisatoren sogar ein Fackelkomitee, das sich nur darum kümmert, die notwendige Menge an Tiki-Fackeln zu beschaffen.

Und der sorgfältig inszenierte Aufmarsch am Abend des 11. August 2017 zeitigt dann genau das Ergebnis, das die Organisatoren erzielen wollten: Alle großen Zeitungen zeigen weiße Rechtsextremisten, die mit Stolz im Gesicht und im Schein der Fackeln durch die Straßen ziehen. Die Hashtags und Bilder aus Charlottesville trenden in allen sozialen Medien. Das Spektakel sorgt für eine derart große Öffentlichkeit, dass sich der Fackelhersteller zur Distanzierung von den weißen Nationalisten genötigt sieht, schließlich will er seine Hauptkunden – grillende Familien, Poolparty-Veranstalter und hawaiianische Tiki-Restaurants – nicht verlieren.

Am darauffolgenden Morgen versammeln sich rund 500 Demonstranten im Lee Park – mittlerweile heißt er Emancipation Park –, um gegen die Demontage der Statue des Konföderierten-Generals Robert E. Lee zu protestieren. Viele haben Nazi-Symbole und halbautomatische Schusswaffen dabei. Gruppierungen wie die Traditionalist Worker Party, das National Socialist Movement, Vanguard America, Identity Evropa, die Fraternal Order of Alt-Knights, den Ku-Klux-Klan und rechtsextreme Bürgerwehren alle an einem Ort versammelt zu sehen, ist selten. Nicht alle Protestler sind ausgesprochene Antisemiten. Manche sind Krypto-Nazis, andere sogar pro-Israel. Auch antimuslimische Kommentatorinnen und Kommentatoren – z. B. die von Rebel Media geschickte Faith Goldy und Lucian Wintrich, der früher für die einflussreiche rechte US-Website Gateway Pundit übers Weiße Haus berichtet hat – schließen sich den Protesten an. In den sozialen Medien verbreiten und bejubeln europäische Identitäre und britische rechtsextreme Influencer die #UniteTheRight-Aktionen. In der offiziellen Facebook-Ankündigung der ›Unite the Right‹-Demonstration heißt es: »Wir haben keine Angst. Ihr werdet keinen Keil zwischen uns treiben.«

Es stellt sich die Frage, wie um alles in der Welt es passieren konnte, dass gegen den Dschihadismus kämpfende Zionisten mit antisemitisch eingestellten weißen Nationalisten zusammenarbeiten. Und wieso Steinzeit-Konservative und Ultra-Liberale jetzt plötzlich an einem Strang ziehen. Die Antwort lautet: wegen des größeren Hebels. Diese ideologisch durchaus oppositionell aufgestellten Untergruppierungen der Alt-Right kennen sich bereits aus dem Pro-Trump-Wahlkampf. Und jetzt treten sie mit ihrem Aktivismus zum ersten Mal in der Welt da draußen in Erscheinung. »Ein historischer Moment«, wie manche Protagonisten der Bewegung es bezeichnen.

»Es liegt auf der Hand, dass viele dieser Gruppen Differenzen haben«, schreibt der Alt-Right-Aktivist Hunter Wallace im Vorfeld der Demonstration. Aber dann erklärt er, warum sich Südstaaten-Aktivisten, die Alt-Right, weiße Nationalisten, Antikommunisten, Nativisten, Trolle und Patrioten zusammentun sollten. Wenn sie nämlich ihre Kräfte gegen die Gegner on- und offline bündelten, so Wallace, würden sie deutlich stärker. »Dann können die Rechten die Linken auf der Straße zur Seite drücken und den Fluch der Political Correctness in den sozialen Medien durchbrechen. So können wir den Kampf der Kulturen aus dem digitalen Raum auf die Straße tragen – und gewinnen.« Der Daily Stormer hat diese Idee aufgenommen: »Wir müssen alles tun, um so viele Leute wie möglich zur Teilnahme an diesem Protestmarsch zu bewegen. Es tut nichts zur Sache, wenn wir mit dem einen oder anderen der dort Anwesenden Differenzen haben. Hier geht's darum, ein Statement abzugeben.«

Um die verschiedenen Subkulturen zu erreichen, haben die Organisatoren ihre Botschaften im Vorfeld zielgruppenspezifisch aufbereitet und auf ein großes ideologisches Spektrum zugeschnitten. Sie bewarben das anstehende Ereignis auf Facebook, Twitter, 4chan, Reddit und auf rechtsextremen Websites und Foren stark, abhängig von der jeweiligen Plattform jedoch mit jeweils angepasstem Tonfall und Schwerpunkt. Die dem Mainstream näherstehende Öffentlichkeit wurde durch Botschaften geködert, die den Fokus legten auf Identität, Erbe und freie Meinungsäußerung. Für die radikaleren Bereiche des politischen Spektrums konzentrierten sich Werbemaßnahmen eher auf die Erzählung von der Ersetzung der weißen Rasse und auf antisemitische Verschwörungstheorien.

In fast einem Drittel der Tweets, die zur Unterstützung des Aufmarschs abgesetzt wurden, machte sich Unmut über Themen wie die angebliche »antiweiße Politik« und den »weißen Genozid« Luft. Ein ähnlich großer Anteil der Charlottesville-Sympathisanten meckerte im Internet über die politische Linke, allen voran über die Antifa. Die gibt es seit den 1920er und 1930er Jahren, als sie gegen europäische Faschisten kämpfte. Seit den 1980er Jahren stellen sich Antifa-Gruppen wie die nordamerikanische ›Anti-Racist Action‹ rechtsextremen Aktivisten in den Weg, manchmal auch mit militanten Mitteln. Mit der Renaissance der White-Supremacist-Bewegungen in den letzten Jahren hat auch die Antifa wieder vermehrt zu Protestaktionen gerufen. Des Weiteren haben Charlottesville-Unterstützer im Internet ihren Frust geäußert über die eingeschränkte Redefreiheit, die fehlende Pflege des Südstaaten-Erbes und das Establishment.

Aber das alles ist nur die Spitze des Eisbergs. Das wahre Problem liegt eher noch woanders.

»Convo, wie lange ist es her, dass du dein letztes Date hattest?«, fragt Nikephoros. »Vier Jahre«, antwortet Convo. »Nicht wahr! Willst du mich verarschen?«

Convo wurde gemobbt, weil er in der Highschool zu seiner Freundin gehalten hat. Er hat deswegen seine Freunde verloren. Im ersten College-Jahr erfuhr er, dass sie ihn die ganze Zeit über »mit einem 30-jährigen Furry« betrogen hatte. Er fasst zusammen: »Also seit fünf Jahren keine Freunde mehr. Und seit vier Jahren kein Date.«

Er ist jetzt 21 und steht kurz vor dem Studienabschluss an einem College in Kalifornien. Er plant, aus Kalifornien wegzuziehen und noch seinen Doktor zu machen. »Und danach werde ich dann als Nazi nicht mehr ständig schlechter wegkommen«, meint er. »Ähm. Die meisten hier in diesen Gruppen riskieren ihren beruflichen Werdegang«, schreibt Pathos aus New York. »Ich glaube, ein Doktortitel macht da keinen Unterschied.«

Convos letztes Date war noch nicht mal zufriedenstellend. »Ein zu vier Zehnteln asiatisches Mädchen, das endlos über die Beziehung mit ihrer Mutter gelabert hat«, schreibt er. »Vor ungefähr zwei Monaten habe ich sie mal wiedergesehen, und sie wollte sich tatsächlich mit mir unterhalten, aber ich hab nur gesagt: Haha, hör mal, ich ruf dich an. Aber ich hab ihre Nummer gar nicht. Bloß weg!«

»Willst du nicht einfach mal ein paar Jahre lang Tinder-Huren vögeln?«, schlägt Pathos vor. Aber Convo sagt, dass er Sex gar nicht so mag: »Ist für mich kein wirklich großer Motivationsfaktor.« Und ergänzt, dass er ein gutes Gedächtnis habe, »weswegen ich monatelang deprimiert bin, wenn ich irgendeine Schlampe geknallt habe«. Als ihn dann einige seiner Online-Freunde dazu bringen wollen, sich in diesem Fall doch lieber ein Hobby zu suchen wie Ultimate Frisbee oder eine Männerfreundschaftsgruppe, flippt er aus: »Ich bin doch kein totaler Idiot. Wenn ich Leute kennenlernen wollte, könnte ich das jederzeit tun.«

Wirklich problematisch wird es dann, wenn Einsamkeits- und Unsicherheitsgefühle auf äußere Umstände wie politische, kulturelle und gesellschaftliche Entwicklungen geschoben werden. Private Probleme werden dann zu kollektiven, und kollektive Konflikte werden persönlich genommen. Wenn die Mitglieder einer Gruppe untereinander ihre Sorgen oder traumatischen Erfahrungen austauschen, verschmilzt die individuelle Identität oft sukzessive mit der der Gruppe. Und die gefühlte Einheit mit der Gruppe kann zur erhöhten Bereitschaft führen, sich selbst aktiv aufzuopfern für die Gruppenideologie, -vision und -ehre. Auf diese Art und Weise werden Selbstmordattentäter geboren – sei es in Form von IS-Märtyrern oder in Form von um sich schießenden Neonazis.

Der ›Unite the Right‹-Aufmarsch ist für 12 Uhr mittags angesetzt, doch um 11 Uhr erklärt die Polizei von Virginia die Versammlung für rechtswidrig und fängt an, den Park zu räumen. Der Bürgermeister von Charlottesville ruft wegen einer »drohenden Störung der öffentlichen Ordnung, wegen zu erwartender Unruhen, potenziellen Personenschadens sowie der möglichen Zerstörung öffentlichen und privaten Eigentums« den Notstand aus.

Sowohl online als auch offline verschärft sich die Stimmung deutlich. Auf dem Alt-Right-Server auf Discord drängen einige empörte Besucher und Zuschauer die Protestierenden zum Angriff auf Polizei und Gegendemonstranten. »Wir gehen jetzt erst mal raus, formieren uns neu und holen dann zu einem massiven Gegenschlag aus«, schreibt ein Demonstrant. »Ist allerhöchstens ein kleiner Dämpfer. Der Jude, so viel ist wohl bewiesen, fürchtet sich vor uns. Sie wissen, dass wir eine echte Bedrohung für sie sind. Wir werden nicht müde. Wir werden nicht nachlassen. Sieg Heil! Heil unserem Volk!«

Ich logge mich im Livestream von Tim Gionet aka ›Baked Alaska‹ ein. Wenige Monate zuvor hatte der Neonazi und Social-Media-Promi seine Zehntausende Follower dazu aufgerufen, als Strafe für den Start der Comedy-Drama-Serie *Dear White People* Netflix zu boykottieren.

Als Baked Alaska auf dem Weg zum Aufmarsch von einem Gegendemonstranten Pfefferspray ins Gesicht gesprüht bekommt, wird sein Online-Publikum mit jeder weiteren Minute aggressiver. Wie in den meisten anderen Live-Chats auch, bettelt eine ständig größer werdende Zahl von Zuschauern um Gewaltanwendung. Manche finden es schwach von den Marschierern, dass sie Polizei und Gegendemonstranten nicht bekämpfen. Hier ein Ausschnitt aus den Kommentaren:

FICKT ALLE COPS, ANTIFAS, NIGGER UND KIKES!
Diese Verbrecher muss man aufhalten
VERBRENNT ALLE NIGGER
Hängt sie wieder auf
DAS IST KRIEG
TOD DER ANTIFA
ZERSTÖRT DIE FEINDLICHEN TRANSPORTMITTEL

WENN DIE ZECKEN UND DIE NIGGER KRIEG WOLLEN, SOLLEN SIE KRIEG HABEN
HÄNG DEN NIGGER HINTER DIR AUF
Das ist schwach
SEID EHRLICH: DIE NIGGER GEWINNEN
ihr schlappschwänze, höchste zeit, dass ihr mal aufhört, so brav zu sein. macht randale, verdammt.
Was seid ihr für Schwachmaten
Seid ihr in Chichiville, oder was?
MANCHMAL BRAUCHT GEWALT GEGENGEWALT!
MACHT SIE FERTIG!
TOD DEN NIGGERN!
ZEIT, DIE FEINDE DER WEISSEN RASSE ZU TÖTEN – WIE KLAR SOLL ES DENN NOCH WERDEN?

Kurz darauf, gegen 13.45 Uhr, drückt der Aufmarschteilnehmer James Alex Fields aufs Gaspedal und steuert seinen Wagen in eine Gruppe von Gegendemonstranten. Die 32-jährige Heather Heyer stirbt, 19 weitere Menschen werden verletzt. »Wer sich nicht aufregt, hat gar nicht erst hingesehen!« war das Letzte, was Heather Heyer öffentlich auf Facebook gepostet hatte.

Auch wenn das der tragischste Vorfall während der Aufmärsche war, blieb es nicht nur bei dieser Gewalteskalation. Der 20-jährige Schwarze DeAndre Harris trug Kopf- und Wirbelsäulenverletzungen davon, als sechs weiße Nationalisten ihn in einem Parkhaus in Charlottesville angriffen und mit einem Metallrohr und Holzlatten zusammenschlugen. Diese Vorfälle zeigen, wie schnell Hass und Anstiftung zur Gewalt im Internet zu konkretem Handeln werden können.

Als die News von dem Autoanschlag durchsickert, gehe ich

wieder auf den Alt-Right-Server auf Discord, wo sich unter den Mitgliedern eine erregte Diskussion entzündet hat. »Lasst euch von den Ereignissen heute nicht runterziehen«, drängt einer und verspricht, dass sie »schon noch zurückschlagen werden, härter und mehrfach, bis der Feind ganz vernichtet ist«. Manche nehmen die Attacke als Anlass zum Witzereißen und teilen Fotos von Autos, die versehen sind mit geschmacklosen Kommentaren wie »Na, gefällt euch mein neues Auto?« Andere glorifizieren den Anschlag sogar. Einer schreibt: »Egal wer es war: Er ist ein Held. Ich salutiere vor ihm.«

Die Nachwirkungen der Aufmärsche in Charlottesville haben die Alt-Right-Bewegung weltweit geschwächt. Der Anschlag hat ihrem Image enormen Schaden zugefügt und es für sie deutlich schwerer gemacht, die Mitte der US-Gesellschaft zu erreichen. In den auf Charlottesville folgenden Wochen wurden die meisten Social-Media-Accounts und Discord-Server der Alt-Right geschlossen. Gleichzeitig vertieften sich die Gräben zwischen den ideologisch disparaten Untergruppen. Stärker im Mainstream verankerte rechte Influencer machten die radikaleren Stimmen in der Alt-Right verantwortlich für die Repressalien gegen die gesamte Bewegung.

Trotz alledem: Charlottesville war der Präzedenzfall einer gelungenen Mobilisierung von Rechtsextremen im Internet. Zugunsten der Wirkungsmacht, die entsteht, wenn alle an einem gemeinsamen Ort aufmarschieren, überbrückten Organisatoren und Teilnehmer ideologische und geografische Differenzen. Seitdem gibt es regelmäßig Versuche – auch in Europa –, das gesamte rechtsradikale Spektrum zusammenzubringen.

Die Bewegung ›Right Wing United‹ (RWU) ist ein aktuelles Beispiel hierfür. Als ich mich 2018 auf dem Server von RWU anmelde, sind erst 400 Leute registriert. Die internationale, wenige Monate nach Charlottesville gegründete Gruppe gibt an, »der Zusammenführung konservativer, traditionalistischer und antilinker Gruppen verpflichtet zu sein und sie zu einem sicheren, vernünftigen und effektiven Handeln zu geleiten«.

Ihre Satzung umreißt die Richtlinien der Gruppe:

> Wir alle sind für die Legalisierung von Schusswaffen. Wir glauben, dass wir den lauten, abscheulichen Minderheiten, die sich der Demokratie entgegenstellen, die Stirn bieten müssen. Gruppen wie die ›Social Justice Warriors‹, die Kommunisten und die Antifa wollen unsere Nationen von innen aushöhlen. Traditionsbewusstsein ist im Westen in Vergessenheit geraten. In der heutigen Jugendkultur, die nichts als kurzsichtiges, primitives Verhalten kennt, werden moralische Werte über Bord geworfen. Mit deiner Hilfe können wir anfangen, die Werte, die die westliche Welt groß gemacht haben, wieder neu zu verankern. Radikalliberale und Nationalisten, Atheisten und Christen, alle miteinander vereint. Es ist an der Zeit, als eine große Familie gemeinsam aufzustehen und Nein zu sagen zur Linken.

Um mehr über die politischen Ansichten und Ziele der Right Wing United-Mitglieder in Erfahrung zu bringen, betrete ich den Raum für Meinungsumfragen:

Sollten Frauen das Wahlrecht haben?

8 ja, 23 nein.

Sollten Männer Frauen heiraten, die jünger sind als sie?

28 ja, 5 nein.

Scheitern heterogene Gesellschaften zwangsläufig?

39 ja, 6 nein.

Ist es in Ordnung, wenn Menschen auf ihren ethnischen Hintergrund stolz sind?

67 ja, 2 nein.

Right Wing United ist in jeglicher Hinsicht traditionalistisch: Sie sind gegen Abtreibung und gegen LGBT-Rechte, gegen den Islam, den Sozialismus, die Diversität, aber für Waffen. In Großbritannien bekunden die meisten Mitglieder Sympathie für die British National Party. Einer schreibt: »UKIP ist gut, aber nicht rigoros genug.« Er findet auch, die Tories hätten es momentan nicht mal verdient, als ›Tories‹ oder ›Konservative‹ bezeichnet zu werden. »Die sind alles andere als konservativ. Zumindest in sozialen und Einwanderungsfragen.«

Die Mitglieder von RWU einigen sich darauf, Trump zu unterstützen, sich aber auch nicht allzu sehr auf ihn zu verlassen, was das Durchdrücken der eigenen Agenda anbelangt. »Trump wird uns nicht retten. Das können wir nur selbst. Wenn Trump etwas nicht auf die Reihe kriegt und eines seiner Ziele nicht erreichen kann, sollten wir ihn aber auch nicht dämonisieren.« Ihrer Einschätzung nach sind zeitgenössischer Konservativismus und nationalistisches Denken schon viel zu stark mit Trump verquickt. »Von daher sollten wir alles tun, um Trump in der Öffentlichkeit gut dastehen zu lassen und damit seine Chancen, die Wahl 2020 zu gewinnen, zu erhöhen.«

Sie sind überzeugt: Wenn Trump verliert oder in Ungnade fällt, haben Nationalismus und Konservativismus den Kampf um die Herzen und Köpfe der Menschen verloren. Aus diesem Grund haben sie den Plan gefasst, Nationalismus und Traditionalismus wieder von Trump zu entkoppeln. Sogar wenn bei der Wahl 2020 alles in ihrem Sinne laufen sollte, hat Trump dann trotzdem nur noch vier weitere Jahre im Weißen Haus. »Wir brauchen Institutionen, die länger Bestand haben und die nicht gleich ausfallen, wenn Trump die Wahl verliert oder von ausländischen Kräften aus dem Spiel genommen wird. Kurz: Unsere Bewegung ist größer als Trump. Wir können Trump benutzen, um einiges von dem zu erreichen, was wir wollen. Aber unser gesamtes Wohl und Wehe von Trump abhängig zu machen, ist falsch.«

Das Gesellschaftsmodell, das Right Wing United vorschwebt, mag traditionalistisch sein, aber die Taktik, mit der die Gruppe vorgehen will, ist geradezu futuristisch.

Sollten wir Menschen genetisch verändern?

12 ja, 9 nein.

Sollte das Internet dezentralisiert werden?

37 ja, 3 nein.

Welche Social-Media-Plattformen nutzt du?

Facebook: 27

Minds: 16

Twitter: 34

Gab: 24

Instagram: 35

Comvo: 2

Reddit: 22

Das Internet, die sozialen Medien und technologische Innovationen nehmen sie als Segen für ihre Bestrebungen wahr. Die Online-Bewegung rüstet sich, um Kampagnen zu starten und den Protest auf der Straße zu organisieren, und baut dafür zunächst Meme-Archive auf, erstellt Bot-Accounts und nutzt das gesamte sozialmediale Feld.

Im politischen Kalender von Right Wing United finden sich sowohl rechte Termine als auch Veranstaltungen der Linken, gegen die sie vorgehen wollen. Im Januar 2019 etwa stand das ›Political Meeting‹ am St. Kilda Beach von Melbourne auf der Liste, das in gewaltsamen Zusammenstößen zwischen rechten Teilnehmern der Protestkundgebung und Gegendemonstranten endete, außerdem der ›March for Life‹ und der ›Women's March‹ in Washington. Auch die Konferenz ›Conservative Political Action‹, die Parlamentswahlen in Finnland, Litauen, Belgien und Portugal sowie die Wahlen zum Europäischen Parlament sind auf ihrem Radar.

Vieles in der vom RWU herausgegebenen Anleitung für den Besuch von Kundgebungen erinnert an die Anweisungen der Organisatoren von ›Unite the Right‹:

> Denk dran: Dein Auftreten wirft nicht nur ein Licht auf dich, sondern auch auf die Menschen in deinem Umfeld. Wenn du bei einer Kundgebung auftauchst und scheiße aussiehst bzw. dich scheiße verhältst, wirft das ein schlechtes Licht auf alle, die für deine Seite gekommen sind, was auch deine eigenen Werte nicht gut dastehen lässt. Dein Erscheinungsbild und dein Verhalten sind wichtig.

Ist es möglich, den Ruf einer politischen Gruppierung oder einer Person wiederherzustellen, wenn sie optisch schon mal ruiniert war?

3 ja, 18 nein.

Seit Charlottesville vermeiden viele rechtsextreme Gruppen Nazi-Symbole und Fascho-Sprache auf öffentlich zugänglichen Online-Kanälen. Auf Powerpoint-Folien von Facebook, anhand derer die Moderatorinnen und Moderatoren des Unternehmens geschult werden, die linguistischen Feinheiten von Extremisten zu erkennen, steht: »Weiße Nationalisten vermeiden den Begriff ›supremacy‹ oft bewusst.« Islamisten versuchen auf sehr vergleichbare Art und Weise, der Enttarnung zu entgehen: einfach indem sie die Schlüsselwörter auf der Warnliste für Dschihadisten – z. B. »Khilafah« (Kalifat), »Kufr« (Ungläubiger) oder »Dār al-Harb« (Kriegsgebiete) – nicht verwenden.

Die Europawahl im Mai 2019 stand auf der Agenda von Right Wing United ganz weit oben. Schon zu Beginn des Jahres fingen sie an, Material für ihre Beeinflussungskampagnen zusammenzustellen.

> Wir beschließen hiermit, einen Meme-Contest durchzuführen zum Thema Euroskeptizismus und Nationalismus. Im Mai stehen in Europa die Wahlen zum europäischen Parlament an, und wir brauchen so viele euroskeptische Meme wie möglich, um sie überallhin teilen zu können. Der beste und originellste Inhalt bekommt einen Geldpreis, in welcher Höhe, hängt noch von der Menge und der Qualität der für den Wettbewerb eingereichten Meme ab. Falls ihr Fragen

habt, schickt mir eine DM, postet Meme auf #activism statt auf #shitposting-and-memes – und pingt meinen Namen, damit ich sie speichern und bewerten kann. Ihr kriegt einen Monat von mir, um mir das Beste zu schicken, was ihr habt. VIEL GLÜCK.

Jedem Mitglied von Right Wing United wird ein Rang zugewiesen – es gibt Administratoren, Moderatoren, Seniorpartner und Partner. Die Community rühmt sich selbst, »eine bruderschaftliche Organisation zu sein, so ähnlich wie eine erweiterte Familie«. Alle Mitglieder müssen sich, wenn sie nicht mit Herabstufung oder sogar Ausschluss bestraft werden wollen, dem Kampf anschließen und treue Ergebenheit an den Tag legen. »Wenn dein Bruder oder deine Schwester irgendetwas wirklich dringend braucht, gibst du ihnen etwas von dir ab.« Um die Aktivistenarmee in die Lage zu versetzen, taugliches Marketingmaterial zu erstellen, teilen die Administratoren im Netz beispielsweise Umfrageergebnisse zu geschlechts- und altersspezifischen Lieblingsfarben oder auch psychologische Tipps zur Wahl von Layout und Schrifttypen.

Die politische und wirtschaftliche Unruhe, die Europa derzeit erfasst hat, wird von Aktivistinnen und Aktivisten, die es darauf abgesehen haben, Zwietracht zu säen und die gesellschaftliche Spaltung zu verschärfen, als optimales Aktionsfenster interpretiert. Rechte Akteure haben weltweit begonnen, Massenprotestbewegungen zu usurpieren, um so weit verbreiteten Unmut und Zorn in ihre eigenen Umsturzfantasien einzuspeisen. ›Right Wing United‹-Mitglieder interpretieren die Proteste der Gelbwesten in Frankreich als einen ersten Schritt in Richtung eines Europäischen Frühlings. Die Bewegung der ›Gilets Jaunes‹ nahm im November 2017 ihren Anfang, als es eine Reihe von Demonstrationen gegen Präsident Macrons Erhöhung der Treibstoffsteuer gab: Linke wie Rechte gingen auf die Straße, Autoritäre und Anarchisten im Schulterschluss. Diese unwahrscheinliche Allianz wurde geschmiedet durch die gemeinsame wirtschaftliche Notlage und den geteilten Hass aufs politische Establishment.

Die Proteste der Gelbwesten zogen schon von Anfang an islamophob, homophob und antisemitisch eingestellte Menschen an. Plakate und Graffiti der Gelbwesten bezeichneten Macron im Dezember 2018 als »Judenhure« und »jüdischen Abschaum«. Eine Meinungsumfrage ergab, dass die unter den Demonstrierenden beliebteste Partei Marine Le Pens Front National ist. Rechte Gruppierungen im Internet – wie Right Wing United, European National und QAnon – haben das Ausgreifen der Bewegung auf andere Weltregionen vorangetrieben. In Großbritannien haben bei Ableger-Protesten im Januar 2019 demonstrierende Gelbwesten in der Londoner City Brücken blockiert und vor dem Parlamentsgebäude Abgeordnete belästigt. Manche von ihnen trugen Abzeichen der antimuslimischen Gruppierungen English Defence League und Wolves of Odin. In Kanada und Europa haben QAnon-Aktivisten noch eine Prise Verschwörungstheorie dazugetan, indem sie bei Demonstrationen ein ›Q‹ an ihre Westen hefteten. »Wenn sie Krieg wollen, bekommen sie Krieg – ziehen wir in den Krieg gegen sie!«, brüllte ein Demonstrant bei einer Kundgebung in London, während eine Frau bei einem Protestmarsch in Leeds beim Zeigen des Hitlergrußes beobachtet wurde. Alt-Right-Trolle auf Reddit machten aus Video- und

Bildmaterial der Gelbwestenproteste Meme, die ihre Botschaft dann auch in die Mainstream-Kanäle spülten.

In großem Umfang zu mobilisieren ist heute eine Sache von wenigen Stunden. Es war an einem frühen Sonntagmorgen im August 2018, als der Deutschkubaner Daniel H. bei einem Fest zur Stadtgründung im sächsischen Chemnitz erstochen wurde. Als publik wurde, dass die vorläufig festgenommenen Verdächtigen Flüchtlinge aus dem Irak und aus Syrien waren, gingen 6000 Menschen aus ganz Deutschland auf die Straße und protestierten in der Altstadt von Chemnitz gegen Migration. Aus den Demonstrationen entwickelten sich schnell gewaltsame Ausschreitungen. Rechte verfolgten und attackierten Migranten, und zehn Teilnehmer der Demonstrationen wurden beschuldigt, den Hitlergruß gezeigt zu haben. Die Proteste gingen während der folgenden Tage und Wochen weiter, und die Gewalt gegen Migranten griff auf andere Teile Deutschlands über. Ein paar Tage nach den ersten Protesten schlugen drei Männer im Nordosten Deutschlands einen 20-jährigen syrischen Migranten mit einer Eisenkette und verletzten ihn schwer.

Wie bei den Aufmärschen in Charlottesville trafen sich auch unter dem Dach der Proteste in Chemnitz verschiedene Teile des rechten Lagers. Anhängerinnen und Anhänger der rechtspopulistischen Parteien Pro Chemnitz und AfD marschierten Seite an Seite neben militanten Neonazis und Hooligans. Sogar Mitglieder der rechtsterroristischen Organisation ›Revolution Chemnitz‹, die Angriffe auf Politiker, Journalisten und linke Aktivisten geplant hatte, mischten sich unter die Demonstranten.

Anders als Charlottesville wurde Chemnitz nicht Monate

im Voraus geplant. Die Proteste entzündeten sich ad hoc als Reaktion auf einen Bericht in den Nachrichten. Sogar in den ersten Stunden nach dem tödlichen Zwischenfall gab es nur wenige koordinierte Ankündigungen von Protestaktionen und auch kaum ausdrückliche Aufrufe, auf die Straße zu gehen. Die Mobilisierung ergab sich tatsächlich hauptsächlich aus der angeblichen Sachlage heraus: Rechte Influencer verbreiteten faktisch falsche Interpretationen der Situation, während die Ermittlungen zu dem Messerangriff noch liefen, und schürten so Wut und Empörung bei ihren Followern. Viele verschlüsselte rechtsextreme WhatsApp-, Telegram- und Discord-Gruppen behaupteten fälschlicherweise, dass gleich zwei Männer getötet worden seien und dass die Opfer versucht hätten, Frauen vor Belästigung zu schützen. Rechte Youtuber verbreiteten über ihre Livestreams Hetze und bedienten sich dabei an im Internet kursierenden Falschmeldungen. Der identitäre Rapper Chris Ares war 14 Stunden lang auf Platz 1 der deutschen Youtube-Trends.

Die Smartphone-Ära hat durch Livestreams und Instant-Messaging-Apps neue Formen der Massenmobilisierung hervorgebracht. Die sozialen Medien, vor allem »Dark Social«-Räume wie geschlossene Facebook-Gruppen oder verschlüsselte Telegram-Kanäle, ermöglichen es radikalen Akteuren, ausgewählte Ereignisse zu Kristallisationspunkten spontaner Mobilisierung zu machen. Die deutsche, antifaschistische Amadeu Antonio Stiftung nennt dieses Vorgehen ›Empörungsmanagement‹. Eine solche Art der Livestream-Rebellion kann natürlich positive Ergebnisse zeitigen, wie die Solidaritätsbekundungen #jesuischarlie und #noussommesunis nach den Terroranschlägen auf *Charlie Hebdo* und das Bataclan in Paris.

Aber sie kann eben auch als hasserfüllte, potenziell gewaltsame Ausschreitung gegen vermeintliche Feinde ausfallen.

»Wir sehen nur einen Teil des Ganzen«, sagt mir die für Europa, den Nahen Osten und Afrika zuständige Antiterror- und Antiextremismus-Beauftragte von Facebook in ihrem Londoner Büro. »Facebook wird nur als zweitrangige Plattform genutzt, koordiniert werden die Kampagnen meist woanders. Es gibt über 100 Plattformen, die von Extremisten genutzt werden, bevor eine Kampagne auch auf Facebook losgeht – und Telegram ist nur eine davon.« Erin Saltman hat früher rechtsextreme Gruppen in Ungarn infiltriert und viele Jahre maßgeblich an Programmen zur Bekämpfung von Extremismus mitgearbeitet. Sie weiß, wogegen Facebook sich zu stellen hat. »Aber wenn wir unsere Politik ändern, ändern die unerwünschten Akteure eben ihre Taktik«, sagt sie.

Bei Facebook betreiben mehr als 30 000 Mitarbeiter dieses Katz-und-Maus-Spiel. Sie kümmern sich um Cybermobbing, anstößige und beleidigende Witze, Extremismus, Identitätsklau und Hacking sowie um Gruppen, die zur Gewalt aufrufen. Über 300 Angestellte sind ausschließlich für Terror-Inhalte zuständig. Komplexe Programme für Foto- und Videoabgleich weisen auf potenziell illegales bzw. gefährliches Bildmaterial hin, das dann in einem zweiten Schritt von den Prüfteams ausgewertet wird. Derartige Inhalte, die eigentlich Aufmerksamkeit erfordern und nicht immer eindeutig identifizierbar sind, gibt es millionenfach. Kompliziert wird es in dem Moment, in dem man die Grauzone betritt. Erin Saltman stellt klar: »Es ist beispielsweise nicht verboten, eine Lüge ins Netz zu stellen. Aber es ist illegal, vorsätzlich falsche Informationen zu streuen oder Menschen zu diffamieren. Wenn man aber an seine eigenen Lügen und Verschwörungstheorien glaubt, verstößt man nicht gegen das Gesetz.« Hassrede-Inhalte sind ähnlich schwer zu bewerten, die Grenzen zwischen Illegalität und Legalität verschwimmen häufig: Um zu beurteilen, ob etwas im juristischen Sinne als Hatespeech oder Beleidung einzuordnen ist oder gegen die Plattformstandards verstößt, braucht Facebook oftmals ein halbes Dutzend Rechtsanwälte.

Das große Ziel der globalen Rechten ist es, so viele junge Leute wie möglich dazu zu bewegen, im Internet politisch aktiv zu werden und sich dem ›Widerstand‹ gegen Globalisierung und Liberalismus anzuschließen. Zu diesem Zweck baut sie ganze Armeen von technik- und social-media-affinen Aktivisten auf, die auf die Veränderung der politischen Grundordnung und der Machtverhältnisse in Europa und den USA hinarbeiten. In diesem Kapitel habe ich gezeigt, wie lose verbundene Netzwerke von Radikalen sich die gesamte Bandbreite der Social-Media- und Online-Werbe-Tools zunutze machen, um groß angelegte Protestaktionen auf die Beine zu stellen – bis ins kleinste Detail geplante wie die Aufmärsche in Charlottesville, aber auch spontan improvisierte wie die in Chemnitz. Im Folgenden konzentriere ich mich darauf, wie Sport, Mode und Musik eingesetzt werden, um unterschiedliche Publikumsgruppen für extremistische Veranstaltungen zu gewinnen. Ich will verstehen, wie Bewerbung und Vermarktung von ideologisch gefärbten Hobbys gefährliche Gegenkulturen hervorbringen.

Schild & Schwert: Besuch bei einem Neonazi-Festival

Ostdeutschland. 9 °, Regen. Ostritz, eine kleine Stadt an der deutsch-polnischen Grenze. Ich stehe in der Schlange. Denn ich will zu ›Schild & Schwert‹, dem größten Rechtsrock-Festival Europas. Es findet heute zum zweiten Mal statt. Anfang des Jahres – genauer gesagt am 20. April, Hitlers Geburtstag – kamen über 1000 Rechtsradikale aus ganz Europa hierher, um bei der ersten Ausgabe des Festivals dabei zu sein.

Auf dem Programm für das bevorstehende Novemberwochenende stehen politische Gesprächsrunden, MMA (Mixed Martial Arts) und Rock – alles thematisch auf Nazis ausgerichtet. Ich frage mich, was wohl schlimmer sein wird: Die Vorträge von Politaktivisten wie Thorsten Heise, einem militanten Neonazi, der gleichzeitig im Vorstand der NPD ist? Oder die Martial-Arts-Schaukämpfe und Trainingseinheiten mit der Kampfsportgruppe ›Kampf der Nibelungen‹, bei denen man sich auf den finalen Rassenkrieg vorbereitet? Oder die Auftritte von Nazibands wie Burning Hate, Painful Life und Terrorsphära, in deren Texten es ums Überleben der Arier geht?

»Okay, wir warten jetzt seit einer Stunde«, sagt eine kleine Frau neben mir plötzlich. Ihre grünen Augen sind mit schwarzem Kajal umrandet, in ihre Ohrlöcher könnte sie Zwei-Euro-Münzen stecken. Sie stellt sich als Jane vor. »Ich hoffe bloß, wir verpassen Terrorsphära nicht! Wie langsam das hier vorwärts geht.« Mit der rechten Schuhspitze schabt sie ungeduldig über den Asphalt. Ihre Turnschuhe tragen ein leuchtend weißes ›N‹ auf den Seiten. In der Warteschlange sehe ich Dutzende davon.

›New Balance‹-Sneaker sind nicht nur in den USA zur beliebtesten Schuhmarke von Neonazis geworden. Die Firma mit Sitz in Boston ist die einzige US-amerikanische Sportschuhmarke, die ihre Produktion nicht ins Ausland verlagert hat. Nachdem Matthew LeBretton, Vizechef der PR-Abteilung, dem *Wall Street Journal* anvertraut hatte, dass »wir den Eindruck haben, mit Trump bewegen sich die Dinge in die richtige Richtung«, tauchten in den sozialen Medien Videos von New-Balance-Kunden auf, die als symbolischen Anti-Trump-Akt ihre Schuhe verbrannten. Diese Gunst der Stunde nutzten rechtsextreme Bewegungen, um die Marke zu kapern. Andrew Anglin erklärte die Sneakers zum »offiziellen Schuh der Weißen«.

Meine schwarzen Adidas-Skate-Schuhe sind das Einzige, was mich aus der Menge hier heraushebt. Ansonsten falle ich mit meiner schwarzen Lederjacke über dem schwarzen Ganzkörper-Jumpsuit kein bisschen auf.

Ein Mann ganz vorne in der Schlange wird gerade von der Polizei abgeführt. Anscheinend wird jeder Besucher einzeln zu einem großen Parkplatz auf der anderen Straßenseite gebracht. »Was machen die denn da drüben, warum dauert das denn so lange?«, frage ich Jane.

»Die befragen dich und suchen dich nach Waffen und so ab«, antwortet ihr Freund Oli. Er hat mehr Bart- als Kopfhaare und trägt eine dunkelblaue Jeans zur Windjacke. »Waffen?«, frage ich. Olis hellblaue Augen richten sich auf mich. »Tja, ja, ein paar Deppen hatten wohl Messer dabei.« »Wie dämlich«, erwidere ich. Woraufhin er sagt: »Als ob wir die da drinnen bräuchten, wo wir doch sowieso unter uns sind. Leute von draußen werden nicht reingelassen, keine Antifa, noch nicht mal Journalisten. Wir sind unter Freunden.«

»Na ja, die Rumänen und die Polen sind das eben nicht gewohnt«, kommentiert Jane. Nazirock-Festivals in Deutschland gelten als die größten internationalen Veranstaltungen zur Netzwerkpflege rechtsextremer Gruppierungen. Beim letzten ›Schild & Schwert‹ waren sogar verbotene militante Gruppen wie Blood & Honour und deren bewaffneter Arm Combat 18 zugegen. Letzterer ist kleinzellig organisiert, setzt Nagelbomben gegen Einwanderer ein und hält seine Mitglieder dazu an, Abschusslisten zu führen.

»Kommen viele hier aus dem Ausland?«, frage ich. »Jede Menge«, sagt Jane. »Die beiden vor uns sind definitiv keine Deutschen, wahrscheinlich Engländer.« Sie unterhalten sich in einer Sprache, die eher wie Polnisch klingt, aber ich halte mich zurück und korrigiere sie nicht.

»Ach, sieh mal einer an. Thorsten!«, ruft Oli plötzlich und zeigt auf einen groß gewachsenen Mann mittleren Alters, der gerade von zwei Polizisten aus der Schlange eskortiert und von beiden Seiten an den Armen festgehalten wird. »Ich hoffe nur, dass die Polizei meinen Haftbefehl noch nicht zugestellt bekommen hat«, fügt er hinzu und klingt halb besorgt und halb begeistert davon, dass sie wissen könnten, wer er ist.

»Ach, da würde ich mir keine Sorgen machen, das Erfassungssystem der Polizei ist langsam, die brauchen Wochen, bis sie auf dem neuesten Stand sind«, meint Jane und spottet: »Bist du nicht schnell genug gerannt?« Sie zwinkert ihm zu und fügt hinzu: »Ich renne ja immer weg, wenn die mich kriegen wollen. Vor ein paar Wochen wollten die mich mal ausquetschen. Hab gar nichts gemacht, hab bloß besoffen auf der Straße gegen eine Mülltonne getreten. Also bin ich einfach losgerannt, so betrunken war ich wohl doch nicht.«

»Hab ich dieses Mal nicht geschafft«, meint Mike. »Die Bullen haben mich gekriegt, festgesetzt, mich verhört, alles.« »Weswegen denn?«, will ich wissen. »Körperverletzung«, antwortet Mike, jetzt mit einem stolzen Grinsen auf dem Gesicht. »Ich meine, was ist denn genau passiert?«, hake ich nach. »Na ja, Körperverletzung eben«, wiederholt er, als würde das alles sagen. Mir fehlen die Worte, und ich nicke einfach nur. Sandra lacht laut auf, was mir die Gelegenheit verschafft, einmal tief durchzuatmen. Ich sehe auf ihre Hände, die wild gestikulieren, als sie die nächste Polizeianekdote erzählt. Auf ihren Knöcheln entdecke ich zwei Neunen, darunter einmal das Herz und einmal das Karo; die ›Deutsche Jungfrau‹ im Texas-Hold'em-Poker. Zumindest keine ›88‹, die Standard-Zahlenkombination für Neonazis, weil sie für die Initialen von ›Heil Hitler‹ steht.

Auf der Straße vor uns kommen weitere Polizeiwagen an; ihre Kennzeichen sind von überall aus dem Land. Auch ein paar Räumpanzer und Spezialeinheiten sind auf dem Gelände. So fühle ich mich immerhin sicher. Einigermaßen. Die deutsche Polizei ist schließlich bekannt für ihre Verbindungen in die rechtsextreme Szene. 2011 wurde öffentlich, dass eine ganze Reihe von Polizeibeamten und Geheimdienstlern mit den Unterstützernetzwerken der Terrororganisation ›Nationalsozialistischer Untergrund‹ in Verbindung gestanden hatte. Der NSU hat zwischen 2000 und 2007 neun Einwanderer und eine Polizistin ermordet und insgesamt mehr als

40 Mordanschläge geplant, darunter auch Bombenanschläge.

»Mann, ist das ätzend, ich will den Anfang der Konzerte nicht verpassen. Ich hab extra einen Tag frei genommen«, sagt Sandra. Sie arbeitet bei einem großen deutschen Autohersteller am Montageband. Als Zeitarbeitskraft sei es gar nicht so einfach, genau dann, wenn man es will, mal einen Tag frei zu kriegen, erzählt sie mir. »Aber ich hab's hingekriegt, und jetzt müssen wir's nur noch aufs Festival schaffen!«

Hinter uns steht eine hübsche Frau Mitte 20. Sie hat lange, blonde Haare und trägt Jeans zum schwarzen Trenchcoat. Das Einzige, was an ihrem Erscheinungsbild auffällig ist, sind ihre rotgeränderten Augen. Die tiefe Traurigkeit, die in diesen Augen liegt, tut weh, und ich bin geradezu erleichtert, als sich ein großer, gutaussehender Mann zu ihr gesellt, der ähnlich unscheinbar gekleidet ist wie sie.

»Bist du eigentlich allein hier?«, fragt Sandra plötzlich, als falle ihr das jetzt erst auf. »Nein. Mein Freund ist schon drin. Er wusste nicht, dass sie die Leute jetzt nicht mehr einfach so reinlassen.« Sie nickt und wendet sich an ihren Freund: »Sollen wir zusammen rein?« Ich bin erleichtert, dass sie nicht vorschlägt, mit mir zusammen zu gehen, denn ich werde der Polizei zwangsläufig meinen wahren Namen verraten müssen.

»Folgen Sie mir bitte«, weist mich eine Stimme genau in diesem Moment entschieden an. Ein Polizist führt mich zu dem Parkplatz, wo Dutzende weiterer Polizisten stehen und die Szene beobachten. »Führen Sie Waffen oder andere gefährliche Gegenstände mit?« Ich schüttele den Kopf. »Entschuldigung?« »Nein, tue ich nicht.«

»Haben Sie Ihren Personalausweis dabei?« Ich reiche ihn weiter. »Ihr Geburtsdatum?«, will er wissen. »1991«, antworte ich, »ich meine, 24. Juli 1991.« »Okay, ich werde den hier einen Augenblick behalten müssen«, sagt er zu mir und fügt hinzu, als er sieht, dass ich zittere: »Es tut mir leid, dass ich Sie in der Kälte warten lassen muss, aber wir haben hier ziemlich mieses Internet.« Sandra hatte Recht – die Systeme der Polizei sind nicht die schnellsten.

»Googeln Sie mich jetzt?«, frage ich, latent alarmiert. »Nein, wir prüfen nur, ob gegen Sie Haftbefehle vorliegen.« Ich nicke. »Sind Sie zum ersten Mal bei einem solchen Festival?« Ich nicke erneut. Er grinst. »Das merke ich.«

»Wo finde ich denn die Hauptbühne?«, frage ich zwei Männer mittleren Alters, die in einem kleinen Bierzelt am Tresen sitzen. »Du klingst, als kämst du aus Bayern«, sagt der eine von ihnen und übergeht meine Frage. »Wir sind auch aus München.« »Ich komme aus Österreich«, sage ich. »Warum setzt du dich nicht zu uns? Wir sind hier die süddeutsche Ecke.« »Und da gehörst du doch auch mit rein«, ergänzt der andere. Sie brechen in lautes Gelächter aus. Ich beschließe, dass das nicht der Augenblick ist, um eine Diskussion anzufangen über den Anschluss Österreichs an Nazi-Deutschland vor 80 Jahren.

»Warum seid ihr den weiten Weg von München hergekommen?«, frage ich. »Wegen Terrorsphära.« Der Höhepunkt des heutigen Abends, eine Hardcore-Band aus Tirol, soll um ein Uhr nachts auf der Bühne stehen. Die Band wurde 2013 gegründet und hat mittlerweile über 8000 Likes auf Facebook gesammelt. Ihre offiziellen Musikvideos werden auf Youtube Zehntausende von Malen angesehen. Terrorsphära selbst bezeichnen das Genre ihrer Musik als »Nonkonformist Brutal Beatdown Death/Hardcore/Wehrwolf Beatdown«.

Nachdem ich mir die Geschichten der beiden Süddeutschen über Staus und verspätete Züge angehört habe, wende ich mich an die junge Frau, die sich kurz zuvor dazugestellt hat. »Und woher kennt ihr euch?«, frage ich sie, nachdem ich erfahren habe, dass sie gerade aus Hamburg angekommen ist. »Von einem Konzert letztes Jahr. Seitdem fahre ich immer mit ihnen zu solchen Sachen.« Sie beißt in ihren Burger und fragt dann: »Und wie heißt du?« »Anna«, gebe ich prompt zurück.

»Hannah?!«, kreischt sie auf. Einige Leute im Zelt starren uns an. Hannah ist ein hebräischer Vorname, Anna ist üblicherweise dessen christliche Version. »Nein, Anna«, gebe ich zurück und versuche, ruhig zu bleiben. »Guter Witz«, sagt sie und lacht. »Schöner Name, es wäre ein Elend, wenn du Hannah heißen würdest.«

Mittlerweile sind an die 250 Neonazis auf dem abgeriegelten Gelände. Nachdem ich mich mit einem Dutzend Leuten unterhalten habe, weiß ich, dass manche wegen der Politik, andere wegen der Musik und noch mal andere wegen der Martial Arts hier sind, aber alle ein Gefühl der Gemeinsamkeit teilen. Abgesehen davon, dass sie alle Weiße sind, haben die Besucher doch sehr unterschiedliche Hintergründe: Manche sind schon älter, andere sehen aus, als seien sie nicht mal 18. Manche kommen aus sozial schwachen Elternhäusern und arbeiten im Niedriglohnsektor, andere tragen teure Markenkleidung und machen einen sehr gebildeten Eindruck. Um die 20 Prozent sind Frauen, der Rest Männer.

Manche der Menschen um mich herum sehen aus wie typische Skinheads: kahlrasierte Köpfe und stolz auf die Haut tätowierte oder aufs T-Shirt gedruckte faschistische Symbole. Andere wirken derart normal, dass sie einem in der U-Bahn nicht auffallen würden. Einige wenige sehen aus, als hätten sie Positionen in Politik oder Wirtschaft inne: schick gekleidet, mit teuren Uhren und exakt gescheiteltem Haar. Vermutlich hochrangige Mitglieder der rechtsextremen Parteien NPD oder Die Rechte, die beide Redner und Flyer zum Festival geschickt haben.

Als ich an den Ständen mit dem Merchandising vorbeigehe, um mir die versammelten T-Shirts mit Nazi-Aufdrucken genauer anzusehen, holt einer der Verkäufer etwas aus dem Regal, das wie ein Modellschiff aussieht. »Wie wär's mit diesem deutschen Kriegsschiff?« Das Preisschild sagt: 120 Euro. »Ähm, nein danke.«

Dann sagt er mir, dass T-Shirts in den Größen M und L sämtlich ausverkauft sind. »Diesen Sommer wollten so viele Leute MMA-Shirts kaufen, es war total verrückt«, erzählt er. Ich gehe an den anderen Ständen vorbei, wo sich auf den Tischen T-Shirts mit Aufdrucken wie »I love HTLR«, »Reconquista« und »88 Crew« stapeln. Es gibt sogar Kissen und Bettwäsche mit NS-Symbolen.

»Und, weißt du, was du willst?« Ich drehe mich um. Ein Mann Mitte 30, die blonden Haare ordentlich gekämmt, steht hinter dem Verkaufstisch. »Ich würde dir empfehlen, deine billige Lederjacke durch diesen Hoodie hier zu ersetzen.« Er klingt wie jemand, der während meines Grundstudiums gut in einem der BWL-Kurse hätte neben mir sitzen können. Patrick Schröder ist in Deutschland ein bekannter Neonazi, 2014 wurde er zu einer Geldstrafe verurteilt, weil er in seiner

Internet-Sendung den Hitlergruß gezeigt hatte. Er war Kreisvorsitzender der NPD in der Oberpfalz und ist Geschäftsführer des 2008 gegründeten rechtsradikalen Modelabels ›Ansgar Aryan‹. Nach Recherchen von *Spiegel TV* hat er 2016 mit dem Online-Klamottenshop bereits rund 460 000 Euro umgesetzt.

»Ich glaube, ich ...«, fange ich an. »Ach, sag nicht, dass du morgen noch mal wiederkommst. Vielleicht gibt es kein Morgen mehr.« Er kommt auf meine Seite und reicht mir einen der Kataloge. »Hier bitte. Schau mal, die Damen-Shirts liegen hier hinten«, sagt er und zeigt auf einen niedrigeren Beistelltisch. »In der Tischhöhe spiegelt sich meine Meinung zur Gleichstellung der Geschlechter«, so sein Kommentar. Ich warte auf die Pointe, merke dann aber schnell, dass wohl nichts mehr kommt. Also gehe ich rüber zur »Mädchenabteilung« des Standes.

Patrick Schröder scheint seine ›Netter Nazi‹-Attitüde heute zuhause gelassen zu haben. In der Neonaziszene ist er als Imageberater bekannt und hält für seine Mitstreiter Workshops ab dazu, wie man ein »netter Neonazi« sein kann. Zitat Schröder: »Man müsste in die Richtung schulen, dass die Leute ein besseres Auftreten hinbekommen, nicht unbedingt von der Kleidung her, sondern im Ganzen, wie sie was rüberbringen.« Schröder selbst versucht nach Kräften, nicht der stereotype Rechtsradikale zu sein. Sein Label ›Ansgar Aryan‹ fällt in die Nipster-Kategorie.

Ultrarechte Modelabels leben davon, ihre Geschäfte in der gesetzlichen Grauzone zu machen. Um nicht in direkten Konflikt mit den Gesetzen zu kommen, die in Deutschland NS-Symbolik verbieten, arbeiten Labels wie Ansgar Aryan mit leicht modifizierten Varianten oder erfinden neue Symbole, die eine gewisse Ähnlichkeit mit den alten haben, aber trotzdem nicht unter die Regelungen fallen. Um der strafrechtlichen Verfolgung zu entgehen, benutzen Neonazi-Unternehmer wie Schröder dementsprechend gern Codewörter, Abkürzungen und Scherzworte. Auf einem der meistverkauften Ansgar-Aryan-T-Shirts steht ›HKN KRZ‹. »Man schießt immer ein bisschen übers Ziel hinaus, was die Aussagen betrifft«, sagte Schröder in einem Interview mit *Spiegel TV* zur Rechtfertigung seiner Shirts. »Das machen Rapper, das machen Labels, das machen die Linken so, das macht eigentlich jeder, der irgendwo ein bisschen provozieren will. Das ist ja auch Sinn dieser Geschichten, dass man im jugendlichen Alter ein bisschen triggert.«

Ein Wort wie ›triggern‹ in Kombination mit dem Einsatz von Ironie und satirischer Übertreibung lässt jede radikale politisch-ideologische Aussage quasi harmlos erscheinen. Und das erinnert dann wieder sehr an die Alt-Right. Tatsächlich ist eines von Schröders großen Vorbildern Richard Spencer, der auch öfter auf Schröders Internetkanal FSN TV (FSN steht für ›Frei, Sozial und National‹) zu sehen war. Das Hintergrundbild seines Twitter-Profils ist ein Banner der ›Unite the Right‹-Kampagne. »Unser Ziel ist die softe, schmerzfreie und unterhaltsame Einführung unserer politischen Haltung«, sagte er in einem seiner sonntäglichen Livestreams. Die wichtigste Zielgruppe seiner Kampagnen zur politischen Meinungsbildung sind junge Leute, weswegen sein wichtigstes Werkzeug auch die Jugendkultur ist: Musik und Mode. »Wenn man mit den Jugendlichen sprechen möchte, dann bringt es nichts, wenn ich denen etwas vom Zweiten Weltkrieg oder so erzähle, dann laber' ich mit denen über die letzte *Simpsons*-Folge oder so. Das ist deutlich zielführender«, sagte er gegenüber *Spiegel TV*.

»Wie wär's mit dem hier?« Er deutet auf ein Frauen-Shirt, auf dem »Keine Gnade« steht. »Nein, danke.« Sichtlich enttäuscht von meiner Reaktion, geht Schröder wieder ein paar Schritte weg. Er schüttelt einem Mann in einem »Defend Europe«-Shirt die Hand, bevor er sich wieder an mich wendet. »Hilf mir doch mal auf die Sprünge. Wo kommst du her?« Als ich ihm erzähle, dass ich Österreicherin bin, meint er: »Ach schön, ihr habt da doch den Martin Sellner. Der ist super.« »Kennst du ihn?«, frage ich. »Wir sind uns schon einige Male über den Weg gelaufen, ja. Ich habe ein paar Bier mit ihm getrunken.« Ich starre ihn ungläubig an – halten sich doch die offenkundigen Neonazis und die imagebedachten Identitären normalerweise aufgrund ihrer strategischen Differenzen eher voneinander fern. »Ich weiß, ich weiß, ich sollte das nicht so laut sagen. Die Leute hier sind nicht unbedingt einer Meinung mit den Identitären. Aber mir gefallen ihre Methoden, ich finde, sie machen es genau richtig, weil sie echt was bewirken.«

Hinter uns nippt eine Gruppe von gut gekleideten Männern an ihrem Bier. »Ich hab auch für die AfD Wahlkampf gemacht«, höre ich einen von ihnen sagen. »Gut«, kommentiert ein anderer, »der NPD die Stimme zu geben, lohnt ja nicht mehr. Die werden's einfach nie packen. Die AfD dagegen hat eine echte Chance.«

Als ich den großen Konzertsaal betrete, sind die MMA-Schaukämpfe schon im vollen Gange. Zwei kahlköpfige Männer in schwarzer Kleidung ächzen auf der Bühne, während Dutzende ihnen dabei zusehen und sie anfeuern. Jedes Mal, wenn die Kämpfer eine Pause einlegen, kommt ein Moderator auf die Bühne und ermahnt alle Anwesenden, doch in Box-Vereine einzutreten und kämpfen zu lernen. »Ihr müsst euren Arsch hochkriegen und euch fit machen. Wenn es keinen Box-Club gibt, dem ihr beitreten könntet, dann mietet ihr euch eben Sportgeräte für zuhause oder, noch besser, ihr trainiert auf der Straße.« Der unvermeidliche Kampf der Kulturen steht seiner Meinung nach unmittelbar bevor. »Je früher ihr anfangt, euch darauf vorzubereiten, umso besser«, erklärt er. »Wir werden am Ende keine andere Wahl haben als zu kämpfen. Ihr solltet wirklich sofort damit anfangen.«

Gesundheit und körperliche Fitness haben einen ›völkischen‹ Wert, sie werden als notwendig erachtet für den Erhalt der weißen Rasse und für die Auflehnung gegen das System. »Für einen Deutschen ist es wichtig, körperlich gesund und wehrhaft zu sein und zu wissen, wie man mit Waffen umgeht«, fährt der Moderator fort. »Wir können euch dabei auch unterstützen. Meldet euch einfach, falls ihr einen Fitnessraum ausstatten wollt oder etwas Ähnliches, wir haben innerhalb Deutschlands überall gute Kontakte.«

Im Leitbild von ›Kampf der Nibelungen‹ steht:

> Während bei den meisten »Fight Nights« im bundesweiten Raum die Teilnahme des jeweiligen Sportlers allzu oft mit dem abverlangten Bekenntnis zur freien demokratischen Grundordnung steht oder fällt, will der Kampf der Nibelungen den Sport nicht als Teil eines faulenden politischen Systems verstehen, sondern diesen als fundamentales Element einer Alternative zu eben jenem etablieren und in die Breite tragen.

›Kampf der Nibelungen‹ hat nicht nur gute Kontakte in ultrarechte politische Kreise und in die deutsche Hooligan-Szene, sondern auch starke Unterstützernetzwerke im Ausland. Der russische Hooligan Denis Nikitin, der fließend Deutsch spricht und früher ein gerahmtes Foto von Joseph Goebbels in seinem Schlafzimmer hängen hatte, unterstützt die Veranstaltung mit seinem rechtsextremen Modelabel ›White Rex‹. Von seinem Firmensitz in Moskau aus organisierte er ursprünglich Kampfsportturniere in russischen Städten wie Woronesch, Lipezk und Noworossijsk. Seit 2013 baut er allerdings konsequent ein europaweites Netzwerk nationalsozialistischer Hool-Fighter auf und agiert als Sponsor für Turniere und Waffentrainingslager in Italien, Frankreich, Ungarn, Deutschland und Griechenland.

Nikitin war auch beim ersten Ostritzer ›Schild und Schwert‹-Festival anwesend, und ich frage mich, ob er wohl auch heute hier ist. Das Motto seiner Firma, die neben T-Shirts auch Äxte und Messer verkauft, lautet ›2yt4u‹. Seine Online-Shops und Mixed-Martial-Arts-Events werden in den sozialen Medien massiv beworben. Über diese Kanäle versucht er auch aktiv an europäische Fußballfans heranzutreten, die sich für den Kampf ausbilden lassen wollen. Angefangen bei Youtube-Tutorials bis hin zu Veranstaltungsankündigungen auf Facebook: Alle Inhalte, hinter denen Denis Nikitin steckt, werden so präsentiert, dass sie die tribalistische Einstellung und den martialischen Geist der Hooligan-Community ansprechen.

Aber nicht alle aus dem Ausland Angereisten sind zu MMA-Kämpfern mutierte Hools. Später an diesem Tag plaudere ich mit einem Tattoo-Künstler aus Rumänien. »Also, wenn du noch ein Tattoo willst, müsstest du morgen wiederkommen. Wir machen für heute Schluss.« Sein russischer Kumpel steht einfach so dabei und sieht mich aus großen Augen an. Der Rumäne erzählt mir, er sei schon zum zweiten Mal hier: »Ich war im April schon da. Aber ehrlich gesagt: Mein Ding ist das hier nicht.« Er weicht meinem Blick aus. »Und warum bist du dann da?«, frage ich und habe das Gefühl, dem ersten Menschen hier zu begegnen, der nicht komplett wahnsinnig ist. »Arbeit.«

»Da ist sie ja!«, ruft ein großer Kerl genau in diesem Augenblick und kommt auf mich zu. Alles in mir verkrampft sich, ich bin drauf und dran, einfach loszurennen, als etwas meinen Rücken berührt. »Hey, Michael!«, ruft eine weibliche Stimme von hinten in mein Ohr. Ich drehe mich um und erkenne die blonde Frau mit den traurigen Augen, die vorher hinter mir in der Schlange stand. »Ich dachte schon, ich hätte dich da draußen an die Polizei verloren«, sagt sie, als er näher kommt. Vor Erleichterung atme ich auf.

Als ich zur Hauptbühne zurückgehe, spielen gerade Fehér Törvény, eine 1995 gegründete rechtsextreme Hardcore-Band aus Budapest. Ich verstehe nicht ein Wort von dem, was sie da singen, und ich kann auch keinerlei Melodie erkennen, aber die Menge scheint das aggressive Gebrüll, vor dem sich sogar die wuchtigen Drums noch dezent ausnehmen, gut zu finden. Ein Pärchen neben mir tanzt wild – sie trägt eine Polizeimütze und reibt ihren Hintern an seiner Ansgar-Aryan-Jeans. Da ich keine Ahnung habe, wie man zu Nazi-Rock tanzt, stehe ich nur so da und schaue in der Gegend herum.

»Du siehst aus, als hättest du dich verirrt. Bist du allein?«, schreit mir ein Typ mit Stiernacken und stark tätowiertem Schultergürtel ins Ohr. Er sieht aus, als hätte er schon viel

MMA praktiziert in seinem Leben – sogar in seinen Augen liegt ein gewisser Hunger nach körperlicher Auseinandersetzung. »Öhm, nein, ich bin mit meinem Freund hier«, sage ich zu ihm. »Aber wir haben uns gestritten – er hat mich eine Stunde lang draußen stehen lassen.«

Nach ein bisschen Smalltalk erzählt er mir, dass er zwar NPD-Mitglied ist, aber trotzdem die AfD wählt. »Das ist strategisch die einzig sinnvolle Option, die NPD hat keine realistische Chance, an die Macht zu kommen.« Eine unter Neonazis nicht gerade unübliche Ansicht, scheint mir.

»Aber wir sind sowieso alle am Arsch. Die Politik kann an dem Ganzen eh nichts mehr ändern, dafür ist es zu spät«, sagt er und fasst nach meinem Arm. Er trägt ein ›White Rex‹-T-Shirt.

»Was willst du denn damit sagen? Was glaubst du, was passieren wird?«, will ich wissen. Sein Gesicht ist jetzt nur noch wenige Millimeter von meinem entfernt. »Wir werden zu einer gemischten Rasse.«

»Verstehe«, sage ich. »Wie lange haben wir noch?« Er schaut mich an, als hätte er nicht damit gerechnet, das jemand nach einem klaren zeitlichen Rahmen seiner apokalyptischen Zukunftsvision fragt. »Fünf Jahre, allerhöchstens zehn«, meint er schließlich. »Aber es ist alles schon seit langem geplant.«

Ich frage mich, wie weit ich mit meiner simulierten Naivität noch gehen darf. »Wer hat denn das geplant?« Ich habe unterschätzt, wie schnell aus seinem Paternalismus aggressive Ungeduld werden kann. »Wieso stellst du so dämliche Fragen?« Sein Gesicht schwebt einen Zentimeter vor meinem: »Du tust so, als wüsstest du die Antworten nicht.«

Jetzt habe ich ein bisschen Angst und schaue zu Boden. Dann murmele ich: »Ich … ähm … bin noch neu in der Szene.«

Er beruhigt sich wieder und macht jetzt zwischen jedem Wort eine Pause, so als müsste er einem Schulkind eine simple Rechenaufgabe erklären: »Wir wissen doch alle, wer das war: Kohl und Gorbatschow.« Im Juli 1990 reiste der westdeutsche Kanzler Helmut Kohl nach Moskau zu einem Treffen mit dem sowjetischen Staatspräsidenten Michail Gorbatschow, bei dem das wichtigste Abkommen in der Geschichte des 20. Jahrhunderts unterzeichnet wurde: das Abkommen zur deutschen Wiedervereinigung.

»Wie alt bist du?«, will er wissen, nachdem er mich ein paar Sekunden lang angestarrt hat. »23«, antworte ich ohne zu zögern. »Na, dann wirst du das alles ja noch erleben. Ich bin 45 und werde es wohl auch noch aushalten müssen.« Er zieht mich noch näher an sein Gesicht heran, und ich kann seinen Bier-Atem riechen. Sein Arm legt sich noch fester um meine Schultern, dann flüstert er mir ins Ohr: »Geh niemals allein auf die Straße, hörst du? Frauen sind da draußen nicht mehr sicher.« Ich denke: Lustig, ich fühle mich eher hier drinnen nicht sicher.

Ich habe genug. Ich schreibe meinem Freund, der draußen vor dem umzäunten Festivalgelände im Auto wartet, eine SMS – »Ich komme jetzt raus« – und gehe ohne ein weiteres Wort.

Ich habe verstanden:

Extremistische Bewegungen benutzen das gemeinschaftliche Erleben, bei dem Freizeitwert und Ideologie zusammenkommen – zum Beispiel Musikfestivals und MMA-Events –, um schon geknüpfte Kontakte zu stärken und neue internationale Beziehungen herzustellen. Bei den Teilnehmerinnen und Teilnehmern verstärken solche Veranstaltungen die Überzeugung, dass der Aufstand gegen die bestehenden Verhältnisse nötig ist, und erhöhen die Motivation, aktiv gegen vermeintliche Gegner vorzugehen. Dieses Vorgehen gegen den ›Feind‹ kann viele Formen annehmen: Da gibt es Hassverbrechen, Vergiftung und Schusswaffengebrauch bis hin zu großformatigen Sprengstoffanschlägen und Attacken mit chemischen und biologischen Waffen. Und mit großer Wahrscheinlichkeit wird nichts den Terrorismus der kommenden Jahre stärker prägen als das Hacking. Hier fällt die Technikbegeisterung der Akteure zusammen mit Rachedurst. Woraus ein brandgefährlicher Mix innovativer Cyberattacken entsteht.

6 Angriff

Es bestehen kaum Zweifel darüber, dass Technologien für unseren Alltag einerseits große Erleichterungen bedeuten, andererseits aber eine nicht unbedeutende Gefahr darstellen. Wir sind darauf angewiesen, dass wichtige Infrastruktur vernetzt ist – was uns gleichzeitig anfällig macht für Cyberattacken. Eine Welt, in der unsere Straßen nachts nicht beleuchtet sind und keine Züge fahren, in der wir uns nicht darauf verlassen können, dass Geldautomaten Geld ausspucken und Computer unsere Daten sicher ablegen, ist gar nicht so weit entfernt, wie es uns manchmal erscheinen mag.

In der Vergangenheit haben dschihadistische und rechtsradikale Hacker vor allem materiellen und finanziellen Schaden angerichtet. In jüngster Zeit haben Hacks diese Dimension überschritten und in die politische Infrastruktur eingegriffen: Ihre Folge waren nicht nur monetäre Verluste, sondern etwas deutlich Besorgniserregenderes, nämlich der Vertrauensverlust in demokratische Prozesse und politische Repräsentanten. Gingen bei den Hacks der Vergangenheit vielleicht mal ein paar Millionen Dollar oder Dokumente verloren, könnten die Hacks der Zukunft durchaus für den Tod von Millionen Menschen verantwortlich sein. Sollten Terroristen weiter an ihren Cyber-Skills arbeiten, besteht das reale Risiko, dass Kraftwerke oder selbstfahrende Autos zum Ziel ausgeklügelter Hacker-Aktivitäten werden. Die beiden folgenden Abschnitte handeln von meinen Erfahrungen in einer Hackergruppe des IS sowie von meinem Austausch mit einem berüchtigten Neonazi-Hacker und der obskuren Community, die hinter den Hackerangriffen auf Hunderte deutscher Politikerinnen und Politiker stand.

Jihobbyisten: Unterricht bei den Hackern des IS

Wie wohl die meisten Menschen hatte ich keine Vorstellung davon, was ich von einem Hacking-Kurs des IS erwarten sollte. Als ich im Herbst 2017 der IS-Unterstützergruppe ›MuslimTec‹ beitrat, hatte ich auf jeden Fall nur sehr wenig Hacking-Erfahrung.

Bayyi und Mahed machen es uns Neueinsteigern leicht und bringen uns erst mal die absoluten Grundlagen bei: »Eure erste Aufgabe ist es zu lernen, wie man in einem digitalen System die Schwachstellen findet«, erklärt Bayyi in einer Hacking-101-Session. Die meisten Anweisungen erteilt er in Englisch, aber manchmal wechseln die Administratoren und Mitglieder auch ins Deutsche, Französische oder Italienische. Ich habe den Eindruck, dass Bayyi und Mahed Deutsche sind, aber sie sind gut darin, ihre Identität geheim zu halten, auch vor ihren circa 100 Schülern in der streng vertraulichen Telegram-Chatgruppe. Die Mitglieder kommen größtenteils aus Europa, benutzen aber alle VPNs, Proxie-Server und Tor, um ihren digitalen Fußabdruck zu tilgen.

Der Wissens- und Kompetenzstand innerhalb der Gruppe geht weit auseinander, er reicht von hochgradig technikaffinen jungen Leuten bis hin zu blutigen Laien wie mir. »Salam aleykum« heißt es in einer Willkommensnachricht von MuslimTec, wenn ein neues Mitglied zur Gruppe stößt. »Aleykum assalam ya akhi«, antwortet der jüngste Novize und fügt ein freundliches Smiley hinzu. »Sprichst du Arabisch?«, will er dann wissen. »Akhi, MuslimTec ist ein Bot! Er wird auf deine

Message nicht antworten«, kommentiert ein anderer User trocken und löst virtuelles Gelächter aus.

Ganz oben auf unserer Lektüreliste steht *Searching Shodan for Fun and Profit*, eine von dem indischen Berater Sajal Verma verfasste Anleitung zur Ausbildung von Penetrationstestern und Experten für Internetsicherheit. Shodan gilt als das ›Google für Hacker‹. Die Suchmaschine wurde 2009 von dem Softwareentwickler John Matherly ins Leben gerufen und dient heute vor allem Hackern bei der Suche nach Geräten, die gerade mit dem Internet verbunden sind, seien es Router, Websites und Drucker, Überwachungskameras, Ampeln und Tankstellen oder auch Stromnetze und Atomkraftwerke. Über die Geolokationsfilter von Shodan können User nach Dingen an bestimmten geografischen Örtlichkeiten suchen. Man kann zum Beispiel nach Webcams in New York, nach Windparks im ländlichen Frankreich oder nach Bitcoin-Servern auf Island suchen.

»Werft mal einen Blick auf die hier«, setzt Bayyi seine Hacking-Session fort und stellt eine Datenbank mit automatisch vergebenen Passwörtern ins Netz. »Ihr müsst das üben. Legt mal los und probiert es aus.« Ich stelle bald fest, dass der Benutzername ›Admin‹ und das Passwort ›1234‹ deutlich häufiger benutzt werden, als ich angenommen hätte. Sei es bei privaten Endgeräten oder dem Online-Service von Behörden: Viel zu viele Leute ändern die voreingestellten Benutzernamen und Passwörter nicht.

Mahed stellt uns gerne auf die Probe: »Schauen wir mal, ob ihr auch zugehört habt. Also, kann man auf dieser Seite hier Admin werden?« Er schickt uns einen Link zur Website einer Hausverwalterfirma in Kalifornien. »Und noch eine

Preisfrage! Wie würdet ihr es anstellen, hier Admin zu werden?« Ein beliebtes Urlaubsresort im indischen Matheran.

»Was wollt ihr als Nächstes erfahren?« Mahed macht eine kurze Umfrage, wir sollen uns für eine der von ihm genannten Optionen entscheiden, von Hacking-Werkzeugen bis hin zur Verschleierung der eigenen Identität im Netz. Einige der Mitglieder haben recht konkrete Fragen. Einer schreibt: »Ich will eine Porno-Seite in Lahore, Pakistan, hacken. Kann mir jemand dabei helfen?«

Auch wenn es überraschend klingen mag: Pornografie im Netz hat für den Erfolg dschihadistischer Bewegungen eine maßgebliche Rolle gespielt. Nach der Geburt des World Wide Web im Jahr 1995 versprachen die Anwerber von al-Qaida jungen Männern spirituelle Führung und Vergebung ihrer sexuellen Sünden. Sich frei zugängliches pornografisches Material anzusehen, so ihr Argument, sei nur eines der Beispiele dafür, wie der Westen ihre Werte aushöhle. In dem Buch *Hacking ISIS* schreiben Malcolm Nance, Fachmann für Terrorismusbekämpfung, und Chris Sampson, Experte für Internetsicherheit: »Jeweils einer bis zwei von hundert Jungs, die Pornhub.com schauten, ließen sich in ihre Reihen rekrutieren«. Dass sich diese jungen Mitglieder in der Welt des Netzes sicher bewegten, war für die dschihadistischen Organisationen ein willkommenes Surplus. Ironischerweise hatten die Jungs ihre Cyber-Beschlagenheit oft durch ihren obsessiven Konsum von Netz-Pornografie und Online-Games erlangt.

»Okay, einige von euch wollten mehr wissen über Techniken, Geräte zu hacken«, schreibt Mahed. Zu den gebräuchlichsten Hacking-Techniken, so erklärt er, gehörten SQL-Injections. Indem man einen Code in ein System einschleust, bekommt man Kontrolle über eine Datenbank. Und dann kann man Daten stehlen oder bearbeiten – oder die Datenbank ganz zerstören. Unsere Lehrer stellen den Screenshot einer Datenbank online und erklären, man könne dieses System ohne größere Probleme dazu bringen, persönliche und finanzielle Daten seiner User auszuspucken wie den vollen Namen, die Adresse, die E-Mail-Adresse, die Kreditkartennummer, Gültigkeitsdauer und Kartenprüfnummer.

Einige Tage später, an einem frostig kalten Montag im November 2017, verschütte ich heißen Kaffee über meiner Laptoptastatur, als ich über die Website der *International Business Times* scrolle. Eine der Schlagzeilen lautet: »IS-nahe Hacker verschaffen sich Zugang zu den Websites von 800 US-Schulen und platzieren Saddam-Hussein-Fotos sowie die Botschaft ›I love Islamic State‹«. Betroffen waren die Webseiten von Schulen in Arizona, Connecticut, Virginia und New Jersey. Eine IS-Unterstützer-Gruppe mit dem angeblichen Namen ›Team System DZ‹ bekannte sich zu den Cyberattacken. In dem Artikel stand, das »FBI versucht noch festzustellen, wer hinter dem Hack stand«.

SchoolDesk, der Host der betroffenen Webseiten, spekulierte in einer öffentlichen Erklärung, der Angriff könne eine SQL-Injection gewesen sein:

Unsere Techniker haben herausgefunden, dass in das Stammverzeichnis einer der SchoolDesk-Webseiten eine kleine Datei eingeschleust wurde, die annähernd 800 Schul- und Verwaltungswebseiten zu einer iFrame-Youtube-Seite umgeleitet hat, auf der sich eine arabischsprachige Audiobotschaft, ein unbekannter Schriftzug und ein Bild von Saddam Hussein befanden.

Wenige Tage später wird von derselben Gruppe die Webseite der Polizei der kanadischen Stadt Prince Albert gehackt. Alle, die diese Webseite an jenem Vormittag aufrufen, stoßen auf eine IS-Flagge und folgende Botschaft: »Hacked by Team System DZ. I love Islamic State.«

Zurück in der ›MuslimTec‹-Gruppe, hat Bayyi inzwischen Fotos von den gehackten Websites geteilt, auf denen für mehrere Stunden IS-Werbevideos gelaufen waren. »Es werden noch mehr gehackte Websites werden«, schreibt er. »Vielleicht kommt als Nächstes nicht eine Schule, sondern ein Kraftwerk?«, fügt Mahed hinzu. »Dunkelheit über den Gebieten der *dar al-kufr*.« Dann teilt er den SSL-Schlüssel der Stadtwerke Borken, einem deutschen Stromanbieter.

Die Gruppe zu Recherchezwecken noch länger lediglich zu beobachten, ist jetzt keine Option mehr. Ich kontaktiere das FBI und schicke gleich einen Abriss meiner Beobachtungen auf ›MuslimTec‹ mit. Die Schul-Hacks waren ein Beispiel für so genannte ›Capture the Flag‹-Operationen. Das ist nichts allzu Raffiniertes, stört aber die Abläufe von öffentlichen Einrichtungen massiv, stellt für privatwirtschaftliche Unternehmen eine erhebliche finanzielle Belastung dar, generiert weltweite Aufmerksamkeit und terrorisiert vor allem Tausende von Familien. Das eigene Kind auf eine Schule zu schicken, die gerade erst vom IS gehackt worden ist, macht einem doch ein etwas mulmiges Gefühl.

Mikko Hyppönen, Forschungsleiter beim finnischen Unternehmen F-Secure, warnte schon 2015: »Der Islamische Staat ist die erste extremistische Gruppierung, die glaubhaft über die Möglichkeiten zu Cyberangriffen verfügt.« Al-Qaida hatte damals gerade versucht, arabische Mitglieder des Anonymous-

Kollektivs abzuwerben, scheiterte aber an seinen wenig ausdifferenzierten Anforderungen. Die meisten ernstzunehmenden Hacker beschreiben Gruppen wie die ›AQ Electronic Jihad Organisation (Tanzim Al Qaedat al-Jihad al-Electroniya)‹ und das ›Holy War Hackers Team (Team Al-Hackers Al-Mujahidin)‹ als Amateure, die bestenfalls »Cyber-Graffiti« zustande brächten.

Das Problem ist: Bei Terrorismus geht es nie um echte Skills, sondern immer um die Außenwahrnehmung angeblicher Fähigkeiten und damit um die Macht, Angst und Schrecken zu verbreiten.

»Operation ›False Flag‹ oder: Wie wir die Medien getrollt haben!«, verkündet Mahed im Dezember 2018. »Wir haben beschlossen, uns an den dummen Kuffar-Medien zu rächen, indem wir aus einem allseits bekannten Tool namens ›SuperScan‹ via Photoshop eine Dschihad-Zauberwaffe gemacht haben. Und wie zu erwarten, haben uns die üblichen dämlichen Trolle unsere Geschichte abgekauft.« ›SuperScan‹ ist eine von Systemadministratoren und Crackern benutzte Software, über die sich herausfinden lässt, wie gut ein Computer geschützt ist.

Die MuslimTec-Mitglieder feiern, als Mark van den Berg, ein selbsternannter »antidschihadistischer Blogger«, in einem Beitrag davor warnt, dass die neue »gefährliche« Waffe in den Niederlanden zum Einsatz kommen könnte. Auf diese Art, so schreibt der MuslimTec-Administrator, sei es »ganz einfach, Leute dazu zu bringen, sich mit fiktiven Problemen zu beschäftigen, sie auf die falsche Fährte zu locken und zur Auseinandersetzung mit absolutem Quatsch zu bewegen!« Er behauptet, van den Berg und andere Journalisten hätten sämtliche Hinweise ignoriert, dass das Tool in Wahrheit nur eine Fake-Geschichte gewesen sei. »Einfach irgendwelches Zeug, das nicht DEN GERINGSTEN Sinn machte«, schreibt Mahed und teilt ein Koranzitat:

»[Quran 15:15] …sie würden gewiss sagen: ›Nur unsere Blicke sind benommen; wahrlich, man hat uns nur etwas vorgegaukelt.‹«

In einer wilden Mischung aus theologischen Bezugnahmen und Troll-Sprache macht sich der Dschihadist anschließend über die Medien lustig, die den MuslimTec-Code, den er im Hash der vorgeblichen Cyberwaffe versteckt hatte, nicht entdeckt haben:

mU5limVFdWa2FXRWdkSEp2Ykd4bFpDQmllU0JOZF-
hOc2FXMVVaV01otEc

»Seht ihr's?«, fragt Mahed in die Runde.

mU5lim VFdWa2FXRWdkSEp2Ykd4bFpDQmllU0JOZF-
hOc2FXMVVaV01o *tEc*

Ich nehme die Worte ›mU5lim‹ und ›tEc‹ aus dem Hash raus, gebe die verbleibende Kombination aus Zahlen und Buchstaben in ein einfaches Entschlüsselungsprogramm namens base64 ein und erhalte einen neuen Hash:

TWVkaWEgdHJvbGxlZCBieSBNdXNsaW1UZWMh

Ich wiederhole den Vorgang mit dem neuen von base64 generierten Hash. Jetzt stehen auf meinem Monitor die Worte:

»Media trolled by MuslimTec!«

Ein anderer, noch einfacherer Weg, um dem Hoax auf die Spur zu kommen, wäre gewesen, eine Rückwärts-Bildersuche mit dem Foto durchzuführen, das die Dschihadisten ins Netz gestellt hatten. Es war nämlich ein mit Photoshop bearbeitetes Google-Bild des existierenden Programms ›Super-Scan‹.

Mahed amüsiert sich immer noch darüber, dass die Journalisten sich nicht die Mühe gemacht haben, die Glaubwürdigkeit der angeblichen Dschihad-Zauberwaffe zu überprüfen: »Ihr habt mal wieder unter Beweis gestellt, dass ihr nicht mit uns mithalten könnt«, schreibt er. »Wir werden euch nicht unterschätzen, aber mit dem heutigen Tag wisst ihr, dass ihr auch uns nicht unterschätzen solltet!«

Ich frage mich so langsam, ob Mahed die Wirkung solcher False-Flag-Gags nicht doch ein wenig überschätzt. Als hätte er meine Gedanken gelesen, dirigiert er die Unterhaltung in eine andere Richtung, feiert nicht länger seine Trolling-Skills ab, sondern spricht die eigentlichen Hacking-Kenntnisse der Gruppe an:

»Gibt es Programme, die wir selbst geschrieben haben?«, fragt er und antwortet, noch bevor jemand anderes das tun kann: »JA. Und sind wir in der Lage, Chaos zu verursachen? JA. Und werden wir euch, wenn wir das tun, vorher informieren? NEIN.«

Zum Hacken braucht man oft keine besonders tiefreichenden Kenntnisse. Im Frühjahr 2019 gelang es dschihadistischen Hackern, einen zehn Jahre alten Twitter-Bug auszuschlachten, um nicht mehr aktiv genutzte Accounts zu kapern und IS-Propaganda zu verbreiten. Zu diesem Zeitpunkt hatte Twitter eigentlich längst neue Prozesse eingeführt, die automatisierte Spam-Accounts löschen sollten. Sehr viele Accounts waren von dieser Maßnahme betroffen: Twitter gab bekannt, allein im Mai 2018 jede Woche 9,9 Millionen solcher Accounts identifiziert und aktiv beseitigt zu haben. Und trotzdem war es möglich, inaktive Accounts über die Wiederherstellung der E-Mail-Adressen, mit denen sie ursprünglich angemeldet wurden, zu reaktivieren.

GenKnoxx kennt die Hackerwelt seit den frühen 2000er Jahren. Zum ersten Mal habe ich sie im Januar 2017 im hinteren Raum eines Thai-Restaurants in Washington D. C. getroffen. Selten sind mir meine eigenen geschlechtsbezogenen Vorurteile derart bewusst geworden wie in dem Moment, als mich in diesem versteckt liegenden Lokal eine Frau mit kurzen braunen Haaren und einem Cocktail in der Hand erwartete. Sie also war es gewesen, die mich seit über einem Jahr einwies in Hacking und Internetsicherheit und mir IS-Telegram-Links schickte? Ganz zu Anfang schon hatte sie mir gesagt: »Egal was du machst: Stell niemals einen Zusammenhang her zwischen meiner realen und meiner virtuellen Identität.« Ihr Brotjob bei der US-Regierung, in dem sie in Fälschungsangelegenheiten ermittelt, war schon alles andere als langweilig, aber ihr Nachtjob war fast noch aufregender.

»Der IS würde mich umbringen wollen, wenn die wüssten, wer ich bin«, erklärt sie ein halbes Jahr später bei einem Treffen in einem kleinen Pub in der Nähe der Victoria Station in London. Sie ist gerade von ihrer fünften DefCon zurückgekommen, der weltweit größten Hacker-Konferenz, die jedes Jahr in Las Vegas stattfindet. Sie trägt einen weißen Kapuzenpulli und hat die Nägel schwarz lackiert; an ihrer lilafarbenen Tasche baumelt ein kleiner Gorilla. Im August 2018 schwor das ›Cyber Caliphate‹, die hinter der Kampagne gegen IS-Propaganda-Websites stehenden Hacker des Anonymous-Kollektivs umzubringen. Via Photoshop montierten die Netz-Dschihadisten Guy-Fawkes-Masken, mit denen Mitglieder des Kollektivs häufig auftreten, auf orangefarbene Overalls – als Bezugnahme auf die Guantanamo-Uniform für IS-Gefängnisinsassen, und sprachen folgende Warnung aus:

> Eine Botschaft an die Anonymous-Organisation: Ihr seid es, die den Krieg gegen uns begonnen habt. Geht also davon aus, dass ihr Schaden nehmen werdet. Ihr seid die Feinde Allahs. Also sterbt in eurem Zorn, ihr und alle, die euch gegen uns aufgestachelt haben. Ihr wisst sehr gut, dass euer stärkster Arm längst zu uns übergelaufen ist.

Als GenKnoxx sich erstmals an den Telegram-Gründer Pawel Durow wandte, um ihm mitzuteilen, dass seine App voller IS-Propaganda- und -Kommunikationskanäle ist, antwortete er ihr umgehend. Die ersten paar Tausend Löschungen geschahen aufgrund ihres unermüdlichen Bemühens, immer weitere IS-Gruppen ausfindig zu machen. »Ich bin ein Early Adopter«, sagt sie über sich. »Ich konnte nicht warten, bis Regierung und Sicherheitsbehörden aktiv wurden. Die sind einfach zu langsam.« Als es immer mehr IS-Kommunikationskanäle wurden, sah Pawel Durow sich mit immer lauter werdender Kritik konfrontiert. Auf die Frage »Können Sie in dem Wissen, dass Terroristen Ihre Plattform nutzen, nachts gut schlafen?« antwortete Pawel Durow 2015, dass »(...) unsere Privatsphäre und unser Recht auf ebendiese letztendlich wichtiger sind als unsere Angst davor, dass etwas Schlimmes passiert, Terrorismus zum Beispiel«.

Während langer Nächte legte GenKnoxx verschiedene Datenbanken an, um sämtliche Links zu dschihadistischen Telegram-Kanälen zu sammeln und sie nach Themen und jeweiliger terroristischer Gruppierung zu sortieren. »In dieser Branche bekommst du weder Geld noch Anerkennung«, klagt sie mir gegenüber. »Wenn ich Glück habe, bekomme ich mal einen Link zu einem Artikel, der erst mit meinen Informationen geschrieben werden konnte.« Im Normalfall tun die Besten es aber auch nicht aus finanziellen Gründen, sondern aus Spaß.

»Apropos Spaß: Weißt du, was ISISChan ist?« Als ich den Kopf schüttelte, lacht sie: »Mensch, du bist wirklich nicht auf dem Laufenden! #ISISChan ist ein Internet-Mem, das in Japan seinen Anfang genommen hat – eine Gruppe hat die grundlegenden Kriterien festgelegt, dann durften alle eigene Meme daraus machen.« Im Januar 2015 hatte ein Nutzer des japanischen Textboards Channel2 die Idee, den IS zu ›Google-bomben‹: Jede Google-Suche nach IS-Propaganda sollte als Ergebnis lustige Meme zeigen, die die Terroristen der Lächerlichkeit preisgeben. »Machen wir aus dem IS doch ein niedliches Anime-Mädchen und schicken es ihnen«, schlug ein User damals vor. Dieses Anime-Mädchen, gekleidet in voller Dschihad-Braut-Montur, hat ein Messer in der einen und eine Melone in der anderen Hand. Die Unterzeile lautet: »Messer sind zum Melonen schneiden da.« GenKnoxx entdeckte das Mem ein paar Monate nach seiner Entstehung und half mit, es in ihrer englischsprachigen Version zu verbreiten. »Bei dem Mädchen geht es darum, dem IS die Reißzähne zu ziehen, indem man ihn dumm dastehen lässt.« Momentan jagt GenKnoxx jedoch keine Dschihadisten und Nazis im Netz, sondern verbringt ihre Freizeit damit, Pokémons zu fangen. Sehr wenige andere Menschen können wohl von sich behaupten, einen Burnout zu haben vom IS-Trollen.

Wenige Stunden später bin ich mit GenKnoxx und einigen DefCon-Teilnehmerinnen und -Teilnehmern im Black Heart, einem gut besuchten Pub in Camden. »Dieses Wochenende finde ich raus, wie ich den Daily Stormer ›qwnen‹ kann«, ruft eine von ihnen über das laute After-Work-Geschnatter hinweg, während wir auf den angekündigten Auftritt einer Rockband warten. Aus Gründen, die ich erst langsam zu verstehen beginne, sprechen sie sich auch untereinander alle nur mit Pseudonym an.

Genau wie das Trollen ist auch das Hacken nicht per se schlecht oder böse. Hacken kann schlicht bedeuten, ›an Geräten oder Prozessen eine unübliche oder improvisierte Veränderung vorzunehmen‹. Die White-Hat-Hacker der französischen Gruppe Le Loop oder das von San Francisco aus operierende Sicherheitsnetzwerk HackerOne zum Beispiel testen Computersysteme und nehmen ›ethische Hacks‹ vor. Hacking ist nicht nur eine Handlung, sondern vor allem eine Haltung: Es bedeutet, jedes Ding in seinem Umfeld in Frage zu stellen. »Man kann alles Mögliche hacken – und man sollte auch alles hacken, weil alles immer besser gemacht werden kann«, hat Mitch Altman, der berühmte Hacker und Erfinder aus San Francisco mal gesagt. »Nicht nur die Technik, sondern auch das Essen, die Kunst und das Handwerk, die Musik, Fotografie, Videos, Software und die Wissenschaft, auch uns selbst. Wir können die Gesellschaft und sogar die Erde hacken – die Erde kann Verbesserungen ganz sicher gebrauchen.«

»Die internationale Hacker-Szene ist eine kleine Welt«, sagt mir GenKnoxx. Laut ihrer Aussage gibt es weltweit nicht mehr als 200 wirklich kompetente Hacker, also Leute, die in der Lage sind, entscheidende Infrastrukturen zu hacken.

»Und ich würde sagen, dass auch von denen nur zwei Dutzend richtig gefährlich sind, also so gefährlich, dass niemand sich gegen sie zur Wehr setzen kann«, fährt sie fort. »Die coden schneller, als du lesen kannst. Wir sprechen hier von jungen Leuten, die vor dem Computer sitzen, seit sie sechs sind.« GenKnoxx hält inne, nimmt einen Schluck von ihrem Bier und entsperrt ihr Telefon. Als der Bildschirm aufleuchtet, spricht sie weiter: »Die sehen es einfach. Die können jede x-beliebige Website aufrufen oder irgendein Programm öffnen, scrollen dann einfach nur runter, ziemlich schnell, du siehst, wie ihre Augen sich hin und her bewegen, dann entdecken sie das Schlupfloch, und dann ist es plötzlich schon passiert.«

Die Südkoreaner bilden Spitzenhacker aus, sagt sie, die Nordkoreaner auch, aber ganz so gut sind die nicht. Die Chinesen sind auch ganz vorne mit dabei, die Russen geben alles, erreichen aber kein wirklich vergleichbares Niveau. Die Israelis sind bei der Verteidigung die Besten. Sie haben einige der stabilsten, widerstandsfähigsten Computersysteme, ihre Schutzmechanismen sind auf dem neuesten Stand. Aber auch die besten Abwehrmechanismen bieten keinen vollständigen Schutz vor Hackern. »Die Leute haben oft das Bild, dass man rund um eine gefährdete Infrastruktur nur eine Mauer zu bauen braucht«, sagt GenKnoxx. Maßnahmen zur Cybersicherheit vergleicht sie daher eher mit ein paar Gesteinsbrocken als mit einer ganzen, fest gefügten Mauer: Es bleiben immer Lücken zwischen den Brocken. Um die einzelnen Steine zu umgehen und zu dem wertvollen Ding in der Mitte zu gelangen, braucht man die richtige Ausrüstung und muss den Weg dorthin kennen, aber hineinkommen kann theoretisch jeder und jede. »Hundertprozentige Netz- und Informationssicherheit wird es nie geben.« Das geben sogar die Israelis zu.

Am Stadtrand der israelischen Stadt Ra'anana betrete ich den Unternehmenssitz von Cyberbit, einer der weltweit führenden Firmen für Internetsicherheit. Dort erklärt mir der für Europa, den Nahen Osten und Nordafrika zuständige stellvertretende Generaldirektor: »Bis ein Hackerangriff erkannt wird, dauert es im Durchschnitt 206 Tage. Eine solche Attacke dann wieder in den Griff zu bekommen, dauert durchschnittlich 69 Tage und kostet 3,8 Millionen Dollar.« Bevor er zu Cyberbit kam, war Yochai Corem Offizier beim israelischen Militärgeheimdienst. »Wenn man sich vor Cyberangriffen schützen will, braucht man eine widerstandsfähige Infrastruktur, das ist mit Abstand das Wichtigste«, sagt er mir. Und: »Staatliche Akteure sind gefährlicher als nichtstaatliche Akteure wie Terroristen. Einzige Ausnahme natürlich: nichtstaatliche Akteure, die von staatlichen Akteuren unterstützt werden.« Und gerade diese staatlich unterstützten nichtstaatlichen Hacker sind es, die ständig kreativer werden. Im Juli 2018 entwickelte die Hamas eine gefakte Dating-App und infizierte Geräte von Hunderten israelischer Soldaten mit Schadsoftware, die in den gestohlenen Profilen junger Frauen versteckt worden war. In der so genannten ›Operation Broken Heart‹ verhinderte der israelische Geheimdienst zwar, dass diese Honigfalle wirklich erfolgreich war, aber allein die Tatsache, dass diese App existierte, machte neue, durch Identitätsdiebstahl und Hacking verursachte Gefahren überdeutlich.

Im Laufe der letzten Jahre haben mehrere Hacks demonstriert, wie leicht es ist, die Anfälligkeit von schlecht aufgestellter Infrastruktur auszunutzen. Auf den Massenhack im Deutschen Bundestag im Jahr 2015 folgten die gehackten E-Mails von Hillary Clintons Wahlkampfmanager John Podesta im Vorfeld der US-Wahl 2016 und die Macron-Daten-Leaks vor der französischen Präsidentschaftswahl 2017. 2017 gab es dann den WannaCry-Phishing-Vorfall, der weltweit mehr als 230 000 Computer mit einem relativ einfachen Malware-Kryptowurm verseuchte. Ziele von großem öffentlichen Interesse waren außerdem staatliche Versorgungsbetriebe wie das britische National Healthcare System und die Deutsche Bahn bis hin zu russischen Regierungsbehörden und großen internationalen Konzernen wie der französische Autohersteller Renault und das US-amerikanische Logistikunternehmen FedEx. Ironischerweise wurde der 22-jährige Marcus Hutchins wenige Monate nachdem er die WannaCry-Epidemie gestoppt hatte (indem er schlicht ihre Webdomain registrierte), auf seinem Rückflug von der DefCon-Konferenz verhaftet, weil er den Banken-Trojaner Kronos entwickelt hatte, der ebenfalls massenhaft Kundendaten gehackt hatte.

Was Sicherheitsexperten angesichts des möglichen Spektrums von Cyberkriegsführung am meisten Sorgen bereitet, sind Chemiestandorte und weitere Industrieinfrastrukturen, wo große Mengen an Gefahrenstoffen verarbeitet, gelagert oder transportiert werden. GenKnoxx sagt: »Aber auch ein paar Dutzend Websites auf einen Schlag lahmzulegen kann ganz schön was lostreten.« Die weiteren Schritte ergeben sich dann von allein: Kommunikationsflüsse abhören und Daten abschöpfen, Überwachungskameras oder bei Wahlen eingesetzte Computersysteme hacken – all das können heutzutage schon Teenager. Emmett Brewer war elf, als er bei der DefCon im August 2018 eine nachgebaute Wahl-Website des US-Bundesstaats Florida in weniger als zehn Minuten hackte. Er gehörte zu den insgesamt 50 Kindern und Jugendlichen zwischen 8 und 16 Jahren, denen es gelang, die Seite zu hacken. Im Nachgang der Hacks sahen sich die Secretaries of State zu einer Reaktion genötigt und gaben folgendes Statement ab:

> Wir können dem Vorsatz der DefCon-Teilnehmer, Schwachstellen in bei Wahlen eingesetzten Computersystemen ausfindig zu machen und zu melden, nur Beifall spenden, sehen es aber dennoch als geboten an, darauf hinzuweisen, dass die US-Bundesstaaten mit ihren eigenen Informationstechnologie-Teams ebenfalls hart daran gearbeitet haben [...] Unsere größten Bedenken hinsichtlich des DefCon-Ansatzes sind, dass hier eine Pseudo-Umgebung zum Einsatz kam, die in keiner Weise staatliche Wahlsysteme, Netzwerke oder physisch ergriffene Sicherheitsmaßnahmen abbildet. Den Teilnehmerinnen und Teilnehmern der Konferenz unbegrenzten physischen Zugang zu Wahlmaschinen zu geben – von denen die meisten längst nicht mehr in Gebrauch sind –, bildet die physischen und digitalen Sicherheitsmaßnahmen, die Staat und Kommunalverwaltungen vor und am Wahltag ergriffen haben, nicht exakt ab.

2018 warnte das International Institute for Counter-Terrorism in Herzliya, islamistische Cyberterroristen seien dabei, sich besser aufzustellen und Hacker anzuwerben. Die neu umorganisierte Hackergruppe United Cyber Caliphate hat sogar eine Gruppe weiblicher Hacker ausgebildet. Diese Gruppe konzentrierte sich zunächst auf Accounts in sozialen Netzwerken, bevor sie zu Cyberangriffen auf Bildungseinrichtungen und sensible Infrastrukturen überging.

Aber manche im Namen des IS ausgeführte Hacks könnten auch False Flags, also nur angeblich gefährliche Aktionen gewesen sein. Als Angela Ricketts am Morgen des 10. Februar 2015 auf Facebook ging, stieß sie auf eine Nachricht, die angeblich der IS an sie verschickt hatte: »Liebe Angela! Wir wünschen dir einen blutigen Valentinstag! Wir wissen alles über dich, deinen Ehemann und deine Kinder. Wir sind viel näher, als du dir vorstellen kannst.« Sie war eine von fünf US-Soldatenfrauen, die vom Cyber Caliphate Drohbotschaften erhalten hatten. 2018 berichtete Associated Press dann allerdings, man habe Verbindungen entdeckt zwischen dem Cyber Caliphate und unter den Aliassen ›Fancy Bear‹ und ›APT 28‹ operierenden russischen Hackern – derselben Gruppe, die in Zusammenhang stand mit den geleakten E-Mails von John Podesta. »Ich wäre nie darauf gekommen, dass das die Russen waren«, sagte Angela Ricketts über die Enthüllungen.

Die Anonymität im Internet macht es möglich, dass prinzipiell jeder jeden trollen und einige wenige sehr einfach sehr viele terrorisieren können. Um diese Macht auszuüben, muss man nicht reich sein, keinen besonders großen Einfluss haben oder ausnehmend gebildet sein – eine Internetverbindung reicht schon. Wenn die Grenzen zwischen Trolling und Terror verwischen, können sich Russen oder Antidschihadisten als IS ausgeben, und der IS selbst kann Hacks vortäuschen. Wie ernst – oder weniger ernst – jeder Hack auch sein mag: Nachhaltigen Schaden anrichten kann er in jedem Fall. Schon kleinere, politisch motivierte, aber scherzhaft gemeinte Medienstunts können die Kollektivpsyche schon stark beeinflussen. Letzten Endes sind nämlich nicht die technischen Infrastrukturen am anfälligsten für Hacking-Operationen, sondern unsere Köpfe.

Black Hats: In Weevs Hacker-Armee

Im März 2016 spuckten Drucker überall in den USA plötzlich Blätter mit Hakenkreuzen aus. Studierende von der University of California bis nach Princeton fanden diese Blätter, auf denen außerdem stand:

WEISSER MANN HAST DU NICHT AUCH DIE SCHNAUZE VOLL DAVON DASS JUDEN DURCH MASSENEINWANDERUNG UND ENTARTUNG DEIN LAND ZERSTÖREN? SCHLIESS DICH UNS BEIM DAILY STORMER AN IM KAMPF FÜR WELTWEITE VORHERRSCHAFT DES WEISSEN MANNES.

Ed Wiebe, Wissenschaftler an der University of Victoria in Kanada, twitterte: »Ich kann nicht glauben, was da gerade aus dem Drucker kam. Wir müssen das Ding vom Netz nehmen. #racist #garbage«.

Der Mann hinter dem Hack, Andrew Auernheimer alias Weev, beschreibt sich selbst als einen »Hacker und Troll mit einem gerechtfertigten internationalen Ruf«. Ganz ähnlich wie die IS-Hacker suchte er über Shodan nach ungeschützten Geräten an US-amerikanischen Universitäten. ›Capture the Flag‹- und DOS-Operationen erfreuen sich nicht nur bei Dschihadisten großer Beliebtheit, sondern gehören auch zu den Lieblingstaktiken der Alt-Right. Für die meisten dieser Hacktivismen hatte das Anonymous-Kollektiv eine Vorreiterrolle inne, dessen Motto schlicht war: Es gibt keine Regeln, nur das eine Ziel: Komm auf bessere Ideen als dein Gegner, sei schlauer als dein Gegner, hacke besser als dein Gegner.

Als sich immer mehr Anonymous-Mitglieder politisierten und radikalisierten, wurden manche zu Dschihadisten, TriCk zum Beispiel, andere dagegen wandten sich dem weißen Nationalismus zu.

Weevs Blogbeitrag »Warum Hacker Nationalisten werden müssen« ruft die Hacker-Gemeinde dazu auf, sich mit den Rechtsextremen zu verbünden. Irgendwann mal hatte seine Video- und Podcast-Reihe ›iProphet‹ allwöchentlich Zehntausende Abonnenten. Es kursiert auch folgendes Zitat von ihm: »Ich will alle raushaben aus dem Internet. Blogger sind Abschaum. Sie müssen vernichtet werden. Bloggen führt dazu, dass ein Haufen Vollidioten sich einbildet, irgendwie mitmachen zu dürfen [...] Wir müssen diese Leute in den Ofen stecken!«

2009 hackte Weev Amazon und löschte zeitweise sämtliche schwul-lesbischen Liebesromane aus dem Online-Shop, was den Aktienwert des Unternehmens um eine Milliarde Dollar einbrechen ließ. Der Black-Hat-Hacker gab an, ein Script geschrieben zu haben, das es ihm möglich gemacht habe, sämtliche Bücher mit schwul-lesbischen Themen ausfindig zu machen. Daraufhin habe er unsichtbare iFrames verwendet, über die im Normalfall Werbung auf Webseiten platziert wird, und die Beschwerde-Funktion auf der Amazon-Website exploitet. Was dann wiederum dazu geführt habe, »dass massenhaft Besucher der Website schwule und lesbische Sachen als ›unangemessen‹ gemeldet haben, ohne es zu merken«. Kurz nach dem Vorfall brach auf Twitter die #amazonfail-Kampagne los, Boykottaufrufe wurden laut.

Ein Jahr danach waren Weev und seine Firma Goatse Security an einem noch folgenreicheren Hack beteiligt: Er nutzte eine Sicherheitslücke auf den AT&T-Servern, um an private Daten hunderttausender iPad-Besitzer zu kommen. Daraufhin reichte Weev die E-Mail-Adressen unzähliger Top-Manager und hoher Verwaltungsangestellter an einen Journalisten des US-Blogs Gawker weiter, darunter die von New Yorks Bürgermeister Michael Bloomberg und von Rahm Emanuel, dem ehemaligen Stabschef des Weißen Hauses. Dieses Mal bekam er ernsthafte Schwierigkeiten: Das FBI ordnete eine Hausdurchsuchung an und verhaftete ihn wenig später in seinem Haus in Arkansas, wo auch Kokain, LSD, Ecstasy und verschreibungspflichtige Medikamente gefunden wurden.

Der Hacker wurde schuldig gesprochen und zu dreieinhalb Jahren Gefängnis wegen Identitätsraubs und Hacker-Aktivitäten verurteilt. Am Tag vor der Urteilsverkündung im Jahr 2013 postete er auf Reddit: »Ich bereue es, dass ich so nett war und AT&T die Chance gegeben habe, den Fehler zu beheben, bevor ich die Daten an Gawker weitergegeben habe. Beim nächsten Mal werde ich nicht annähernd so nett sein.« Als das Revisionsgericht ein Jahr später das Urteil aufhob und er aus dem Gefängnis entlassen wurde, wurde er ›Technischer Direktor‹ beim Daily Stormer. Sein erster Artikel mit der Überschrift »Was ich während meiner Zeit im Gefängnis gelernt habe« war mit einem Bild von seiner entblößten Brust garniert, auf der ein Hakenkreuz-Tattoo prangte.

Weev verschlug es schließlich nach Transnistrien, einer von den Russen unterstützten abtrünnigen Region in Moldawien an der Grenze zur Ukraine. Er verkaufte seine Geschichte folgendermaßen:

Das FBI hat mich als Terrorist verleumdet. Deswegen habe ich meinen Job verloren und werde auch nie wieder einen bekommen. Trotzdem habe ich nicht geschwiegen, sondern weiter den Finger in die Wunden des ZOG gelegt. Deshalb wurde ich im Juni 2011 als Vergeltung für meine rechtmäßige politische Meinungsäußerung entführt, an eine ausländische Gerichtsbarkeit überstellt und fälschlich der Computerkriminalität angeklagt. Als ich nach einem kostspieligen Berufungsverfahren, das aus meinem Leben einen Trümmerhaufen gemacht hat, aus dem Gefängnis kam, habe ich als politischer Flüchtling die Vereinigten Staaten verlassen und bin seitdem ein von Crowdfunding abhängiger Blogger, der über ethnische Themen schreibt.

Dann ging es los mit den von ihm so bezeichneten »shutoffs«. Im Jahr 2014 war sein Account der erste, der jemals von der Crowdfunding-Plattform Patreon gesperrt wurde. Kurz darauf wurde auch sein Gratipay-Zugang gelöscht. Er behauptet, auch seine Bank- und Paypal-Konten sowie die ihm zustehenden Provisionen verloren zu haben. »Sie haben alles getan, um jede meiner möglichen Einkommensquellen zum Versiegen zu bringen«, so schrieb er. In einem seiner Livestream-AMAs (›Ask Me Anything‹), dem ich beiwohnte, erzählte er uns, er sei der »am meisten zensierte Mann auf der ganzen Welt«.

Tatsächlich gibt es nur wenige Orte im Oberflächen-Web, an denen für Weev kein Zutrittsverbot gilt. Sogar Gab löschte seinen Account, nachdem er wiederholt zur Gewalt gegen Juden und Schwarze aufrufende Tweets abgesetzt bzw. ›gegabbt‹ hatte: »Juden halten das gesamte Internet im Würgegriff. Ich glaube, wir werden erst dann eine gewisse Art von Meinungsfreiheit haben, wenn jemand ihnen eine Lektion erteilt.«

Aber egal, wo der Hacker sich aufhielt: Er schaffte es immer wieder, seine medialen Stunts zu inszenieren und sich seine Finanzierung zu sichern. Eine Zeitlang sammelte er Geld auf der Alt-Right-Crowdfunding-Plattform Hatreon, wo er seine Aktivitäten bewarb als »faschistische Polemik, Trollereien, Hacks, Lyriklesungen, lulz«. 2018 bekam er von 49 Spendern eine durchschnittliche Unterstützung von jeweils 532 US-Dollar. Was wiederum bedeutet, dass er allein über Hatreon um die 25000 Dollar verdiente. Als der Daily Stormer Ende 2017 seine .com-Domain verlor, wechselte der Hacker zu einem von dem Charlottesville-Organisatoren Christopher Cantwell betriebenen Podcast, wo er als Erstes »den Juden« die Schuld gab für die tödliche Eskalation in Charlottesville. »Wenn ihr uns nicht in Frieden anderer Meinung sein lasst, bleibt uns nichts anderes übrig, als euch umzubringen. Eure Kinder zu töten. Eure Familien zu ermorden.« Er hatte sogar vor, Nazis zur Beerdigung des Charlottesville-Opfers Heather Heyer zu schicken, und postete:

Bevor ich sterbe, will ich nichts anderes, als [Juden] auf dem Boden meines Heimatlandes in einer Grube des Leidens schreien sehen [...] Ich will keinen Reichtum. Ich will keine Macht. Ich will nur, dass ihre Töchter vor ihren Augen zu Tode gefoltert werden, und dann will ich lachen und ihnen ins Gesicht spucken, während sie schreien.

Aber Weev ist ein gebrochener, einsamer Mensch. Im Januar 2018 schrieb er, er habe täglich Heimweh nach Amerika. Er behauptet, zwar seine Rechnungen bezahlen und auch mal eine Frau aufreißen zu können, aber Alltagsrussisch nicht zu beherrschen, weswegen ihm echte Diskussionen wirklich fehlten. »Mein Leben ist verdammt hart«, schreibt er. »In den

Videos tue ich so, als ob mir das alles nichts ausmacht, schließlich habe ich die Pflicht, vor unserer Jugend stark zu wirken und niemals zu wanken, schließlich haben die Videos das größte Publikum, und ich will nicht, dass die jungen Leute denken, mein Leben im Exil sei völlig verzweifelt und mir ginge es schlecht, aber eigentlich ist es so. Ich bin verflucht einsam und finde es schrecklich.«

Ich will mehr wissen über Weev, seine Beweggründe und seine Inspirationsquellen. Nachdem ich im September 2018 in den Tiefen des Internets seine E-Mail-Adresse gefunden habe, fange ich an, ihm eine Nachricht zu schreiben. »Hi Weev«, schreibe ich, komme ins Stocken und fühle mich doch etwas lächerlich. Wie adressiert man einen Neonazi-Hacker? Und was schreibt man, wenn man nicht wie eine Journalistin klingen will? Wie so oft bei meinen Avataren, entscheide ich mich für die halbe Wahrheit – in meiner Nachricht stimmt also ungefähr jedes zweite Wort:

Ich bin eine patriotisch gesinnte Politaktivistin aus Südfrankreich und schreibe ein Buch über Sub- und Gegenkulturen, über Kriminalisierung und freie Meinungsäußerung. Ich habe deinen Blog verfolgt und würde dich gern interviewen. Hättest du Zeit, mit mir über Voice-Chat zu sprechen, auf Discord oder Viber?

Weil Namedropping ja meistens ganz gut funktioniert, schreibe ich noch dazu:

Ich habe Kontakt zu dem Youtuber Nikolai Alexander, weil ich etwas Ähnliches wie Reconquista Germanica in Frankreich aufziehen will (vielleicht hast du davon schon mal gehört).

Weev ist es längst gewöhnt, dass Journalisten, Geheimdienstler und antirassistische Aktivisten ihn dazu bringen wollen, seinen Aufenthaltsort zu verraten. Ich weiß, dass er sich nicht auf ein Telefongespräch einlassen wird, hoffe aber, dass er eine Alternative anbietet. Und das tut er. »Ich würde mich sehr gern mit dir unterhalten, aber leider gibt es keine guten Möglichkeiten für anonyme Internet-Telefonie, und ich kann einfach niemanden aus dem Netz einfach so eine später potenziell nutzbare Schiene zu einer VoIP-App geben.« Ich frage mich, ob er dieses Risiko auch bedacht hat, als er 2016 auf dem Anrufbeantworter einer Jüdin in Montana eine Nachricht hinterließ: Er bezeichnete sie als »verfluchte Kike-Hure« und sagte ihr, das sei jetzt hier »Trumps Amerika«. Weev schließt seine E-Mail mit: »Solltest du Fragen haben, beantworte ich sie dir gerne.«

Zunächst will ich mehr erfahren über seine Ansichten zum Trollen und Hacken. Sind diese Methoden für ihn wirksame politische Mittel oder macht er seine Kunststückchen nur zum Spaß oder aus Langeweile? Zu meiner Überraschung erzählt er mir, dass ihm Metapolitik und gegenkulturelle Bewegungen egal sind. Er mache sich keine Gedanken darüber, ob das, was er tue, funktioniere oder nicht. »Obwohl das, was meine Crew und ich tun, nach allen herkömmlichen Bewertungskriterien ziemlich eindeutig funktioniert – keine Ahnung, wie das bei dir ist.« Es mache ihm einfach »großen Spaß, Juden ans Bein zu pissen und im Internet Negerwitze zu reißen. Um mehr geht's mir nicht.« Und das wäre auch so, wenn es politisch keinerlei Wirkung hätte? »Sogar wenn es ein aussichtsloses Unterfangen wäre – ich würde es trotzdem machen«, schreibt er.

Er rät mir, seinen Freund Andrew Anglin zu kontaktieren, der »ein großer Alinsky-Leser« sei und »es persönlich schon zu enormem Erfolg gebracht hat«. Saul Alinsky, der US-Vater der Gemeinwesenarbeit und Autor des Buches *Rules for Radicals*, hat Ideen geliefert sowohl für den Wahlkampf von Barack Obama als auch den von Hillary Clinton, die wiederum ihre Schulabschlussarbeit über ihn geschrieben hat. Lange war dieser linke Vordenker des 20. Jahrhunderts bei der politischen Rechten verhasst, aber die Aktivisten der Alt-Right haben angefangen, sich ebenfalls seiner Taktiken zu bedienen – und tun das möglicherweise effektiver als die heutige politische Linke.

Weev teilt mir mit, er mache keine spekulativen Prophezeiungen für kommende Ereignisse, auf die er keinen Einfluss nehmen kann. Aber dass er auf den Wahlsieg und den fortgesetzten Erfolg von Donald J. Trump gesetzt habe, sei eine gute Entscheidung gewesen: »Ich habe so ein regelrechtes Bitcoin-Vermögen gemacht.« Er erklärt, er wickle den Großteil seiner Geschäfte in Bitcoin ab, einen kleineren Teil in Monero, was seiner Meinung nach in technischer Hinsicht eigentlich besser sei. Im Gegensatz zu Bitcoin sei Monero nämlich intransparent, weswegen Transaktionen nicht zurückverfolgt werden könnten. »Momentan nutzen es noch nicht so viele«, schreibt er, »aber ich gehe davon aus, dass sich das in Zukunft ändern wird.«

Weev erklärt dann, nicht von früheren gegenkulturellen Bewegungen inspiriert zu sein und auch selbst gar keine Gegenkultur aufbauen zu wollen. »Ich versuche, den Mainstream zu verändern.« Er glaubt, dass »es am Wichtigsten ist, sich anzusehen, wie frühere Diktatoren an die Macht gekommen sind, und sich die quantitativen Methoden der Marketing- und der Werbebranche draufzuschaffen, zum Beispiel multivariates Beproben und Entscheidungsmodellierung«.

Stark beeinflusst sieht er sich nur von Bewegungen aus der Hackerwelt: vom frühen Anonymous-Netzwerk, bevor es linksaktivistisch wurde und unterwandert von CIA und Gutmenschen-Aktivisten; auch das Phrack High Council, GOBBLES, GNAA, b4bo und Bantown nennt er als Inspirationsquellen. Um diese zu verstehen, müsse man aber technisch sehr bewandert sein. Weev fügt hinzu: »Ich würde außerdem sagen, Internetpolemik aus den späten Achtzigern und den frühen Neunzigern ist für mich von großer Relevanz.« Er glaube allerdings nicht, dass man wirklich etwas davon lernen kann, »denn heutige Polemik ist deutlich lehrreicher und ausgefeilter«.

Ich schreibe ihm, dass ich interessiert daran bin zu lernen, wie man hackt, und frage ihn nach ein paar Tipps. Offenbar bin ich nicht die Erste, die ihn das fragt. Er erklärt mir, es sei unmöglich, die Hacking-Kultur der 90er-Jahre noch bis in jede Tiefe kapieren zu wollen, denn die ganzen Communitys gäbe es so nicht mehr. Alles, was aus diesem Kontext noch an Datensätzen vorhanden sei, sei per se technischer Natur, sagt er. Laut Weev ist es eine schwierige Angelegenheit, ein echter Hacker zu werden. Die meisten müssten sich länger als zehn Jahre intensiv mit diesem Ziel beschäftigten. »Das macht man nicht einfach mal so aus einer Laune heraus.«

In seiner ›How To‹-Liste steht, welche Skills man sich als zukünftiger Hacker aneignen sollte:

- C lernen
- Ein kleines bisschen x86-Assembler lernen. Du musst nicht sofort Spitzenklasse sein, aber du solltest zumindest ungefähr wissen, wie der Scheiß funktioniert

- *Hacking: The Art of Exploitation* von Erickson durcharbeiten
- JavaScript lernen
- Die großen Exploit-Archive durchgehen. In den 1990ern anfangen. Sich alle Exploits ansehen. Sich klarmachen, wie sie funktioniert haben. Dann die Uhr langsam bis zur Jetztzeit vordrehen, damit du allmählich warm wirst mit den neueren Techniken der Ausnutzung von Sicherheitslücken.
- Richtig gut werden mit dem x86-Assembler, außerdem IDA Pro und OllyDbg lernen

Außer diesen technischen Fertigkeiten empfiehlt er noch eine ganze Reihe von Techniken zur Unterwanderung und zur Urkundenfälschung, um Sicherheitsschranken zu überwinden, die sich nicht mit Hacks alleine knacken lassen:

- Besorg dir einen Job, bei dem du anderen Mitarbeitern in Zukunft gut schaden kannst. Will sagen: Systemadministratoren-Zeug, Helpdesk-Zeug etc. Wenn du als Sysad bei einer Firma angestellt wirst, kommst du im Normalfall an alles ran, was bei dieser Firma abgeht. Wer sich in eine Schlüsselposition quatscht, braucht keine Zero-Day-Exploits, du kriegst die Schlüssel zu allem einfach so in die Hand gedrückt.
- Mit einem Job als privater Zielfahnder bei einem Inkasso-Unternehmen bekommst du Zugang zu Daten, die deinen Möglichkeiten, Einzelpersonen zu doxen, einen fetten Schub verpassen.
- Werde ein noch besserer Programmierer, indem du bei viel genutzten Opensource-Produkten total idiotische Anfragen zur Übernahme von Quellcode-Änderungen stellst, zum Bei-

spiel wegen der Reparatur eines total hervorstechenden Bugs oder eines wirklich dringend wünschenswerten Features. Besorg dir einen Job als Entwickler.

- Versuche dich in irgendeinen willkürlichen zugangsbeschränkten Bereich reinzuquatschen. Ruf völlig wahllos irgendwelche Service-Hotlines an und bring sie dazu, dass sie sensible Kundendaten rausrücken. Diese Fähigkeit ist extrem nützlich.
- Lerne, Schlösser zu knacken, und brich in Gebäude ein, zu denen du sowieso offiziell Zugang hast (ist also risikolos, falls du geschnappt wirst, gibt dir aber die Möglichkeit, im Feldversuch zu üben, durch verschlossene Türen zu kommen und dem Sicherheitsdienst aus dem Weg zu gehen).
- Trainiere häufig Urkundenfälschung, du brauchst dazu nur Photoshop und einen Copyshop.
- Lies Gedichte, vor allem Zeug aus dem 19. Jahrhundert und die richtig alten Epen, die Edda und andere Sagen. Klingt vielleicht seltsam, verschafft dir aber enorme Erkenntnisse darüber, wie man Menschen mit Sprache manipulieren kann.
- Aus dem gleichen Grund ist es durchaus sinnvoll, sich bei einer Werbeagentur, die multivariate Testverfahren durchführt, einen Job als Korrekturleser zu besorgen. Gilt genauso fürs Erlernen von Hypnose- und Kaltaquise-Techniken sowie diverse andere Sachen.

Während man technische Skills auch ganz für sich allein erlernen und üben kann, braucht man für den zweiten Schritt notwendigerweise eine ganze Hacker-Crew, die untereinander Verantwortlichkeiten abstimmt und Techniken und Erfolge teilt. Laut Weev benötigt man für manche Hackerangriffe – zum Beispiel einen komplexen Exploit von Speicherfehlern – viele Leute: Bei diesem Vorgehen machen sich Hacker Bugs im Speicher eines Computers zunutze, um Programme umzuschreiben oder einzelne Computer ganz unter ihre Kontrolle zu bekommen. »Von daher ist es wichtig, sich mit anderen zu verbünden und Hacker-Crews zu bilden«, schließt er. »Um richtig coolen Scheiß zu reißen, brauchst du viele Leute, die alle am gleichen Strang ziehen. Es muss ja zum Beispiel nur einer von euch einen Job als Zielfahnder bekommen, und schon hat eure ganze Crew Zugang zu krass geilen Datenbanken wie Accurint, auf die eigentlich nur Vollzugsbehörden und die Finanzindustrie Zugriff haben.«

Aber auch eine Einzelperson, ganz ohne engagierte Hacker-Crew im Hintergrund, kann schon eine ganze Menge anrichten. Man muss sich nur den Hack an Hunderten deutscher Politikerinnen und Politiker ansehen, deren Daten im Dezember 2018 an die Öffentlichkeit gelangten – angefangen bei Personalausweisen, Adressen und Bankdaten bis hin zu privaten Chatverläufen und persönlichen Fotos.

Es ist der 4. Januar 2019, als ich im Büro einen Anruf vom Leiter des deutschen Cyber-Abwehrzentrums im Bundesamt für Sicherheit in der Informationstechnik (BSI) bekomme: »Hallo, haben Sie mehr Informationen über die Hacks?« Ich leite ihm weitere Screenshots und Messages aus den Discord-Kanälen weiter, auf denen deutsche Hacker häufig unterwegs sind. Die Ermittlungen bezüglich der Identität des Täters laufen auf Hochtouren, der Druck, ihn so schnell wie möglich festzusetzen, ist immens. Im Laufe der nächsten Stunden ist der Hacking-Skandal in den internationalen Schlagzeilen. »Hackers Dump Data on Merkel, Politicians in Giant German Leak«, schreibt Bloomberg, die Schlagzeile der BBC lautet: »German politicians targeted in mass data attack«. Es ist Freitagnachmittag, und mich beschleicht das Gefühl, dass ich meine Wochenendpläne aufgeben darf.

Im November 2018 erhielt Eva von Angern einen Anruf von einem Kollegen, der sie informierte, merkwürdige E-Mails von ihr erhalten zu haben. Kurz darauf erhielt sie eine Push-Nachricht nach der anderen: Ihre Passwörter für Facebook, Instagram, Snapchat und Pinterest seien geändert worden. Allerdings saß die Abgeordnete der Linken gerade im Landtag von Sachsen-Anhalt für eine Podiumsdiskussion über Gewalt gegen Frauen. Als sie das Podium verließ und sich ihrem Handy widmete, konnte sie sich in keinen ihrer Social-Media-Accounts mehr einloggen. Ihr Facebook-Account fing an, gegen Migranten gerichtete Messages an ihre Facebook-Freunde zu verschicken, und ihr Amazon-Account tätigte auf eigene Faust einige Käufe: Mit den Daten ihrer Kreditkarte kaufte er ein antifaschistisches Handbuch, einen Drogentest und einen Plastikpenis.

Von Angern war nicht das erste Opfer des Hackers. Im Laufe des Jahres wurden die Accounts diverser deutscher Social-Media-Influencer angegriffen. Ihre einzige Gemeinsamkeit: Sie alle hatten offen Flüchtlinge unterstützt oder Kritik geäußert an der rechtsradikalen Internetkultur. Seinen spektakulärsten Social-Media-Coup hob sich der Hacker allerdings bis Dezember auf. Aufgemacht wie ein Adventskalender gab er jeden Tag private Informationen über einen seiner politischen Gegner an die Öffentlichkeit. Während Weihnachten näher rückte, wurden die betroffenen Personen immer prominenter. Hinter den ersten Türchen verbargen sich noch persönliche Daten und Dokumente von linken Youtubern, Politaktivisten und Journalisten, aber die letzten Türchen waren offenbar für hochrangigere Persönlichkeiten aus der Politik reserviert, darunter Angela Merkel und Bundespräsident Frank-Walter Steinmeier.

Manche Abgeordnete mussten erst die Schlagzeilen lesen, um zu bemerken, dass ihre Accounts gehackt worden waren. Alles in allem waren mindestens 993 ehemalige und noch aktive Politikerinnen und Politiker, 8000 E-Mails und 35000 Bilddokumente von den Leaks betroffen. Mitglieder sämtlicher im deutschen Bundestag vertretenen Parteien kamen in dem Adventskalender vor – mit einer Ausnahme: der AfD. Neben dem politischen Personal gehörten die linksliberale Presse und Social-Media-Influencer zu den Opfern des Hacks, z.B. die TV-Satireshow-Moderatoren Oliver Welke und Jan Böhmermann sowie die Youtuber Tarik Tesfu und Rayk Anders. Das Fehlen rechter Protagonisten war nicht der einzige Hinweis auf den politischen Hintergrund des Hackers.

O, jener Troll, der mich eingeführt hat in die Welt der deutschen Vlogger und Trolle, hilft mir dabei, aus den Online-Hacking-Spaces weitere Hinweise zusammenzutragen: »die einzige der weiß wer das mit tarik war bzw. mehr oder weniger was zu tun hatte bin ich«, brüstete sich im Februar 2018 der 19-jährige Schüler Jan S., der im Netz unter dem Alias ›Janomine‹ unterwegs ist, unter anderem auch im Administratoren-Chat von Die Vulgäre Analyse auf Discord. Dann schob er mehrere Gigabyte der gehackten Daten Tesfus in die Discord-Gruppe, damit die anderen ihm bei der Durchsuchung der Files behilflich sein konnten. Jan S., der ironischerweise eine Firma für Internetsicherheit namens BlackProject betreibt, ist gleichzeitig Manager der Website dox.sx, wo sämtliche gehackte Dokumente veröffentlicht wurden.

Noch am selben Tag bekommt Jan S. zuhause in Heilbronn Besuch von der Polizei. Seine Wohnung wird durchsucht, er wird wegen seiner Kontakte zu dem Hacker vernommen. Er gibt einen ausschlaggebenden Hinweis, woraufhin sie den Hacker identifizieren können: Es ist ein 20-Jähriger aus Hessen, Johannes S., der im Internet unter den Pseudonymen orbit oder God unterwegs ist. Genau wie Jan S. ist auch Johannes S. beeinflusst von rechtsextremen Subkulturen im Netz und von antimuslimischen Youtubern wie Die Vulgäre Analyse.

Bis vor gar nicht allzu langer Zeit war die wichtigste Motivation der deutschen Hacker-Community der Wissensaustausch über Technik, Hacking und Gaming – es ging darum, andere Nerds kennenzulernen und den Kontakt mit ihnen zu pflegen. »Politische Ansichten spielten dabei überhaupt keine Rolle«, erzählt mir O. Aber wie in vielen anderen Ländern auch sei die Community im Laufe der letzten Jahre politischer und polarisierter geworden und habe sich zunehmend radikalisiert.

Die Hacks waren ein Weckruf für die deutschen Behörden und Politiker: Viele waren erstaunt, dass ein 20-Jähriger in der Lage war, einen derart wirkmächtigen Cyberangriff gegen die wichtigsten Entscheiderinnen und Entscheider des Landes zu führen. Und dass er dafür noch nicht mal technische Skills auf allerhöchstem Standard haben musste. In den meisten Fällen hatte Johannes S. nichts weiter getan als einfache Sicherheitslücken wie schwache Passwörter ausgenutzt. War eines der Opfer zu gut geschützt, verlegte S. sich auf das Hacken der Accounts von Freunden oder Verwandten, um so an private Chatverläufe zu kommen. So wurden zum Beispiel Nachrichten des Grünen-Vorsitzenden Robert Habeck geleakt, nachdem der Facebook-Account seiner Frau gehackt worden war. Dem Hacker war es sogar gelungen, Accounts mit aktivierter Zwei-Faktor-Authentifizierung zu knacken: Er hatte einfach beim Kundenservice von Twitter und von Telefonanbietern angerufen, um sich die Zwei-Faktor-Codes geben oder sie deaktivieren zu lassen.

Politische Entscheidungsträger, die keine geeigneteren Maßnahmen zur Erhöhung der Sicherheit im Internet ergriffen hatten, sowie Sicherheitsbehörden, die einen derartigen Angriff nicht kommen sahen, teilen sich die Bürde der Verantwortung. Nachdem der Deutsche Bundestag im Mai 2015 von der auch als ›Fancy Bear‹ bekannten russischen Cyber-Geheimdiensteinheit APT 28 gehackt worden war, war die Anfälligkeit des parlamentarischen IT-System eigentlich bekannt. Damals hatten sich die Hacker mit einem schlichten Link der Vereinten Nationen, in dem ein Trojaner versteckt war, Zugang verschafft zu den Festplatten und Mail-Eingängen von 16 Parlamentariern – inklusive aller dort befindlicher Verschlusssachen.

Diesmal waren die gestohlenen Daten politisch nicht ganz so sensibel, dafür aber hochgradig privat. Für die Betroffenen war der Verlust der Kontrolle über Kreditkartenvorgänge, Privatgespräche und Fotos von Familienangehörigen eine demütigende und beängstigende Erfahrung. Und abgesehen davon, dass Einzelne Schaden davontrugen, waren die Hacks auch ein Angriff auf die Demokratie selbst. Die damalige deutsche Justizministerin Katarina Barley bezeichnete den Vorfall als einen »ernstzunehmenden Angriff«, der das Vertrauen in unsere Demokratie und die demokratischen Institutionen aushöhlen sollte. Vor allem jedoch veranschaulichte er die unverhältnismäßige Macht, die ein einzelner Schüler von seinem Schlafzimmer aus über seine Gegner haben kann. Cyberwaffen erlauben es randständigen Akteuren – auch solchen, die weder über viel Geld noch über ein großes soziales Netzwerk verfügen –, politische Prozesse und Geschäftsvorgänge zu lähmen oder gar zum Erliegen zu bringen, ja, ganze Länder zu terrorisieren.

Welche Formen Angriffe annehmen können und was ›Hacking‹ genau bezeichnet, ist nicht so einfach zu greifen. Hier treffen sich Spaß und Böswilligkeit. Im Zeitalter des gamifizierten, zum Online-Spiel gewordenen Terrorismus lässt sich der harmlose Gag nicht immer sauber von der strafrechtlich relevanten Tat trennen. Wo zieht man die Linie zwischen Meinungsfreiheit und Hassverbrechen? Zwischen Bürgerjournalismus und Informationskrieg? Zwischen Trollen und Terrorisieren? Und das sind nicht allein juristische Fragen. Sie berühren das Innerste der demokratischen Identität. Wie liberal oder autoritär sollen unsere Gesellschaften sein? Wie weit können wir es uns erlauben zu gehen – sowohl finanziell als auch moralisch und politisch? Was passiert, wenn wir zu stark zensierend eingreifen? Wie groß wären die negativen Folgen für das gesamte politische System? Gleichzeitig stellt sich aber auch die Frage: Welchen Preis hat es, wenn wir untätig bleiben?

1996 veröffentlichte der mittlerweile verstorbene US-amerikanische Songwriter und Internetphilosoph John Perry Barlow seine »Unabhängigkeitserklärung des Cyberspace«. Darin stand:

»Regierungen der industriellen Welt, Ihr müden Giganten aus Fleisch und Stahl, ich komme aus dem Cyberspace, der neuen Heimat des Geistes. Im Namen der Zukunft bitte ich Euch, Vertreter einer vergangenen Zeit: Laßt uns in Ruhe! Ihr seid bei uns nicht willkommen. Wo wir uns versammeln, besitzt Ihr keine Macht mehr.

Wir besitzen keine gewählte Regierung, und wir werden wohl auch nie eine bekommen – und so wende ich mich mit keiner größeren Autorität an Euch als der, mit der die Freiheit selber spricht. Ich erkläre den globalen sozialen Raum, den wir errichten, als gänzlich unabhängig von der Tyrannei, die Ihr über uns auszuüben anstrebt. Ihr habt hier kein moralisches Recht zu regieren, noch besitzt Ihr Methoden, es zu erzwingen, die wir zu befürchten hätten.«

Als Barlow 1996 diesen Text beim Weltwirtschaftsforum in Davos vorstellte, verkündete er eine für alle zugängliche Welt, »eine Welt, die alle betreten können ohne Bevorzugung oder Vorurteil bezüglich Ethnie, Besitz, militärischer Macht und Herkunft. Wir erschaffen eine Welt, in der jeder Einzelne an jedem Ort seine oder ihre Überzeugungen ausdrücken darf, wie individuell sie auch sind, ohne Angst davor, im Schweigen der Konformität aufgehen zu müssen«.

Seine utopische Vorstellung vom Internet als einem Ort der absoluten Gleichheit könnte nicht weiter entfernt sein von der Wirklichkeit. Stand 2019 haben 3,2 Milliarden Menschen keinen Zugang zum Internet. Das ist mehr als die Hälfte der Weltbevölkerung. Ja, das Internet wird von Menschen aller Ethnien, Nationalitäten und Schichten genutzt. Und trotzdem ist es fast unmöglich, die virtuelle Welt zu betreten, ohne nicht sofort Zeuge zu werden von Hass und Belästigung, denen Userinnen und User aufgrund ihrer Hautfarbe, Religion, politischen Einstellung, sexuellen Orientierung oder ihres Geschlechts unterworfen sind. Die Grenzenlosigkeit der freien Meinungsäußerung hat der freien Meinungsäußerung überaus wirksame Grenzen gesetzt: Launisch und willkürlich agierende Einschüchterer schaffen es, ihre Gegner mit einer Psychologie der Angst zum Schweigen zu bringen. Die Mittel, die diesen Menschen zur Verfügung stehen, sind wahrscheinlich sogar effektiver als Zensurgesetze oder -bestimmungen, schließlich sind öffentliche Bloßstellung und soziale Ächtung intrinsische und keine extrinsischen Handlungsanreize.

Das Zusammenspiel von gesellschaftlicher Dynamik und Technologie hat extremistische Bewegungen gleichzeitig mehr und weniger berechenbar gemacht: Berechenbarer sind sie geworden, weil man sich nur die jüngsten technischen Entwicklungen anschauen muss, um die kommenden Schritte von Extremisten absehen zu können. Weniger berechenbar sind sie, weil die soziotechnologischen Wirkungen, die diese Schritte eventuell entfalten, viel zu komplex sind, um sie auf ein paar Variablen zu reduzieren, die sich in ein mathematisches Vorhersagemodell einspeisen ließen. Wie also ließe sich ein Vorgehen entwickeln, das es mit den aufkommenden Bedrohungen für unsere Demokratie aufnimmt? Ich will zunächst einen zusammenfassenden Überblick geben über die Entwicklungen und Herausforderungen, die ich in diesem Buch diskutiert habe. Anschließend stelle ich einige Lösungsansätze vor.

Bilanz

Alle extremistischen Bewegungen, die ich in diesem Buch untersucht habe – von weißen Nationalisten und Neonazis über Islamisten und Antifeministinnen bis hin zu Verschwörungstheoretikern –, nutzen neueste Technologien, um ihr rückwärtsgewandtes Gesellschaftsmodell durchzusetzen. Ihre Vorstellungen von Gesellschaft, Kultur und Regierungsform sind radikal gestrig. Doch ihre Ansätze, diese Vorstellungen umzusetzen, sind radikal zukunftsorientiert. Dieses Paradox der Moderne ist es, das aus extremistischen Bewegungen heute mächtige Gegenkulturen und effektive Radikalisierungsmaschinen gemacht hat.

Als Early Adopters ohne Berührungsängste vor technologischen Neuerungen unternehmen Extremisten unterschiedlichste Vorstöße, ihre Sympathisanten auf gänzlich neue Weise zu radikalisieren, Einfluss zu nehmen auf den Mainstream und ihre politischen Gegner einzuschüchtern. Dafür nutzen sie die neuartigen Möglichkeiten, die soziale Medien, Big Data, Black-Box-Algorithmen, FinTech und künstliche Intelligenz ihnen bieten. Was nicht nur das Wesen von Radikalisierung und Terrorismus von Grund auf verändert, sondern auch unsere Machtverhältnisse, Informationssysteme und demokratischen Prozesse neu definieren könnte.

Internet-Innovationen haben Netzwerken von Extremisten geholfen, auf immer internationalerer Ebene zusammenzuarbeiten und neue Generationen von Digital Natives zu radikalisieren. Wer Abu Musab al-Suri 2005 gefragt hätte, wie der Dschihad im Jahr 2020 wohl aussehen würde, hätte eine überraschend treffende Antwort bekommen: »führungslos«, »ohne Organisation, nur Prinzipien folgend« und »mit geheimen Mitteln, vor allem übers Internet« – so formulierte es der mit al-Qaida assoziierte Veteran damals in seinem 1600 Seiten starken Handbuch zur dschihadistischen Strategie. 15 Jahre und zehn iPhone-Generationen später vernetzt das Internet Extremisten, deren einzige Verbindung oftmals ihre gemeinsamen Feinde sind. Die digitale Innovation erleichtert ihnen nicht nur die Kontaktaufnahme, die Kommunikation und die koordinierte Anschlagsplanung, sondern versetzt sie zudem in die Lage, in Öffentlichkeiten vorzudringen, die bislang weit außerhalb ihrer Reichweite lagen.

Kein Internetnutzer, keine Internetnutzerin ist heute gefeit vor Radikalisierungsfeldzügen, keine Wahl ist immun gegen Einflussnahme aus dem Ausland. Ein amerikanischer Schuljunge, der in seinem Zimmer Fortnite spielt, kann unfreiwillig zum Agenten russischer Propaganda werden, ein Teenager in Malaysia zur Brieffreundin für malaiische IS-Kämpfer im Irak, und ein Facebook-Nutzer in Deutschland, der einen Artikel der *Süddeutschen Zeitung* kommentiert, kann Opfer eines großformatigen Troll-Shitstorms werden. Sosehr das Internet auch lästige Alltäglichkeiten wie den Lebensmitteleinkauf, das Bezahlen von Rechnungen oder das Versenden von Partyeinladungen vereinfacht hat, so sehr hat es eben auch kriminelle Aktivität erleichtert: Innerhalb von Minuten lassen sich private Daten stehlen, Falschinformationen verbreiten oder andere Nutzer erpressen.

In den nächsten Jahren könnten jüngst entwickelte KI-Tools – so genannte ›Deepfakes‹ – die Professionalität, mit der Extremisten ihre Online-Kampagnen betreiben, noch weiter erhöhen. Künstliche Intelligenz kann Zeitungsartikel und Bücher schreiben, Fotos von Menschen generieren, die gar nicht existieren, und Gesichter in Echtzeit manipulieren. Mit dieser Technologie könnten falsche Artikel produziert, soziale Bots erstellt, Bildmaterial verändert und Reden nachträglich bearbeitet werden. Die NGO ›OpenAI‹ beschloss Anfang 2019, ihr ›Deep Fakes for Text‹-Tool nicht zu veröffentlichen, weil die Entwickler Missbrauch fürchteten.

Extremistische Bewegungen denken und verhalten sich wie Start-ups. Auf dem unüberschaubaren Markt der Ideologien besetzen sie eine winzige Nische, die Anzahl ihrer wirklich treu ergebenen Unterstützerinnen und Unterstützer ist vernachlässigbar klein. Ihr erklärtes Ziel ist es, ihre Marktnische effizient zu nutzen, in neue Marktregionen vorzustoßen und zu früher nicht erreichbaren Kundengruppen durchzudringen. Ihre dynamischen Strukturen und die Notwendigkeit, sich ständig etwas Neues einfallen zu lassen, macht sie um Jahre, manchmal sogar um Jahrzehnte schneller als die etablierten, langsamen, bürokratisch arbeitenden Institutionen, die sich schwer damit tun, mit den sich ständig wandelnden Taktiken der Extremisten Schritt zu halten.

Andere Marktteilnehmer werden nicht als Wettbewerber, sondern als Feinde gesehen, die vernichtet werden müssen – metaphorisch oder ganz buchstäblich. Die Anführer extremistischer Unternehmen sind bereit, moralische und auch legale Grenzen zu überschreiten, um ihre Opponenten in ein schlechtes Licht zu rücken und ihr Publikum damit zu amüsieren. Ihr Erfolgsrezept für dieses neue mediale Ökosystem ist ein einfaches: Je provokanter ihre Aktionen sind, desto wahrscheinlich erreichen sie eine weltweite Öffentlichkeit.

Ihre Kampagnen haben die politische und gesellschaftliche Fragmentarisierung verschärft und den Aufstieg der Populisten in Europa und den USA beschleunigt. Doch das Gesellschaftsmodell von Extremisten, ihre Vorstellungen von Kultur und Regierungsform stecken voller Paradoxien: Sie verkaufen die Rückkehr zu traditionellen Geschlechterrollen als weibliche Emanzipation, sie errichten transnationale Netzwerke, um ihre nationalistische Agenda voranzubringen, und sie fordern absoluten Techno-Liberalismus, um ihre antiliberalen Ansichten zu verbreiten. Ihre Visionen sind von Widersprüchen durchsetzt – man könnte auch sagen: voll von dem, was ihr Lieblingsschriftsteller George Orwell als ›Doppeldenk‹ bezeichnet hat:

Sie bereiten sich auf Rassenkriege vor, um den Frieden zu erhalten.

Sie sammeln Desinformationen, um die Wahrheit zu finden.

Sie benutzen Frauenrechte, um Frauenfeindlichkeit in die Welt zu tragen.

Sie nutzen die freie Meinungsäußerung, um ihre Gegner zum Schweigen zu bringen.

Sie bauen globale Communitys, um globalisierungsfeindliche Ideen zu verbreiten.

Sie arbeiten an sozialen Bindungen, um antisoziales Verhalten anzuregen.

Sie benutzen moderne Technik, um antimoderne Ziele zu erreichen.

Der Rückschritt in eine weit zurückliegende Vergangenheit, in der deine Rasse, dein Geschlecht und deine Religion festlegen, welche Rechte und Privilegien du hast, und in der manches Leben mehr zählt als ein anderes, würde bedeuten, den Kindern des 21. Jahrhunderts das größte Geschenk wieder zu nehmen, das ihnen die Generationen des 20. Jahrhunderts gemacht haben. Diese Mischung aus altbackener Ideologie und brandneuer Technologie würde nicht nur im vergangenen Jahrhundert erkämpfte Bürgerrechte unterminieren. Sie könnte auch völlig neue Formen autokratischen Regierens hervorbringen, die auf psychologischer Manipulation, sozialer Überwachung und Gentests fußen. Tritt ein derart toxischer Hybrid erst einmal auf, ist der Weg zu einer wahrhaft dystopischen Gesellschaft schon fast geebnet. Aber wie so oft bei den Dystopien: Angefangen hat alles mit einem utopischem Gedanken.

Facebook versprach im Jahr 2004, »die Menschen zusammenzubringen«. Die Plattform eröffnete neue Möglichkeiten, mit anderen in Verbindung zu treten und zu einem Netzwerk dazuzugehören. Aber genau damit trieb Facebook auch einen Keil zwischen die Menschen. Die Architektur der Plattform verstärkt bei den Usern das tribalistische Denken. Es befördert eine ›Wir gegen die‹-Haltung, die Gruppen gegeneinander aufhetzt. Es generiert künstliche Bindungen und ermuntert zum Ausschluss, zur Diskriminierung, zur Denunzierung oder gar zur Bestrafung derjenigen, die nicht dazugehören. »Der Irrsinn ist bei Einzelnen etwas Seltenes – aber bei Gruppen, Parteien, Völkern, Zeiten die Regel«, notierte Friedrich Nietzsche in *Jenseits von Gut und Böse*.

Tribalismus ist etwas zutiefst Menschliches. Seine Dynamik hat keine politische Färbung oder ideologische Ausrichtung. Risse tun sich auf entlang ethnischer, geschlechtlicher, kultureller oder religiöser Linien – also in den tiefliegenden Schichten unserer Identität. Und die sozialen Medien haben Randgruppen, die diese Risse noch weiter aufreißen wollen, die Waffen an die Hand gegeben, ihre *Tribes* künstlich zu vergrößern. Im Ergebnis ist das so verstörend wie wenig überraschend: Es gibt zunehmend einflussreiche Netzwerke von Digital Natives, die an die archaischsten Instinkte der Menschheit appellieren.

Die Publizistin Amy Chua, die sich zuletzt mit Gruppeninstinkt und politischen *Tribes* beschäftigt hat, formuliert es so: »Tribalismus in Amerika hat Trump ins Weiße Haus gebracht.« Die urbanen Eliten an Ost- und Westküste gegen die ländlich geprägte Arbeiterschaft. Auch der britische Herausgeber und Journalist David Goodhart geht davon aus, dass »Wertestämme« verantwortlich sind für das Ergebnis der Brexit-Abstimmung: kosmopolitische, sozialliberale ›Anywheres‹ gegen lokal verwurzelte, sozialkonservative ›Somewheres‹. Das mag eine vereinfachte Darstellung einer deutlich komplexeren Realität sein. Aber in der Zuspitzung zeigt sich doch ein wiederkehrendes Muster in der zunehmenden gesellschaftlichen Polarisierung in den USA und in Europa. Und ganz egal, ob wir von ›Wertetribalismus‹ oder von ›Identitätspolitik‹ sprechen: Das digitale Zeitalter hat dieses Phänomen merklich verschärft.

Auch wer in den sozialen Medien viele Freunde mit den ideologisch vielfältigsten Hintergründen hat, ist nicht sicher vor Online-Tribalismus. Tatsächlich trifft sogar eher das Gegenteil zu: Eines der größten Paradoxa von Facebook ist, dass die Posts, die man zu sehen bekommt, immer weniger divers werden, je mehr Freunde man hat. Das liegt daran, dass die Filter von Facebook bei einer größeren Zahl von Freunden deutlich mehr Informationen erhalten und dann aufgrund der Beiträge, die man likt oder auf die man reagiert, schneller Nuancen politischer Ansichten, thematischer Vorlieben und von Humor erkennen.

Ich habe in diesem Buch gezeigt, wie grundlegend verquickt technische Entwicklung und gesellschaftlicher Wandel sind. Technologischer Fortschritt geschieht nicht im sozialen Vakuum. Und genauso wenig geht gesellschaftliche Entwicklung ohne technologische Konsequenzen vonstatten. Kurz gesagt: Technik verändert Gesellschaft, und Gesellschaft verändert Technik. Wenn wir dem Aufstieg hypersozialer extremistischer Hightech-Bewegungen etwas entgegensetzen wollen, wird es nicht reichen, entweder die Gesellschaft oder die Technik allein für sie verantwortlich zu machen. Genauso wenig wird es genügen, nach ausschließlich gesellschaftlichen oder ausschließlich technologischen Lösungen zu suchen. Wir sollten lieber das Zusammenwirken dieser beiden Felder verstehen und unser Verständnis entsprechend einsetzen: Was machen die jüngsten technologischen Entwicklungen mit uns als Gesellschaft, und wie spiegeln sich in ihnen unser Zeitgeist, unsere Schwächen und unsere Sehnsüchte?

Viele der heutigen soziotechnologischen Probleme sind Teufelskreise. Rekordwerte für Einsamkeit, Abhängigkeit und Tribalismus sind gleichzeitig Grund wie Ergebnis des Computerzeitalters. Die Welt der Social-Media-Blasen, des gamifizierten Datings, der Selfie-Wettbewerbe und der immersiven Videospiele gibt Einsamkeit, Abhängigkeit und Tribalismus immer neue Nahrung – und wird im Umkehrschluss von ihnen genährt. Während Bindungen immer virtueller werden, Interaktion immer gamifizierter und Kommunikation immer künstlicher, werden die Menschen ständig einsamer, abhängiger und tribalistischer. Was sie wiederum dazu veranlasst, immer mehr Zeit mit den sozialen Medien, mit Dating-Apps oder Videospielen zu verbringen.

Diese Schwachstellen, die das digitale Zeitalter in unseren Gesellschaften verursacht hat, machen sich extremistische Gruppierungen zunutze. Sie sind nicht nur in technischer Hinsicht Early Adopters. Sie sind auch diejenigen, die von der Technik geschaffene Schwachstellen in der Gesellschaft als Erste wahrnehmen und ausbeuten. Vom Live-Action-Rollenspiel bis hin zur Mobilisierung per Livestream und zum gamifizierten Terrorismus bieten extremistische Online-Communitys ihren Mitgliedern neue Formen der Unterhaltung, der Ablenkung, der schnellen Belohnung und der flüchtigen Bestätigung. Mithilfe der Technik geben sie den Menschen zurück, was die Technik ihnen genommen hat: Zugehörigkeitsgefühle, Selbstvertrauen und Identität. Beziehungsweise: Illusionen all dessen.

Im Laufe der letzten Jahre ist den Technologie-Riesen so langsam klar geworden, dass ihre Plattformen dazu benutzt werden, sich systematisch in die Köpfe der Menschen zu hacken. Aber erst als der öffentliche Druck stieg, fühlten sie sich genötigt, etwas zu unternehmen. Wenn einer der Schlüsselindikatoren für die Performance deiner Plattform die Zahl der monatlichen User ist, hast du nur wenig Anreize, Bots und Fake-Accounts zu entfernen – vor allem, wenn du weißt, dass die einen beträchtlichen Anteil deiner aktiven User ausmachen. Wenn ein weiterer performativer Schlüsselindikator die Zeit ist, die die User auf deiner Plattform verbringen, macht es aus rein geschäftlicher Perspektive betrachtet nur wenig Sinn, extremistische Inhalte – ganz egal, wie extrem oder widerlich sie sind – zu löschen, denn schließlich binden sie die Aufmerksamkeit der User nachweisbar über längere Zeit.

Google, der Mutterkonzern von Youtube, hat 2017 annähernd 18 Millionen Dollar für Lobbyarbeit ausgegeben – mehr als jedes andere Unternehmen. Die Zahlen von Facebook sehen nur geringfügig anders aus; das Unternehmen erhöhte seine Ausgaben für Lobbyarbeit in diesem Jahr um 32 Prozent. Trotz der beträchtlichen Anstrengungen, Politikerinnen und Politiker zu besänftigen, haben Regierungen angefangen, das Internet strenger zu regulieren, was manchmal auch der Versuch ist, die Verantwortung von den eigenen Schultern zu nehmen.

Angela Merkel und Emmanuel Macron haben sich dazu verpflichtet, in den kommenden Jahren enger im Kampf gegen Terrorpropaganda im Internet zusammenzuarbeiten. Deutschland hat mit der Verabschiedung des umstrittenen ›NetzDG‹ einen ersten Schritt unternommen, um Online-Extremismus unter Strafe zu stellen: Kommerzielle soziale Netzwerke mit über zwei Millionen aktiven Mitgliedern sind jetzt dazu verpflichtet, Terrorpropaganda und Hatespeech-Inhalte innerhalb von 24 Stunden zu löschen. Ein Gesetz in dieser Form gibt es bislang noch nirgendwo, es ist gleichzeitig Präzedenzfall und Experiment. Während manche es als vielversprechendes Modell zur Säuberung des Internets priesen, verunglimpften es andere als »gefährliches Vorbild für andere Länder«. Es gibt Bedenken, dass weniger demokratisch verfasste Länder wie China oder die Türkei derartige Anti-Hatespeech-Gesetze dazu benutzen könnten, die Zensur der politischen Opposition sowie die Entfernung jedweder regierungskritischen Inhalte zu legitimieren.

Als Reaktion auf den steigenden Druck entwickelten Facebook, Microsoft, Google und Twitter KI-Mechanismen zur maschinellen Entfernung schädlicher Inhalte. Sie setzten eine Datenbank auf, die die Hashes – also den digitalen Fingerabdruck von Videos und Bildern – von terroristischem Material sammelt. Wenn auf einem Account etwas auftaucht, das bereits in der Datenbank indiziert ist, wird dieser Post sofort gelöscht, noch bevor ihn die User zu sehen bekommen.

KI-geleitete Technologien unterstützen die Social-Media-Unternehmen also dabei, Inhalte, die als Kinderpornografie, Nacktbilder und IS-nahe Terrorpropaganda eingestuft werden, automatisch zu löschen. Aber die Mechanismen sind alles andere als perfekt. Hatespeech und Extremismus sind tendenziell viel zu kontextabhängig, um zuverlässig von künstlicher Intelligenz identifiziert zu werden. Maschinen würden beispielsweise nicht erkennen, wenn ein BBC-Reporter im Zuge seiner Berichterstattung problematische Inhalte ins Netz stellt, wenn ein Aktivist im Rahmen einer Gegenkampagne Hassrede-Inhalte teilt oder wenn ein Satiriker sich über grenzüberschreitende Inhalte lustig macht. In manchen Fällen ist eine Beleidigung oder eine Drohung auch nur selbstreferenziell und richtet sich gar nicht gegen andere.

Wenn ein Unternehmen, das extremistisches Material auf seinen Seiten belässt, hohe Geldstrafen aufgebrummt bekommt, kann für dieses Unternehmen der Anreiz entstehen, im Zweifelsfall Posts lieber zu löschen. Und das wirft wiederum sofort die Frage auf, ob eine Politik, die Netzinhalte kontrollieren will, nicht Hand in Hand geht mit einer Über-Zensur. Die in Großbritannien sitzende Organisation ›Article 19‹, die sich für die freie Meinungsäußerung einsetzt, hat längst vor allzu vage gefassten gesetzlichen Bestimmungen und unverhältnismäßigen Sanktionen gewarnt, die zu Missbrauch und übertriebenen Zensurmaßnahmen führen könnten.

Ein anderes Problem ist, dass Extremisten strenger Gesetzgebung gegenüber erstaunlich widerstandsfähig sind. Sie haben die Tendenz, Schwachstellen und Schlupflöcher in der Infrastruktur sowie Wege zu finden, das Gesetz zu umgehen. Manche Gruppen umschiffen die Entlarvung, indem sie die Pixel von visuellem Material verändern, was ihre Hashs unleserlich macht. Andere benutzen Code-Wörter, um von den mit Keywords arbeitenden Löschautomatismen nicht gefunden zu werden. Und all diejenigen, die mit offen extremistischen oder gewaltverherrlichenden Äußerungen weitermachen wollen, verlegen sich eben in die Alt-Tech-Sphäre. Gesetzliche Regelungen, die nur die großen Plattformen betreffen und dabei die kleinen, sicheren Häfen des Extremismus übergehen, werden deswegen immer ungenügend bleiben. Sie lassen die Tatsache, dass wir es mit einer plattformübergreifenden Bedrohungssituation zu tun haben, unter den Tisch fallen.

Letzten Endes richtet sich die Entfernung von Inhalten aus dem Netz immer gegen die Symptome und nicht gegen die Ursachen des Problems. Es geht hier ja nicht um einen Krieg gegen Inhalte oder gegen Einzelpersonen. Es geht um den Kampf gegen die dunklen Seiten des menschlichen Wesens, die von der Technologie zutage gefördert werden. »Unsere Telefone und Computer sind zum Spiegel unserer Persönlichkeit, unserer Interessen und unserer Identität geworden«, so sagte es der ehemalige FBI-Direktor James Comey 2014.

Für das vom Werbeumsatz abhängige Geschäftsmodell von Youtube und Facebook ist es ausschlaggebend, die Verweildauer der Nutzerinnen und Nutzer auf ihren jeweiligen Plattformen zu maximieren. Die Algorithmen dieser Plattformen werden von den Userinnen und Usern trainiert, die am meisten Zeit hier verbringen. Da aber gerade unter den treuesten Usern viele Extremisten, Verschwörungstheoretiker und Anhänger von Radikalen sind, hat just diese Gruppe einen unverhältnismäßig großen Einfluss auf das, was wiederum andere an Inhalten gezeigt bekommen. Die Empfehlungsmechanismen allerdings decken nicht nur auf, was nicht in Ordnung ist mit dem Backend der Social-Media-Plattformen, sie sagen auch eine Menge über uns selbst aus.

Die Gewinnberechnung von Facebook und Youtube basiert auf dem Sammeln und dem Weiterverkauf menschlicher Aufmerksamkeit. Die Algorithmen dieser Plattformen sind so programmiert, dass sie die menschliche Psyche positiv ansprechen sollen. Von daher sind diese Algorithmen nichts anderes als Spiegel unserer tiefsten Wünsche und Faszinationen. In Wahrheit unterscheiden wir uns nicht großartig von den alten Römern, denen es Vergnügen bereitete, dabei zuzuschauen, wie die Gladiatoren ihre Gegner abschlachteten. Wir sind auch nicht so anders als die Menschen im mittelalterlichen England, die gern dabei zusahen, wie Verräter gehängt, auf die Streckbank gebunden und gevierteilt wurden. Hauptsache, es fließt Blut – das ist heute noch genauso wahr wie vor 2000 Jahren. Das, was uns am meisten bewegt, umtreibt und fasziniert, ist tendenziell immer noch das Extreme und oftmals Gewalttätige.

Unsere unterbewusste Vorliebe für radikale Inhalte führt dazu, dass nur wenige Politiker und noch weniger privatwirtschaftliche Unternehmen ein echtes Interesse daran haben, Extremismus oder Hatespeech zu bekämpfen. Während Politiker auf die Bedürfnisse ihrer Wählerinnen und Wähler reagieren und somit dem politisch Nützlichen den Vorzug geben vor dem strategisch Wertvollen, sind die Tech-Unternehmen Sklaven ihres eigenen Geschäftsmodells, das bestimmt wird von unserem Konsumverhalten.

Facebook hat es nicht geschafft, seine Nutzer vor der Entwendung privater Daten und vor gezielter Manipulation zu schützen, Twitter hat die Desinformationskampagnen, die von Fake-Profilen und Bot-Netzen auf seiner Plattform gefahren wurden, einfach ignoriert, und Youtube tut nur sehr widerwillig etwas gegen extremistische und zur Gewalt aufhetzende Inhalte. Der Cambridge-Analytica-Skandal und die von den sozialen Medien inspirierten Terroranschläge gehören zu den vielen im virtuellen Raum entstandenen Erdbeben, die die demokratischen Pfeiler der realen Welt erschüttert haben. Und auch wenn die Konzerne im Silicon Valley mittlerweile deutlich mehr Geld in den Kampf gegen Radikalisierung und Manipulation stecken, wäre es doch naiv zu denken, dass es ab jetzt keinen schwerwiegenden Missbrauch ihrer Infrastruktur und ihrer Dienstleistungen durch absichtlich querschießende Akteure mehr geben wird. Aber dieses Buch hat gezeigt: Noch naiver wäre es zu glauben, dass Facebook, Twitter und Youtube die einzigen Baustellen im digitalen Raum sind.

Diese ganzen beunruhigenden Dynamiken machen offenkundig, welch enge Grenzen den Regierungen und den Firmen im Silicon Valley bei ihren Versuchen, die Kontrolle und die Macht über den digitalen Raum zu behalten, gesteckt sind. Die Entwicklungen stellen die Frage, wem das Internet eigentlich gehört und wer es beherrscht, und das bringt wiederum den Zielkonflikt zwischen der Sicherheit und der Freiheit der Internetbürgerinnen und -bürger erneut aufs Tapet. Worin besteht der Unterschied zwischen legitimer und illegitimer politischer Einflussnahme? Wie gehen wir um mit Manipulationsstrategien, die gleichzeitig Teil dessen sind, wofür die Social-Media-Plattformen überhaupt entwickelt wurden? Und wie reagieren wir auf Vorfälle, die unter dem Schwellenwert der Sicherheitsstandards bleiben, aber trotzdem Auswirkungen haben auf unser demokratisches System?

Die Lösung kann nicht allein die stärkere Überwachung der Plattformen oder die Entfernung von Inhalten sein. Die Angst vor ›Profiling‹ und diskriminierenden staatlichen Überwachungsmaßnahmen hat viele entfremdete Muslime in die Hände von Dschihadisten getrieben, und die Empörung über vermeintliche Einschränkungen der Meinungsfreiheit hat viele Deutsche empfänglich gemacht für die Rhetorik der extremen Rechten.

Was wir stattdessen brauchen, ist ein ganzheitlicher Ansatz, der sich auf eine Allianz der unterschiedlichsten gesellschaftlichen Felder und politischen Parteien stützt. Alle, Politikerinnen und Politiker, Technologiefirmen, im sozialen Feld Tätige sowie die Zivilgesellschaft, haben im Kampf gegen Online-Extremismus, Falschinformation und Einschüchterung ihre unverzichtbare Rolle. Sie sollten zusammenarbeiten, um effektiver gegen gefährliches Online-Verhalten vorzugehen und um die gesamtgesellschaftliche Resilienz zu erhöhen gegen radikalisierende und manipulative Botschaften. Zehn der vielversprechendsten, zukunftsweisendsten Initiativen und Vorgehensweisen will ich in der Folge vorstellen. Manche sind so kreativ und umstritten, wie es kreativer und umstrittener fast nicht geht – das Spektrum reicht von KI-gesteuerter Entfernung von Inhalten bis hin zu satirischem Counter-Trolling:

Tech gegen Terror

Das Feld, auf dem Extremisten operieren, ist nicht mehr linear oder begrenzt auf einige wenige Plattformen: Das im Aufwind befindliche Alt-Tech-Imperium hat die Bedrohung zu einer plattformübergreifenden gemacht. Diese Entwicklungen im Digitalen bedeuten, dass es von zentraler Wichtigkeit ist, Wissen, Datenbanken und Technologien mit anderen zu teilen, wenn man denn auf dem ständig komplexer werdenden Online-Schlachtfeld gewinnen will. Die von der UNO unterstützte Initiative ›Tech Against Terrorism‹ hat die weltweit erste gegen Extremismus gerichtete Zusammenarbeit zwischen kleineren und größeren Technologieunternehmen ins Leben gerufen. Indem sie Vorgehensweisen, die sich bewährt haben, sammelt und zur Verfügung stellt – von Hash Sharing Databases bis hin zu potenten KI-Systemen –, hilft diese Initiative Unternehmen dabei, die Identifizierung und Entfernung terroristischer Inhalte quer über alle Plattformen zu verbessern. Vor allem stattet sie kleinere Internetfirmen, die über begrenzte finanzielle Mittel und wenig Personal verfügen, mit den Technik-Tools aus, um sich proaktiv vor terroristischer Exploitation ihrer Online-Dienstleistungen zu schützen. Die Nutzung von Synergieeffekten und Strategien kollektiven Lernens sind in der Tech-Branche dringend geboten. Aber auch wenn die weltweit führenden Technologieexperten ihre Kräfte bündeln und so ihren Werkzeugkasten optimieren: Die Gefahr falsch positiver Diagnosen bleibt dennoch hoch.

Strategisch gegen Spaltung

Nutzerinnen und Nutzer der sozialen Medien kommen oft in Kontakt mit politischer Propaganda, ohne dass ihnen das bewusst ist. Bekommt man auf den eigenen Social-Media-Kanälen nicht doch ziemlich häufig Inhalte gezeigt, ohne dass man sich erklären könnte, warum? Wenn User auch nur die kleinste Chance haben sollen zu verstehen, wann und wie ihre jeweiligen Inhalte ergänzt, weiterempfohlen oder gefiltert werden, ist größere Algorithmustransparenz und Rechenschaftspflicht dringend geboten. Die Intransparenz von Black-Box-Algorithmen muss daher zunächst heruntergefahren werden, um das Bewusstsein für Online-Manipulation, Micromarketing und hyperzielgerichtete Propaganda zu erhöhen. Angesichts der anhaltenden Abwanderung von Extremisten auf kleinere, oft noch extremere Alt-Tech-Plattformen dürfen Anti-Hatespeech-Gesetze nicht erst bei mindestens zwei Millionen Mitgliedern greifen, wie es das NetzDG derzeit vorsieht. Neben der Forderung nach Algorithmustransparenz und klaren Hatespeech-Regelungen sollten auch die Moderatoren von

Diskussionsforen und Kommentarbereichen in den sozialen Medien dazu angehalten werden, in hasserfüllte Diskussionen mäßigend einzugreifen, gestreute Desinformationen als solche zu entlarven und gefährliches Material zu löschen. Bessere Moderationsstrategien könnten gewährleisten, dass Inhalte und Botschaften, die sich zwar noch innerhalb des gesetzlichen Rahmens bewegen, die aber trotzdem der Diskussionskultur im Netz schaden bzw. spalterische Dynamiken auslösen, nicht länger kritiklos hingenommen werden.

Hilfe gegen Hass

Was kann getan werden, um politisch aktive Menschen gegen extremistische Einschüchterungsversuche zu immunisieren? Beizeiten fallen Hatespeech und Belästigungen in die legale Grauzone, was Internetnutzerinnen und -nutzer angreifbar macht für anonyme Kampagnen boshaft agierender Akteure, die dann keine rechtlichen Konsequenzen für ihr Tun fürchten müssen. ›HateAid‹ ist eine von Gerald Hensel, dem Gründer von ›Fearless Democracy‹ gestartete Initiative, die verhindern soll, dass Extremisten es schaffen, ihre Gegner zum Schweigen zu bringen. ›HateAid‹ stellt Hilfe zur Selbsthilfe zur Verfügung, zu Themen wie Doxing und Online-Mobbing, und fungiert als Plattform, um Opfer von Hass im Internet miteinander in Kontakt zu bringen, damit sie sich gegenseitig unterstützen können. Auf diesem Weg stärkt ›HateAid‹ die Resilienz von Journalistinnen und Journalisten, Aktivistinnen und Aktivisten und anderen Risikogruppen, die mit einer gewissen Wahrscheinlichkeit Opfer extremistischer Einschüchterungskampagnen werden.

Intervention

Wie können wir die neuesten Technologien in unserem Sinne dazu nutzen, radikalisierungsgefährdete Internetuser frühzeitig zu erkennen und ihnen zu helfen? 2017 setzte unser Institute for Strategic Dialogue in einem Pilotprojekt das weltweit erste Deradikalisierungsprogramm auf, das Social-Media-Netzwerkanalysen benutzt, um Mitglieder gewaltbereiter extremistischer Bewegungen zu identifizieren, und in einem zweiten Schritt die Messenger-Funktion der sozialen Medien verwendet, um mit diesen Menschen in Kontakt zu treten. Das Projekt wurde umgesetzt in Zusammenarbeit mit erfahrenen Deradikalisierungsexperten, u.a. ehemaligen Extremisten, Überlebenden von Terroranschlägen und Psychologen. Sobald eine radikalisierte Einzelperson durch ihre Online-Kontakte zu Extremistengruppen identifiziert war, suchten Interventionsexperten über den Facebook-Messenger das Gespräch mit ihr. Eine von zehn auf diese Art zustande gekommenen Unterhaltungen hatte eine konkrete positive Wirkung, d.h., es ließen sich merkliche Einstellungs- oder Verhaltensänderungen feststellen. Dieser experimentelle Ansatz der direkten Online-Kontaktaufnahme mit sich radikalisierenden Einzelnen zeigt, dass man bei Deradikalisierungsprogrammen die Einsatzmöglichkeiten von Social-Media-Analysen und -Messaging durchaus weiterverfolgen sollte.

Elfen vs. Trolle

Falschinformationen oder Propaganda ins Netz zu stellen ist nicht verboten, muss aber auch nicht kritiklos hingenommen werden. Die baltischen Staaten, in denen mediale Manipulation durch die Propagandamaschinen des Kremls ein großes Problem darstellt, sind aktuell Vorreiter im Vorgehen gegen Desinformation. Die so genannten baltischen Elfen bestehen aus Tausenden Aktivistinnen und Aktivisten, die in ihrer Freizeit Desinformationskampagnen russischer Trolle entlarven: Sie bringen verzerrt dargestellte, unausgewogene Nachrichtenstücke wieder ins richtige Verhältnis, weisen auf irreführende Statistiken hin und widerlegen gänzlich fiktive Geschichten und Halbwahrheiten. In Litauen gibt es momentan 3000 Elfen, in Lettland rund 150 und in Estland zwei Dutzend. Um mediale Manipulation und Desinformation im Internet effektiv aufzudecken und zu bekämpfen, könnten nach dem Vorbild der baltischen Elfen in ganz Europa und den USA deutlich robustere Koalitionen zwischen Fakten-Checkern und Social-Media-Aktivisten geschmiedet werden.

Trolle trollen

Wer sagt, dass man Trolle nicht trollen kann? Im April 2018 rief der deutsche Satiriker Jan Böhmermann seine eigene Troll-Abwehr-Armee ›Reconquista Internet‹ ins Leben. Innerhalb weniger Stunden waren auf dem ›Reconquista Internet‹-Server drei Mal so viele Mitglieder registriert wie bei der ›Reconquista Germanica‹. Wenn auch als Scherzaktion gestartet, wurde aus der Initiative doch schnell die erste Counter-Trolling-Armee dieser Größenordnung. Das Potenzial des ›Peer-to-peer-Trolling‹ wurde bislang noch nicht gründlich untersucht und sollte daher mit Vorsicht behandelt werden: Das Vorgehen von Extremisten einfach nachzuahmen, könnte recht schnell eine vergleichbar problematische soziale Dynamik entwickeln und Polarisierungsprozesse verschärfen, vor allem wenn Schwarz-Weiß-Denken befördert wird. Dennoch beweist das Experiment ›Reconquista Internet‹, dass digitale Bürgerrechtsbewegungen sich glaubwürdig gegen Hatespeech engagieren und spürbaren positiven Wandel in den sozialen Medien bewirken können.

Hacker hacken

Warum Hacker nicht mit ihren eigenen Waffen schlagen? Einige antiextremistische Aktivisten haben Strategien entwickelt, IS-Dschihadisten zu hacken und öffentlich bloßzustellen. Das Anonymous-Kollektiv beispielsweise hat einmal massenhaft IS-Accounts gehackt und mit pornografischen Bildern gespammt. Indem es den Dschihadisten ihre größten Feindbilder entgegenhielt – Nacktheit, Promiskuität und Homosexualität –, verpasste es ihrem Kampfgeist einen Dämpfer und ließ ihre Glaubwürdigkeit bei Followern und potenziellen Rekruten sinken. Auch der schlichte Zeitfaktor ist immer eine Größe, die zählt: Wenn man Terroristen mit der Verwaltung ihrer Reputation beschäftigt hält, fehlt ihnen schon die Zeit, Propaganda zu verbreiten, neue Mitglieder anzuwerben und Anschläge zu planen. Dass diese lästigen Vorfälle wiederholt auftraten, brachte mittelfristig viele Dschihadisten dazu, dass sie ihre Social-Media-Accounts aufgaben.

Obwohl in der Wissenschaft und im aktivistischen Kontext recht überzeugend für die Wirksamkeit kreativer Ansätze argumentiert wird – für Ansätze, die schlauer und witziger sein wollen als die der extremistischen Hacker –, ist die Effektivität solcher Versuche doch nur schwer, wenn nicht gar unmöglich zu messen. Und auch wenn sie messbar wären, wirft diese Form von Auge-um-Auge-und-Zahn-um-Zahn-Aktivismus doch eine Reihe von rechtlichen und moralischen Fragen auf: Ist Hacken für das Gute eine legitime Taktik? Könnten solche Trolling-Kampagnen nicht auch negative Auswirkungen haben auf die Bereitwilligkeit, mit der Extremisten sich auf Deradikalisierungsangebote einlassen – einfach weil sie Angst haben, dass man sich über sie lustig macht?

Kunst gegen Wut

Kann nicht vielleicht auch die Kreativindustrie bei der Erweiterung der herkömmlichen Anti-Extremismus-Maßnahmen behilflich sein? Künstlerinnen und Künstler haben eine ganz spezielle Verfügungsgewalt über den menschlichen Geist: Sie können es schaffen, dass sich Einstellungen und Verhaltensweisen ihres Publikums ändern, indem sie es auf unbekanntes Terrain mitnehmen, ihm gänzlich neue Perspektiven bieten und Tabus brechen. Kreativ Tätige können über die künstlerische Auseinandersetzung mit Ängsten, Wut und tiefliegenden Gefühlsebenen Zugang bekommen zum menschlichen Unterbewussten. Indem sie klassische Schwarz-Weiß-Erzählungen aufweichen, leisten Installationen, Literatur, Musik und die darstellenden Künste einen kaum zu unterschätzenden Beitrag bei der Stimulation von Empathie und beim Abbau von Wut gegenüber Fremdgruppen. Das kreative Feld hat das vielleicht größte unterschätzte Potenzial, sich neue Publika zu erschließen und sensible Fragen rund um Identität, ethnische Zugehörigkeit und Religion zu adressieren. Die ›Hate

Library‹, eine von dem Schriftsteller Nick Thurston und dem Historiker Matthew Feldman entwickelte Installation, zeigt hasserfüllte Diskussionen aus den sozialen Medien und beleuchtet so die Sprache und Vorgehensweise rechtsextremer Gruppierungen in Europa. Ein weiteres Beispiel für die erfolgreiche künstlerische Auseinandersetzung mit gesellschaftlich und politisch heiklen Themen ist Jan Böhmermanns Ausstellung im Grazer Künstlerhaus. Der Nazi-History-Themenpark mit dem Titel ›Deuscthland#ASNCHLUSS#Östereich‹ ist verstörendes Gedankenexperiment und humorvolle Realsatire zugleich. Über die Kunst der Satire gelingt es Böhmermann, eine Brücke zwischen Humor und Verantwortung, Emotion und Verstand sowie zwischen Vergangenheit und Gegenwart zu schlagen.

Die Mitte mobilisieren

Ob es möglich ist, organisierte Troll-Armeen davon abzuhalten, Hasskampagnen loszutreten und die Kommentarbereiche von Social-Media-Seiten zu monopolisieren? Die Initiative #ichbinhier hat bewiesen, wie effektiv es als Gegenstrategie sein kann, der gemäßigten Mitte ein Megafon in die Hand zu drücken: #ichbinhier ist eine Facebook-Community, die eine hasserfüllte Diskussionskultur in den sozialen Medien verhindern will. Immer wenn sie von einer groß angelegten Hasskampagne Wind bekommt, startet die Gruppe eine Gegenkampagne, bei der alle #ichbinhier-Mitglieder gegenseitig ihre jeweiligen Posts liken. Wenn ihre Kommentare viele Likes bekommen, werden sie vom Algorithmus priorisiert und vor denen der Extremisten angezeigt. Wenn andere User das betroffene Diskussionsforum besuchen, sehen sie also nicht zuerst die Hasskommentare, sondern die konstruktiven, positiven Posts der #ichbinhier-Mitglieder.

Bildung gegen Extremismus

Programme zur digitalen Bildung sind sowohl in den klassischen Bildungseinrichtungen als auch außerhalb von Schule und Universität nötig. Die jüngeren Generationen sollten genauso wie ältere Menschen, die zunehmend neue mediale Räume zur Informationsbeschaffung nutzen, mit dem notwendigen Werkzeug ausgestattet werden, um sich gegen die Bedrohungen der Online-Welt zu wappnen. Die große Herausforderung des heutigen Bildungssystems besteht darin, kritisch denkende, medial gebildete digitale Bürgerinnen und Bürger hervorzubringen, denen die Kontaktaufnahme- und Manipulationsstrategien von Extremisten nichts anhaben können. Initiativen zur digitalen Bildung sollten alle, die je mit dem Internet verbunden sind, dazu veranlassen, sich folgende Fragen zu stellen: Wie haben die sozialen Medien unser Informationsökosystem verändert? Wie funktionieren Algorithmen und wie machen Extremisten sie sich im Netz zunutze? Wie lassen sich glaubwürdige mediale Quellen unterscheiden von polarisierenden, unzuverlässigen und mit Verzerrungen arbeitenden Anbietern von Information? Wenn man alle Netzbürgerinnen und -bürger, ganz egal ob alt oder jung, in die Lage versetzt, Täuschung und Manipulation zu erkennen, verlieren extremistische Strategien möglicherweise sehr schnell ihren Reiz.

All diese experimentellen Ansätze können Online-Strategien von Extremisten unwirksam machen, weil sie Anspruch erheben auf deren vergleichsweise größten Vorteil: die Nutzung neuer Technologien. Wenn wir verhindern wollen, dass Extremisten uns immer einen Schritt voraus sind, müssen wir besser darin werden, sich abzeichnende Trends zu erkennen und einzuschätzen. Das Ziel sollte sein, immer auf alle denkbaren Szenarien vorbereitet zu sein und sich nicht nur auf akute Verteidigung und Schadensbegrenzung verlegen zu müssen. Um die Lücken und Interessenkonflikte zwischen den unterschiedlichen Branchen und politischen Zugehörigkeiten zu schließen und zu überbrücken, brauchen wir letztendlich innovative Strategien. Dass die Verwerfungen zwischen Regierungen und Technologieunternehmen auf ähnliche Art größer geworden sind wie jene zwischen den (und innerhalb der) gemäßigten politischen Parteien, ist für alle Anti-Extremismus-Bemühungen überaus kontraproduktiv. Nur mit einem aufeinander abgestimmten, vorurteilsfreien und innovativen Ansatz werden wir es schaffen, uns die digitale Sphäre zurückzuholen und nicht vorwärts in die Vergangenheit zu marschieren.

Christchurch: Ein Nachtrag

Gamifizierter Terrorismus

Mein Herz rast und mir ist schlecht, als ich das Büro verlasse. Immer noch sehe ich vor mir, wie die Männer und Frauen nacheinander zusammenbrechen, als sie vom Kugelhagel getroffen werden. Und immer noch höre ich diese Schüsse, abgefeuert aus einem halbautomatischen Gewehr.

Es wäre besser gewesen, ich hätte mir den Mitschnitt des Live-Streams vom Anschlag auf die Moschee im neuseeländischen Christchurch nicht angeschaut.

»Es geht um die Geburtenrate. Es geht um die Geburtenrate. Es geht um die Geburtenrate«, heißt es zu Beginn von »The Great Replacement«, dem sogenannten Manifest, das der 28-jährige Attentäter im Netz veröffentlicht hatte. Seine Worte sind nur allzu vertraut. Ich habe sie tausendfach gelesen: bei den Identitären in Europa und bei der Alt-Right in den USA, in 8Chan-Foren und in den privaten Chatrooms auf Discord. Meine undercover geführten Kontakte zur ›Generation Identity‹, den eifrigsten Anhängern der Verschwörungstheorie vom Großen Austausch, lasten jetzt schwer auf meinem Gewissen.

Im Laufe der folgenden Tage stellt sich heraus, dass der Terrorist an Martin Sellner gespendet hatte, ebenso an die französischen Identitären, was die Sicherheitsdienste dazu veranlasste, eine Ermittlung seiner Verbindungen zur Identitären Bewegung einzuleiten. Martin Sellner und die Identitären hatten mir wiederholt versichert, dass sie Gewalt ablehnen. Dennoch muss ich mir die Frage stellen, ob es nicht bloß eine Frage der Zeit war, bis die Verschwörungstheorie vom

Großen Austausch einen derartigen Gewaltausbruch hervorrufen würde.

Die Theorie vom Großen Austausch vereint alle vier Elemente einer zur Gewalt aufstachelnden Ideologie, sogenannte »Krisen-Narrative«: Verschwörung, Dystopie, Verunreinigung und existenzielle Bedrohung. Die Idee, dass die Europäer durch ethnisch und kulturell verschiedene Migranten ersetzt würden (Verunreinigung), und zwar auf Betreiben der globalen Eliten und ihrer Komplizen in den Regierungen, Tech-Unternehmen und Medien (Verschwörung), was dann zum schrittweisen Verfall der Gesellschaft führen würde (Dystopie) und schließlich zur Auslöschung der Weißen (existenzielle Bedrohung).

Als ich mich daranmache, alle frei zugänglichen Informationen zu sammeln, die ich im Internet finden kann, um mir einen genaueren Eindruck von Brenton Tarrants Weg in die Radikalisierung zu verschaffen, empfinde ich eine Mischung aus Traurigkeit, Frustration und Schuld. Hätte der Anschlag verhindert werden können? Wenige Tage zuvor hatte Tarrant Bilder der Waffen getwittert, die er benutzen würde. Auf den Bildern fanden sich auch die Namen seiner Vorbilder, darunter die tödlichsten Rechtsterroristen des 21. Jahrhunderts, wie der Norweger Anders Behring Breivik, der 2011 77 Menschen getötet hatte, und der Kanadier Alexandre Bissonnette, der 2017 die Schießerei in der Moschee von Québec City verübt hatte. Weder Twitter noch die Sicherheitsdienste hatten diese Materialien aufgespürt, da das nur aus Bildern bestehende Posting allen verfügbaren textbasierten Aufdeckungsmechanismen entwischt war.

Als Tarrant seinen Anschlag auf 8Chan ankündigte, waren

sich viele Nutzer – darunter einige seiner Online-Freunde – nicht sicher, ob er es wirklich ernst meinte. Selbst als er seinen Live-Stream auf Facebook startete, schienen die Kommentatoren auf 8Chan nicht einschätzen zu können, ob der Angriff einen Streich oder ein echtes Ereignis darstellte. »Das ist ein LARP, oder?«, fragte einer. »Kein LARP, es passiert wirklich«, antwortete ein anderer. Zu Beginn des Live-Streams sagt Tarrant: »Folgt PewDiePie«, dem schwedischen Gamer-Kommentator und Youtuber mit der zweithöchsten Reichweite weltweit. Dann spielt er das Lied »Remove Kebab« ein, einen serbischen antimuslimischen Propagandasong aus den Jugoslawienkriegen, der zu einem Mem der weißen Nationalisten geworden ist.

Der Anschlag von Christchurch hat die Grenzen zwischen Trolling und Terrorismus verschwimmen lassen. Von Anfang bis Ende war das Terrorspektakel so orchestriert, dass es eine ganz bestimmte Zielgruppe unterhalten sollte: die Shitposter auf 8Chan. Tarrants sogenanntes Manifest war durchzogen von Witzen, Ausdrücken und Ideologien, die mir während meiner Recherche in extremistischen Online-Netzwerken immer wieder begegnet sind. »Also gut, Jungs, die Zeit ist gekommen, mit dem Shitposten aufzuhören und zu versuchen, einen Post im echten Leben abzusetzen«, verkündete er auf 8Chan. »Ich werde einen Angriff gegen die Invasoren ausführen und ich werde diesen Angriff sogar live auf Facebook streamen.«

Seine live im Netz übertragene Schießerei war der Versuch, sich der Kameraderie innerhalb der rechtsextremen Troll-Community zu bedienen, in der Hoffnung, dass ihre Mitglieder ihm Applaus und Respekt spenden würden. In seiner letzten Botschaft gibt der Attentäter einem Gefühl der Verbrüderung und Freundschaft Ausdruck: »Es war ein langer Ritt und trotz all eurer ungezügelten Schwulerei, Nichtsnutzigkeit und Degeneriertheit seid ihr erstklassige Kerle und der beste Haufen Kumpel, den ein Mann sich nur wünschen kann.« Dann rief er seine Zuschauer dazu auf, sein Manifest und den Live-Stream zu verbreiten und Meme und Shitposting-Content zu produzieren. »Falls ich den Angriff nicht überleben sollte, heißt es Auf Wiedersehen, Vergelts Gott und wir werden uns alle wiedersehen in Walhalla!«

Christchurch geschah, als ich meinem Buch *Radikalisierungsmaschinen* den letzten Schliff gab. Wenn etwas so Bedeutendes und Einschneidendes wie ein Terroranschlag passiert, während man gerade in den letzten Zügen eines Buchprojekts zu diesem Thema steckt, muss man normalerweise große Teile der Arbeit überdenken oder möglicherweise sogar neu schreiben. Der Angriff von Neuseeland jedoch erschien mir wie der Kulminationspunkt aller Beobachtungen, die ich im Verlauf der letzten beiden Jahre zu Papier gebracht hatte. Er war traurigerweise die logische Fortsetzung der im ganzen neuen Alt-Tech-Ökosystem zu findenden Gewalthetze. All die toxischen Online-Kulturen, die ich in meinem Buch untersucht und beschrieben habe, waren mit diesem Anschlag in die reale Welt eingetreten.

Dass rechtsextreme Ideologien das Potenzial haben, Anschläge heraufzubeschwören, ist natürlich keineswegs eine neue Erkenntnis. Von Breivik bis Bissonnette haben wir in den vergangenen Jahrzehnten beobachten können, wie ähnliche Ideen Terrorismus befeuert haben. Doch die politischen Entscheidungsträger und die Sicherheitskräfte haben diese

Bedrohung systematisch unterschätzt und ihre Ressourcen beinahe ausschließlich in die Verhinderung dschihadistischer Anschläge gesteckt. Die aktuellen Statistiken sprechen für sich selbst: 2018 erhielten ungefähr genauso viele Rechtsextreme Unterstützung durch das Präventionsprogramm »Channel« der britischen Regierung wie islamistische Extremisten. In Deutschland zählt man laut dem jüngsten Bericht des Innenministeriums bis zu 12700 gewaltbereite Rechtsextremisten. Und in den USA zeigte sich bei jedem einzelnen, im Jahr 2018 begangenen Mordfall mit extremistischem Hintergrund, dass es Verbindungen zu mindestens einer rechtsextremen Bewegung gab.

Neu an Christchurch war jedoch die Eskalation der Gamifizierung: Die Aneignung von Spielelementen für den Terror, der Einsatz von Gewalt an der Schnittstelle von Spaß und Angst. Gamifizierung – die Hinzufügung von Spielelementen zu Produkten, Dienstleistungen oder Aktivitäten, die eigentlich nichts mit Spielen zu tun haben – ist ein ziemlich neues Konzept. Als die Firma Kellogg's im Jahr 1910 erstmals ihren Schachteln mit Frühstücksflocken kleine Spiele als Belohnung beilegte, wurde das umgehend zu einem Verkaufsschlager. In den 1950er Jahren wurde dann die Gamifizierung als Ansporn für die Motivation von Mitarbeitern geboren. Der Soziologe Donald F. Roy zeigte, wie ein alltägliches Routinespiel, bei dem Fabrikarbeiter Bananen stehlen müssen, zu höherer Jobzufriedenheit und Produktivität führte. Hundert Jahre nach Kellogg's Gamifizierung des Einkaufs von Frühstücksflocken gibt es nur noch wenige Arbeitgeber, Marketingagenturen und politische Organisationen, die nicht auf Methoden der Gamifizierung zurückgreifen, um Jobeinsteiger, Kunden oder

Wähler zu gewinnen und an sich zu binden. Heutzutage ist beinahe alles gamifiziert, und dazu zählt auch der Terrorismus. Der IS war eine der ersten militanten Gruppen, die ihre Propaganda gamifizierten: per Photoshop kopierten sie Bilder von Jihad-Kämpfern in Anzeigen für das Videospiel *Call of Duty*, und sie produzierten auch ihre eigenen Videospiele zu Rekrutierungszwecken.

Der Live-Stream von Christchurch verbreitete sich schnell viral. Facebook musste innerhalb der ersten 24 Stunden nach dem Anschlag 1,5 Millionen hochgeladene Videos entfernen. Glorifizierende Meme, von denen manche den Terroristen »Saint Tarrant« nannten, andere »Invader Crusader«, kursierten in den extremistischen Echokammern des Internets. Unterstützerbotschaften kamen von rechtsextremen Gamern, Youtubern und unbekannten Sympathisanten, die seinen Angriff als »Victory Royale« bezeichneten. Einige Gamer verwandelten das Video seines Live-Streams sogar in ein Shooter Game, das jedes Mal, wenn er eine weitere Person erschoss, den Score und die verbleibende Munition anzeigte.

Auf der Encyclopedia Dramatica finde ich einen Eintrag über Brenton Tarrant, der mit den Worten beginnt: »INVASOREN MÜSSEN STERBEN. Gerade als alle dachten, dass dies ein beschissenes, glanzloses Jahr werden würde, erschien ein neuer Herausforderer auf der Bühne.« Der Artikel beschreibt Tarrant als »Master Chief Brenton Harrison Tarrant 卐, a.k.a the Kiwi Kebab Killer«, »einen heroischen IRL JC Denton Aussie-Troll, der es auf sich nahm, den muuhslimischen Schmutz aus einem Land zu entfernen, dessen Existenz bestenfalls fragwürdig war.«

Und dann stolpere ich über ein Video, das sogenannte

»Brentonettes« zeigt, minderjährige Mädchen, die ihrer Bewunderung für Brenton Tarrant Ausdruck verleihen. Einige sagen in die Kamera, dass sie ihn heiraten wollen.

Extremisten und Ultra-Libertäre, die mit Memen ausgedrückte Feindseligkeiten und politische Grenzüberschreitungen für kulturelle Ausdrucksformen halten, ist der Gedanke zuwider, dass das Internet ein ernsthafter Ort sein sollte. Sie spotten über den Vorschlag, dass anonyme und pseudonyme Websites in gleicher Weise reguliert werden sollten wie Marktplätze in der realen Welt. Für sie war das Internet ein Ort des Spaßes, und das soll es auch für immer bleiben.

Aber nach Christchurch scheint einigen Mitgliedern rechtsextremer Plattformen aufgegangen zu sein, dass die rassistischen Meme für viele Leute mehr als bloß grenzüberschreitende Witze waren. In den Tagen nach dem Anschlag kann ich in Echtzeit beobachten, wie die Scheidelinie zwischen jenen, die bloß aufs Trollen aus sind, und jenen, die es mit dem Rassenkrieg ernst meinen, schärfer gezogen wird. Während einige mit der Aufforderung zu Nachahmungstaten reagieren, machen andere die toxische Umgebung ihrer Online-Communitys für den Anschlag verantwortlich.

Christchurch war ein Weckruf für all jene, die immer noch an den sogenannten Digitalen Dualismus glauben, also die Idee, dass die Online-Welt und die Offline-Welt strikt voneinander getrennte Realitäten seien. Der Begriff wurde 2011 von Nathan Jurgenson geprägt, dem Gründer des Cyborgology-Blogs, und er hielt rasch Einzug in den Jargon der Social-Media-Forscher. Aber wenn die Online-Brutstätten der Radikalisierung mit ihren sozio-technologischen Dynamiken zu Auslösern von Anschlägen werden, dann liefert das zunehmend den Beweis, dass der Digitale Dualismus ein gefährlicher Fehlschluss ist.

Die Lücke zwischen On- und Offline mithilfe von Features wie Geotagging, Gesichtserkennung und der Nachrichtengewinnung aus frei verfügbaren, offenen Quellen (Open Source Intelligence, OSINT) zu überbrücken, hat sich für Regierungen, Privatunternehmen und digitale Bürger als nützlich erwiesen. Aber Phänomene wie Doxing und live gestreamter Terrorismus zeigen auf, welche Gefahren mit dieser neuen Synthese einhergehen. Die Vorstellung, dass das Internet ein von der realen Welt getrennt existierender Ort sei, ist durch Christchurch eindeutig infrage gestellt worden. Der Anschlag verwandelte die virtuelle Welt nicht etwa in eine erweiterte Augmented Reality, sondern vielmehr in eine mindere Version der Wirklichkeit.

Als ich das Diskussionsforum der rechtsextremen Gruppe ›JFG World‹ auf Discord betrete, kündigt eine Frau namens Maria an, dass sie die Gruppe verlassen wird, »weil sie meine geistige Gesundheit völlig kaputtmacht«. Ein anderer User teilt seine Überlegungen mit: »Ich weiß nicht mal, wo zum Teufel ich anfangen soll … Warum finden Leute wie ihr, dass man über Leichen Witze machen sollte?« Er fährt fort: »Ihr denkt, weil ihr da in euren gutgewärmten Wohnungen am Computer sitzt, könntet ihr einfach über abscheuliche Dinge wie das Witze reißen? Ihr seid solche widerwärtigen Fieslinge. Ist es nicht schlimm genug, was die Angehörigen durchmachen müssen? Im Ernst, Leute, was findet ihr daran wirklich lustig?«

Als ich das erste Mal Anti-Extremismus-Einheiten des British Home Office über die Gefahren des Shitposting unterrichtete, kam ich mir ein bisschen lächerlich vor. Regierungsbeamte vor irgendwelchen Trollen zu warnen, die Meme im Internet posten, schien einigermaßen dämlich, selbst 2017, nachdem ihr Einfluss auf die Wahl von Trump allgemein bekannt geworden war. Aber als ich zwei Jahre später in der New Zealand High Commission in London saß, um Sicherheitsbeamte, Geheimdienstanalysten und Diplomaten aus Kanada, Großbritannien und Australien zu briefen, fühlte sich die Bedrohung erschreckend real an.

Jeder im Raum war besorgt über Nachahmungstäter. Tarrants sogenanntes Manifest war in einer Weise entworfen, die die Medien manipulieren und maximale öffentliche Aufmerksamkeit erregen sollte. Für Journalisten liest es sich beinahe wie ein druckfertiges Interview. Aber für seine Mitstreiter und Sympathisanten der extremen Rechten ist es eher eine Mischung aus Terror-Gebrauchsanweisung und Script für schwarzhumorige Stand-up-Comedy. Er wollte zu dem Helden werden, dessen Name bald als Schriftzug auf der Waffe eines anderen Terroristen prangen könnte: »inspirational terrorism«. Eine Analyse der New York Times deckte auf, dass mindestens ein Drittel der seit 2011 erfolgten rechtsextremen Terrorangriffe durch ähnliche, vorausgegangene Angriffe inspiriert waren.

In den Tagen nach dem Angriff konnte ich beobachten, wie rechte Aktivisten Übersetzungen von Tarrants sogenanntem Manifest über Telegram und die Chan-Boards teilten. Ein anonymer Post auf 8Chan lautete: »Wir haben schon 3 Sprachen: Französisch, Bulgarisch und Russisch. Und Übersetzungen ins Deutsche und Holländische sind in Arbeit. Bitte verbreitet sie, wo immer ihr könnt. Brenton Tarrants Feuer soll in den Herzen auf der ganzen Welt entfacht werden.«

Einige Wochen später, im April 2019, eröffnete ein 19 Jahre alter Amerikaner namens John Earnest das Feuer in einer Synagoge in Poway, einer Stadt in Südkalifornien. Er tötete eine Frau und verletzte drei weitere Gottesdienstbesucher. Christchurch war »ein Auslöser für mich«, schrieb er in einem offenen Brief, den er auf 8Chan hinterließ, zusammen mit Links zu einem Live-Stream. Sobald der Beitrag auf dem radikalen Imageboard auftauchte, begann für die Sicherheitsbehörden ein Wettlauf mit der Zeit. Das FBI erfuhr fünf Minuten vor dem Angriff, dass eine Schießerei in Südkalifornien unmittelbar bevorstand. Sie hatten Hinweise, aber die reichten nicht aus, um den Mann rechtzeitig zu identifizieren.

Der Schütze in der Synagoge von Poway war besessen von seiner europäischen Abstammung und zitierte en detail sein genetisches Erbe, so wie die Mitglieder des amerikanischen Neonazi-Forums ›MAtR‹ und die Singles auf der rechtsextremen Dating-Plattform ›WASP Love‹, die ich während meiner Undercover-Recherchen kennengelernt habe. Er entsprang der Kultur des Imageboard-Trolling und war ein aktiver Verfechter von »Mem-Magie«, ganz so wie die Mitglieder von Reconquista Germanica und QAnon. »Anderthalb Jahre lang war ich hier nur am Lurken, doch ich habe hier unschätzbar viel gelernt«, schrieb er und dankte seinen Shitposter-Kameraden und rühmte die Threads mit Infografiken zum Redpilling auf 8Chan. Wie die Demonstranten in Charlottesville und die Neo-Nazis auf dem Rechtsrockfestival in Ostritz, das ich ausspioniert habe, war er überzeugt, dass die »globalen jüdischen Eliten« sich verschworen hatten, die weiße Rasse auszutauschen.

Die Beiträge von Earnest erinnerten mich auch an den Rechtsterroristen Robert Bowers, der im Oktober 2018 elf Gläubige während des morgendlichen Schabbat-Gottesdienstes in der Synagoge von Pittsburgh getötet hatte.

Bevor er mit seinem Angriff begann, teilte Bowers Beiträge wie diesen:

»Noch so eine Judensau, die nur dann vorgibt, weiß zu sein, wenn es ihr dabei hilft, den Genozid gegen die Weißen voranzutreiben. Juden sind solche heidnischen Viecher. Ihre Ausrottung kann nicht schnell genug kommen. Und sie wird kommen, da mehr und mehr Schafe erwachen und ihre wahren Absichten erkennen und begreifen, wer (((sie))) wirklich sind. Die Synagoge Satans [sic] und seiner schleimigen Ausgeburten wird schon bald ausgelöscht sein.«

Die Rechtsterroristen des vergangenen Jahres – von Robert Bowers über Brenton Tarrant bis zu John Earnest – frequentierten alle dieselben Online-Communitys, in denen sich zuhauf Verschwörungstheorien wie die vom »weißen Genozid« finden und die geprägt sind von einer zur Gewalt anstachelnden Sprache, wenn etwa zum »Abschlachten« aufgerufen wird. Forschungen haben ergeben, dass der Glaube an antisemitische Verschwörungstheorien ein starkes Anzeichen für in der realen Welt verübte Feindseligkeiten gegenüber Juden ist.

Eine gemeinsam vom Network Contagion Research Institute und der Anti-Defamation League durchgeführte Analyse von über 100 Millionen Kommentaren auf Alt-Tech-Plattformen hat gezeigt, dass sich die Anzahl antisemitischer Beleidigungen auf Plattformen wie Gab und 4Chans /Pol-Board seit Trumps Wahl verdoppelt hat. Das N-Wort wurde seit 2016 ebenfalls sehr viel häufiger verwendet.

Das von John Earnest hinterlassene Dokument zeigt, dass er ebenfalls an eine kommende Revolution glaubte, so wie Tarrant, so wie viele andere Rechtsextreme, die ich in meinem Buch vorgestellt habe. »Wir befinden uns in einem frühen Stadium der Revolution. Wir brauchen Märtyrer. Wenn ihr nicht gefasst werden wollt, weil ihr Kinder habt, die auf euch angewiesen sind, dann könnt ihr einfach ein Ziel angreifen und danach wieder ins normale Leben abtauchen. Jeder Anon, der dies liest, muss Angriffe ausführen. Sie werden uns nicht finden. Sie werden uns nicht kriegen. Es gibt zu viele von uns und wir sind schlauer als sie«, schrieb er.

Sowohl Bowers als auch Tarrant und Earnest waren der Meinung, dass der »unvermeidliche Rassenkrieg« durch das Verüben von Terroranschlägen und Massenschießereien beschleunigt werden sollte. Um einen Bürgerkrieg zu entfachen, so ihre Überzeugung, müsse man die existierenden Spaltungen in der Gesellschaft zuspitzen und andere dazu ermutigen, es ihnen gleichzutun. Tarrant schrieb, er wolle »den Pendelschwüngen der Geschichte einen Anstoß geben, um so die westliche Gesellschaft weiter zu destabilisieren und zu polarisieren (…).« Diese Idee ist als Akzelerationismus oder Siege-Posting bekannt. Das Buch *Siege*, eine Sammlung von Schriften des amerikanischen Neo-Nazis James Mason, war für viele weiße Nationalisten ein Ansporn zur Gewaltbereitschaft. Die 2015 gegründete US-amerikanische Alt-Right-Terrorgruppe mit dem deutschen Namen ›Atomwaffen‹ zählt zu denjenigen Gruppierungen, die das Buch als ihre Bibel erachten.

Ich schaue mich bei meinem Telegram-Account um. Es finden sich Dutzende Gruppen, die diese Idee befürworten.

So schreibt beispielsweise der Administrator von ›Right Wing Terror Center‹, einer geschlossenen Telegram-Gruppe mit mehr als 1200 Mitgliedern, über den Schützen von Christchurch:

»Dieser Typ ist ein Vorzeichen der Dinge, die da kommen werden. 2015 hatte Dylann Roof die Schnauze voll von den ganzen Boshaftigkeiten und Schmähungen gegenüber Weißen. Er beschloss, in unkontrollierter Wut um sich zu schlagen und tötete dabei ein paar Schwarze. Roofs Tat gleicht dem Aufstöhnen, wenn jemand frühmorgens geweckt wird. Primitiv und aus dem Bauch heraus. Im Vergleich dazu sind Tarrants Taten voller Wachheit und auf einem völlig anderen Level. (...)«

Er fährt fort:

»Wir befinden uns jetzt am Beginn der Endzeit, die etwa 10-15 Jahre dauern wird. Das große Crescendo für den endgültigen Kollaps hat eingesetzt, und es besteht keinerlei Aussicht, diese Lawine zu stoppen. Es gibt eine friedliche Lösung, die heißt sofortige Remigration, aber wir wissen alle, dass die Eliten das nicht tolerieren werden. Also, es ist an der Zeit. (...) Die Krieger werden zum Handeln aufgerufen und einige von ihnen befolgen endlich diesen Aufruf. Als ein Weißer, der sich diese Ereignisse anschaut, kann ich nur sagen, wie erleichtert ich bin, dass sie passiert sind. Sie haben mich an die Sterblichkeit unserer Feinde erinnert, und das hat eine große Last von unseren Herzen genommen. Endlich gibt es Vergeltung und Rache für die vergewaltigten Weißen Mädchen in England oder für die Toten in Frankreich, für die Überfahrenen in Schweden und Deutschland. Den Weißen, die wir verloren haben, wurde ein winziges Mindestmaß an Gerechtigkeit zuteil.«

Es ist überraschend leicht, Anleitungen für Terroranschläge zu finden. Anonyme Accounts teilten 2018 ein Handbuch auf 8Chan, zusammengefügt aus verschiedenen »gesäuberten« Auszügen aus dem *Al Qaeda Training Manual* und dem *Minimanual of the Urban Guerilla* von Carlos Marighella, dem marxistisch-leninistischen Aktivisten, der im 20. Jahrhundert gegen die brasilianische Militärdiktatur gekämpft hatte. Das Handbuch beinhaltet eine »Einführung in den Bombenbau« mit einem Leitfaden für »angewandte Chemie« und »Sprengstoffe«. Ich stoße ebenfalls auf Instruktionen für Terrorismus, bewaffnete Propaganda, Gefangenenbefreiung, Hinrichtungen, Entführungen und andere Formen des urbanen Guerillakampfes.

Die ausdrücklich gewaltbereite extreme Rechte beschränkt sich weiterhin auf die Ränder des Internets. Aber die Ideologien und die Sprache, mit denen sie ihre Aktionsaufrufe unterfüttert, sind schon lange in den Mainstream eingesickert. Der Extremismus-Experte J. M. Berger schätzt, dass die amerikanische Alt-Right von mindestens 100 000 Twitter-Accounts unterstützt wird. Am Institute for Strategic Dialogue, an dem ich als Extremismusforscherin arbeite, haben wir 2019 eine Erhebung zur Generation Identity Europe durchgeführt und eine Gesamtzahl von circa 70 000 Followern offizieller GI-Accounts auf Twitter, 11 000 Mitgliedern auf Facebook und 30 000 Mitgliedern auf Telegram sowie 140 000 Abonnenten auf Youtube identifiziert. Das Ausmaß der Tweets zu rechtsextremen Begriffen und Ideen wie dem »Großen Austausch« und Remigration ist in den vergangenen sieben Jahren stark angewachsen.

Forscher, die neue Trends im Feld des Extremismus beobachten, zeigten sich nach Christchurch schockiert, doch niemanden hat es wirklich überrascht. Der Angriff vereinte alle Elemente auf sich, vor denen wir gewarnt hatten: Alt-Tech-Plattformen, die zu Brutstätten der Radikalisierung im globalen Ausmaß werden. Identitäre Verschwörungstheorien, die Hass und Gewalt gegen ethnische und kulturelle Minderheiten befeuern. Live-Stream-Features in sozialen Medien, die als Mittel dienen, den Terror viral zu verbreiten. Gamifizierung und Internetkultur verknüpft mit einem »Do-it-yourself«-Terrorismus.

Und dazu Politiker, die hoffähig machen, was die Terroristen antreibt.

Als ich die Nachrichtenfeeds von Kandidaten für die Wahlen in Europa, in Brandenburg, Sachsen, Thüringen, in Österreich durchscrolle, wird mir klar, dass wir die politische Dimension der Bedrohung nicht länger ignorieren können. Im Versuch, sich bei den Jungwählern und Online-Affinen anzubiedern, haben populistische Politiker des rechten Randes damit begonnen, zunehmend Konzepte aus der Online-Subkultur aufzugreifen. Sie benutzen Anspielungen auf deren Verschwörungstheorien, Meme und Insiderwitze. Unsere Analyse am ISD kam zu dem Ergebnis, dass Donald Trump zu den zehn einflussreichsten Personen in englischsprachigen Twitter-Unterhaltungen rund um die Theorie des »Großen Austauschs« zählt.

Rechtspopulisten, die in Parlamenten sitzen oder führende Staatsämter bekleiden, haben entscheidend dazu beigetragen, die hinter den Attentätern von Christchurch und Poway stehenden Ideologien zu normalisieren, zu legitimieren und zu verstärken. Im Jahr 2019 konnten wir beobachten, wie führende rechtspopulistische Politiker in ganz Europa sich auf die Idee des »Großen Austauschs« berufen haben, entweder implizit oder explizit. Viele haben eine verwandte Sprache und ähnliche Verschwörungstheorien für ihre Kampagnen übernommen, wie etwa die Idee, dass Muslime in Europa einmarschieren würden, um den Kontinent zu islamisieren und zu arabisieren und in ein sogenanntes »Eurabien« zu verwandeln.

Im April 2019 schwor der ehemalige österreichische Vizekanzler Heinz-Christian Strache, »den Kampf gegen den Großen Austausch fortzuführen«. Dries Van Langenhove, der 26-jährige Spitzenkandidat der belgischen populistischen Rechtsaußen-Partei Vlaams Belang, schrieb wiederholt in den sozialen Medien, dass »wir ausgetauscht werden«. Beiden Politikern gelang es, bei den Europawahlen 2019 einen Sitz im Europäischen Parlament zu erringen – Heinz-Christian Strache von der FPÖ trotz des Ibiza-Skandals; Dries Van Langenhove trotz Enthüllungen über eine offen rassistische und antisemitische Chatgruppe, die er auf Discord betrieb. Unterdessen zog der aus Frankreich stammende geistige Vater der Verschwörungstheorie vom »Großen Austausch«, Renaud Camus, seine Kandidatur für die Europawahlen zurück, nachdem Fotos aufgetaucht waren, die einen seiner Unterstützer mit einem Hakenkreuz posierend zeigten.

Am Tag nach dem Anschlag von Christchurch, setzte Donald Trump Migranten mit »Invasoren« gleich, wie es auch Tarrant getan hatte. Ungarns Rechtsaußen-Premier Viktor Orbán spricht von Geflüchteten als »muslimischen Invasoren« und der ehemalige stellvertretende italienische Ministerpräsident Matteo Salvini behauptet, dass er »der Migranteninvasion Einhalt geboten« hätte. In Spanien twitterte der Präsident der rechtsextremen Vox-Partei in Andalusien,

Francisco Serrano: »Zusammen mit den Flüchtlingen kommen islamistische Radikale, die seit Jahren die Invasion Europas vorbereiten«. Die Berliner AfD präsentierte die Verschwörungstheorie sogar auf ihren Wahlplakaten, auf denen es hieß »Aus Europas Geschichte lernen (...) Damit aus Europa kein ›Eurabien‹ wird«.

Die Normalisierung der zu Gewalt anstiftenden Ideologien wirft neue Fragen für die Extremismus-Prävention auf. Sollte Twitter beispielsweise hasserfüllte oder verschwörungstheoretische Propaganda entfernen, selbst wenn sie von demokratisch gewählten Politikern kommt? Was, wenn solche Inhalte von den offiziellen Accounts des Präsidenten der Vereinigten Staaten oder dem stellvertretenden Ministerpräsidenten Italiens gepostet wird?

Wir sind in eine neue Ära des Extremismus eingetreten. Was früher Rand war, ist heute Mainstream. Slogans der extremen Rechten haben Eingang in offizielle Wahlprogramme gefunden. Apolitische Subkulturen im Netz haben sich politisiert, während der politische Raum die bizarren kulturellen Elemente von Online-Communitys übernommen hat. Spaß und Böses kämpfen Seite an Seite, was es schwerer macht, zwischen einem harmlosen Streich und einem strafbaren Verbrechen zu unterscheiden. Wo soll man die Grenze ziehen zwischen Meinungsfreiheit und Hassverbrechen? Zwischen Bürgerjournalismus und Informationskrieg? Zwischen Trolling und Terrorismus? Das sind nicht nur rechtliche Fragen. Es sind vielmehr Fragen, die das Herz der demokratischen Identität berühren. Wie libertär oder autoritär wollen wir sein? Und wie weit können wir es uns erlauben zu gehen – finanziell, moralisch, politisch? Was passiert, wenn wir zu stark zensieren? Wie zerstörerisch wäre der Backlash gegen das gesamte politische System?

Andererseits, was ist der Preis der Untätigkeit?

Aus dem Englischen von Philipp Albers

Anmerkungen

Die in diesem Band wiedergegebenen Gespräche, E-Mail-Korrespondenzen, Forumsbeiträge, Chatverläufe etc. folgen den Rechercheergebnissen der Autorin. Teilweise wurden Namen geändert. An mehreren Stellen wurde wörtliche Rede auf Basis von Notizen zeitnah rekonstruiert.

1. Rekrutierung

»Whites Only«: Angeworben von Neonazis

19 **Er wies es weit von sich, ein Faschist zu sein ...** Für eine weiterführende Analyse siehe Elisabetta Cassini Wolf, »Evola's interpretation of fascism and moral responsibility«, in: *Patterns of Prejudice*, Vol. 50, Issue 4-5, 2016, S. 478-494.

19 **für rechtsextreme Terroristen ...** Stanley G. Payne, *A History of Fascism: 1914-1945* (University of Wisconsin Press, 1995).

19 **und Neofaschisten ...** Richard Drake, *The revolutionary mystique and terrorism in contemporary Italy* (Indiana University Press, 1989).

19 **Sogar Stephen Bannon ...** Jason Horowitz, »Steve Bannon Cited Italian Thinker Who inspired Fascists«, in: *The New York Times*, 10. Februar 2017. https://www.nytimes.com/2017/02/10/world/europe/bannon-vatican-julius-evola-fascism.html

19 **das erste Mal, dass ein Berater des amerikanischen Präsidenten Evola kennt ...** Ebd.

21 **2017 ließen mehr Menschen ihre DNA analysieren ...** Antonio Regalado, »2017 was the year consumer DNA testing blew up«, in: *MIT Review*, Februar 2018. https://www.technologyreview.com/s/610233/2017-was-the-year-consumer-dna-testing-blew-up

22 **Und herausgefunden, dass viele, die ein unerwünschtes Testergebnis ...** Aaron Panofsky und Joan M. Donovan, »When Genetics Challenges a Racist's Identity: Genetic Ancestry Testing among White Nationalists«, American Sociological Association, 2017.

22 **Stattdessen aber finden sie Mittel und Wege, die Mitglieder ihrer Community zu unterstützen ...** American Sociological Association, »White Suprema-

cists use a decision tree to affirm or discount the results of DNA tests«, August 2017. https://phys.org/news/2017-08-white-supremacists-decision-tree-affirm.html

23 **In manchen Fällen jedoch führen Verdrängungsmechanismen ...** Aaron Panofsky und Joan M. Donovan, »When Genetics Challenges a Racist's Identity: Genetic Ancestry Testing among White Nationalists«, American Sociological Association, 2017.

24 **Während im Sommer 1944 Hunderttausende ungarischer Juden ...** Christophe Busch et al., *Das Höcker-Album: Ausschwitz durch die Linse der SS* (Verlag Philipp von Zabern, 2016), und Alec Wilkonson, »Picturing Auschwitz«, in: *New Yorker Magazine*, 17. März 2008.

24 **Im Vorfeld der US-Präsidentschaftswahl 2016 haben Ironie ...** George Hawley, *Making Sense of the Alt-Right* (Columbia University Press, 2017), und Angela Nagle, *Kill All Normies: Online Culture Wars from 4Chan and Tumblr to Trump and the Alt-Right* (Zero Books, 2017).

27 **Er teilt einen Link zur Ethnostaat-Verfassung ...** Der vollständige Text der NAR-Verfassung (der »Northwest American Republic«) findet sich hier: http://northwestfront.org/about/nar-constitution/

28 **politische Organisation arischer Männer und Frauen ...** Die Website der Northwest Front findet sich unter: http://northwestfront.org

28 **Sein Geld verdiente Covington ...** Sven Svenhed, »North West Front: The North West Volunteer Army«, auf Youtube hochgeladen im September 2012. In den USA verfügbar unter https://www.Youtube.com/watch?v=W14DdNUDL7g

28 **Sie sind gedacht als *selbsterfüllende Prophezeiungen*. ...** Vgl. hier: https://northwestfront.org/northwest-novels/

29 **Warum sollte etwa ich die Schönheit und Geschichte ...** Dylann Roofs Manifest kann in Gänze eingesehen werden unter: https://assets.documentcloud.org/documents/3237779/Dylann-Roof-manifesto.pdf

29 **die reinste Form von Patriotismus ...** Matthew Francey, »This guy wants to start his own Aryan country«, in: *Vice*, Februar 2013. https://www.vice.com/gr/article/4wqe33/this-guy-wants-to-start-his-own-aryan-country.

30 **In ihrer Besessenheit, ›die Wahrheit ans Licht zu bringen‹ ...** Jacob Davey und Julia Ebner, »The Fringe Insurgency: Connectivity, Convergence and Mainstreaming of the Extreme Right«, in: *ISD*, Oktober 2017. https://www.isdglobal.org/wp-content/uploads/2017/10/The-Fringe-Insurgency-221017.pdf

31 **In seiner 2001 durchgeführten Studie ...** Kevin C. Thompson, »Watching the Stormfront: White Nationalists and the Building of Community in Cyberspace«, in: *Social Analysis: The International Journal of Social and Cultural Practice*, Vol. 45, No. 1, 2001, S. 32-52. www.jstor.org/stable/23169989

32 **Bei einem Match zwischen Deutschland und Jugoslawien ...** Christopher Clarey, »World Cup '98; Hooligans Leave Officer In a Coma«, in: *The New York Times*, Archives 1998. https://www.nytimes.com/1998/06/22/sports/world-cup-98-hooligans-leave-officer-in-a-coma.html

32 **die großen jüdischen Monopole in Kunst ...** Eine etwas ausführlichere Beschreibung findet sich auf: http://northwestfront.org/northwest-novels/author-on-the-nw-novels/

Redpilling für Anfänger: Undercover bei den Identitären

36 **Rangeleien gibt zwischen Identitären und Protestierenden ...** Eva Thöne, »Dialog unmöglich«, auf: *Spiegel Online*, 15. Oktober 2017, http://www.spiegel.de/kultur/literatur/frankfurter-buchmesse-die-auseinandersetzung-mit-den-rechten-a-1172953.html

38 **Zehn Jahre später bildete sich ...** Julian Bruns, Kathrin Glösel und Natascha Strobl, *Die Identitären: Handbuch zur Jugendbewegung der Neuen Rechten in Europa* (Unrast Verlag, 2014).

38 **In einem Versuch, sich als Marke neu aufzustellen ...** Natascha Strobl, *Die Identitären: Handbuch zur Jugendbewegung der Neuen Rechten* (Unrast Verlag, 2014).

39 **Zu einem der beliebtesten Ideologen der Neuen Rechten ...** Vgl. ebd. sowie: Bericht der NGO Hope Not Hate, »A New Threat: Our Report on Generation Identity UK and Ireland« (2018), https://www.hopenothate.org.uk/2018/04/13/a-new-threat/

39 **strategischen Massenvermehrung ...** Guillaume Fayes Rede im National Policy Institute (2015) wurde von Youtube entfernt (https://www.Youtube.com/watch?v=Ss-QNSiN2oY), vgl. auch: Guillaume Faye, *Why We Fight: Manifesto of the European Resistance* (Arktos Media, 2011).

40 **Studien haben ergeben, dass dafür ...** Max Roser, »Fertility Rate«, in: *Our World in Data*. Dezember 2017. https://ourworldindata.org/fertility-rate

40 **Nur wenige Wochen nachdem 50 Muslime ...** »Wann hört das endlich auf, Herr Strache?«, in: *Kronenzeitung*. 28. April 2019. https://www.krone.at/1911848

41 **Man kann Punkte sammeln, indem man ...** Siehe auch: https://altright.com/2017/02/16/patriot-peer-connecting-the-silent-majority/

42 **Was er nicht weiß: Ich habe die vergangenen Wochen ...** Jacob Davey und Julia Ebner, »The Fringe Insurgency: Connectivity, Convergence and Mainstreaming of the Extreme Right«, in: *ISD*, Oktober 2017. https://www.isdglobal.org/wp-content/uploads/2017/10/The-Fringe-Insurgency-221017.pdf

43 **Die FPÖ bekommt an diesem Abend 26 Prozent ...** Matthew Karnitschinig, »Austria heads for right-leaning coalition«, in: *Politico*, 15. Oktober 2017. https://www.politico.eu/article/austria-heads-for-right-leaning-coalition-early-projections/

44 **von Nietzsche die rote Pille bekommen ...** »His kampf«, in: *The Atlantic*, Juni 2017. https://www.theatlantic.com/magazine/archive/2017/06/his-kampf/524505/

45 **Aufstachelung zum Genozid ...** Ronald Beiler, *Dangerous Minds: Nietzsche, Heidegger, and the Return of the Far Right* (University of Pennsylvania Press, 2018), und Casey Michel, »Meet the favorite philosophers of young white supremacists«, in: *Think Progress*, 22. Juni 2018. https://thinkprogress.org/this-philosophers-of-young-white-supremacists-33605ba538c0/

45 **Sue Prideaux zeichnet ihn in ihrer Biografie ...** Sue Prideaux, *I am Dynamite! A Life of Friedrich Nietzsche* (Faber & Faber, 2018).

45 **Na ja, ich habe eben zwischen den Zeilen gelesen ...** https://www.youtube.com/watch?v=Lb5zUG9UzFE

46 **»Subversion über Konfrontation« ist eine der Formulierungen ...** Martin Sellner, *Identitär! Geschichte eines Aufbruchs* (Antaios Verlag, 2017, S. 117).

48 **Als der *Observer* später ...** Mark Townsend, »Senior member of European far-right group quits over neo-Nazi link«, in: *The Observer*, 11. August 2018. https://www.theguardian.com/world/2018/aug/11/generation-identity-leader-quits-neo-nazi-links

50 **Ihr Recherche-Team brachte die kriminelle Vergangenheit ...** Joe Mulhall, »Failed Defend Europe Mission Comes to an End«, auf der Website von Hope Not Hate, 17. August 2017, https://www.hopenothate.org.uk/2017/08/17/failed-defend-europe-mission-comes-end/

52 **Aber trotzdem ist sie in die Nähe rechtsradikaler Akteure ...** »Premier League clubs warned over ›far-right‹ Football Lads Alliance«, in: *The Times*, 30. März 2018. https://www.thetimes.co.uk/article/premier-league-clubs-warned-over-far-right-football-lads-alliance-omgq2lppv

54 **in einem »Generation Alt-Right« ...** Hannibal Bateman, »Generation Alt-Right«, in: *Radix Journal*, 14. April 2016. https://radixjournal.com/2016/04/2016-4-14-generation-alt-right/-

54 **Am Ende dieser Suche steht ...** Ebd.

56 **Politik ist der Kultur nachgelagert ...** Jason M. Breslow, »The Frontline Interview: Joel Pollak«, in: *Frontline*, 23. März 2017. https://www.pbs.org/wgbh/frontline/article/the-frontline-interview-joel-pollak/

57 **Denn sobald eine Online-Kampagne ...** Whitney Phillips, »The Oxygen of Amplification: Better Practices for Reporting on Extremists, Antagonists, and Manipulators Online«, Data & Society Research Foundation, 2018. https://datasociety.net/output/oxygen-of-amplification/

58 **der Prozess der Erleuchtung und Aufklärung ...** Vgl. http://d-gen.de/2017/10/art-of-redpilling/

59 **Das jährliche Trainingslager ...** Lizzie Dearden, »Generation Identity: Far-right group sending UK recruits to military-style training camps in Europe«, in: *The Independent*, 9. November 2017. https://www.independent.co.uk/news/uk/home-news/generation-identity-far-right-group-training-camps-europe-uk-recruits-military-white-nationalist-a8046641.html

61 **Sie bekommen Unterricht in Literatur ...** Ebd.

63 **Im Mai 2018 brachte die *Sunday Times* ...** Andrew Gilligan, »The ›hipster fascists‹ who anti-racism campaigners say are breathing new life into the far right«, in: *The Sunday Times*, 20. Mai 2018. https://www.thetimes.co.uk/article/the-hipster-fascists-breathing-new-life-into-the-british-far-right-6hvtmq63k

2. Sozialisierung

Trad Wives: Unter Antifeministinnen

66 **das Maß der sexuellen Attraktivität ...** Der hier zitierte Original-Eintrag auf MGTOW ist nicht mehr online. Vgl. aber auch den deutschsprachigen Eintrag zum ›Sexuellen Marktwert‹ hier: https://mgtowdeutsch.wordpress.com/2015/06/18/sexueller-marktwert-smv-sexual-market-value/. Und vgl. auch den Eintrag zu ›Sexual Market Value‹ in der englischsprachigen WikiMannia: http://en.wikimannia.org/Sexual_market_value

67 **sexuellen Ökonomie ...** R.F. Baumeister und K.D. Vohs, »Sexual econom-

ics: sex as a female resource for social exchange in heterosexual interactions«, in: *Personality and Social Psychology Review* 8 (4), 2004. https://www.ncbi.nlm.nih.gov/pubmed/15582858

68 **Der SMV einer Frau ist ihr angeboren …** Vgl. hier: http://en.wikimannia.org/Sexual_market_value#Career_.2F_Status

69 **einer von dem republikanischen US-Parlamentsabgeordneten Robert Fisher …** Bonnie Bacarisse, »The Republican Lawmaker Who Secretly Created Reddit's Women-Hating Red Pill«, in: *Daily Beast*, 25. April 2017. https://www.thedailybeast.com/the-republican-lawmaker-who-secretly-created-reddits-women-hating-red-pill

69 **Aber TRP ist nur ein kleiner Ausschnitt …** Anti-Defamation League, »When Women are the Enemy: the Intersection of Misogyny and White Supremacy«, Juli 2018. https://www.adl.org/resources/reports/when-women-are-the-enemy-the-intersection-of-misogyny-and-white-supremacy

70 **Über Bewegungen wie #MeToo …** Siehe Eintrag zum Stichwort ›Male Supremacy‹ auf der Webseite der Organisation SPLC (Southern Poverty Law Center): https://www.splcenter.org/fighting-hate/extremist-files/ideology/male-supremacy

70 **Der Feminismus ist ein Angriff auf den weißen Mann …** Bogdan Sajovic, »Lana Lokteff: The West Needs to Go Through a Death and a Rebirth«, in: *Demokracija*, 11. Januar 2019. http://demokracija.eu/focus/lana-lokteff-the-west-needs-to-go-through-a-death-and-a-rebirth.html

71 ***Regel Fünf: Kein Feminismus* …** Vgl. https://www.reddit.com/r/RedPillWomen/

76 **In den 1990er Jahren setzte die kanadische …** Peter Baker, »The Woman Who Accidentally Started the Incel Movement«, in: *Elle*, 1. März 2016. https://www.elle.com/culture/news/a34512/woman-who-started-incel-movement/

77 **Während Alana noch Begriffe wie …** Ben Zimmer, »How Incel Got Hijacked«, in: *Politico*, 8. Mai 2015. https://www.politico.com/magazine/story/2018/05/08/intel-involuntary-celibate-movement-218324

77 **bevor er im April 2018 in Toronto …** Alex Hern, »Who are the ›incels‹ and how do they relate to Toronto van attack?«, in: *The Guardian*, 25. April 2018. https://www.theguardian.com/technology/2018/apr/25/what-is-incel-movement-toronto-van-attack-suspect

78 **Ich habe keine Anziehung auf euch …** Hadley Freeman, »Elliot Rodger was a misogynist – but is that all he was?«, in: *The Guardian*, 27. Mai 2014.

https://www.theguardian.com/commentisfree/2014/may/27/elliot-rodger-was-misogynist-killing-spree

78 **Während männliche User …** G. Tyson, V. Perta, H. Haddadi et al.: »A First Look at User Activity on Tinder«, vorgestellt 2016 bei der 8th IEEE/ACM International Conference on Advances in Social Networks Analysis and Mining (ASONAM).

78 **Eine andere Studie ergab …** Elizabeth E. Bruch und M.E.J. Newman, »Aspirational pursuit of mates in online dating markets«, in: *Science Advances*, Vol. 4 (8), 8. August 2018. http://advances.sciencemag.org/content/4/8/eaap9815

78 **Alle führen häufig die hohen Selbstmordraten …** Siehe z.B. https://equalitycanada.com/wp-content/uploads/2012/09/Mens-Issues-Awareness-Newsletter1.pdf

79 **ein Phänomen, das man auch ›Suizid-Paradox‹ …** Vgl. »Suicides in the United Kingdom: 2012 Registrations«, Hrsg.: Office for National Statistics, 18. Februar 2014, https://webarchive.nationalarchives.gov.uk/20160107060820/http://www.ons.gov.uk/ons/dcp171778_351100.pdf, und »Suicide Statistics«, Hrsg.: Center for Disease Control and Prevention, 2015 https://www.cdc.gov/violenceprevention/pdf/suicide-datasheet-a.pdf

79 **Es ist dringend geboten, Frauen …** Jon Anthony auf ›Masculine Development‹: https://www.masculinedevelopment.com/lauren-southern-red-pill-women/

79 **Vielleicht gefällt es euch nicht …** The Golden One: »The Golden One: the Women Question«, 5 Dezember 2016: https://www.youtube.com/watch?v=Oaxy9mqxO-Y

79 **In ihren weit schwingenden Retro-Kleidern …** Anne Kelly, »The Housewives of White Supremacy«, in: *The New York Times*, 1. Juni 2018, https://www.nytimes.com/2018/06/01/opinion/sunday/tradwives-women-alt-right.html, sowie Kellies weiterführende Recherchen.

80 ***Wie du deiner Freundin die rote Kapsel gibst …*** Der Livestream war Anfang 2018 unter dieser URL zugänglich: https://www.youtube.com/watch?v=esdZcvjlTeA

83 **Eine anonym bleibende selbsterklärte …** Siehe zum Beispiel folgende Beiträge auf der Website ›A Domestic Discipline Society‹: https://adomesticdisciplinesociety.blogspot.com/2013/04/taken-in-hand-head-of-household-tih-hoh-role-domestic-discipline.html

85 **Besonders besorgniserregend ist an all dem …** Vgl. Elizabeth E. Bruch und

M. E. J. Newman, »Aspirational pursuit of mates in online dating markets«, in: *Science Advances*, Vol. 4 (8), 8. August 2018. http://advances.sciencemag.org/content/4/8/eaap9815

85 **Studien legen nahe, dass ...** American Psychological Association, »Tinder: Sweeping Self Esteem?«, 4. August 2016. https://www.apa.org/news/press/releases/2016/08/tinder-self-esteem

85 **Es stimmt, dass so viele US-Amerikaner ...** Francesca Friday, »More Americans are single than ever before«, in: *Observer*, 16. Januar 2018. https://observer.com/2018/01/more-americans-are-single-than-ever-before-and-theyre-healthier-too/

86 **dass die Geburtenraten in den USA ...** Bill Chappell, »U. S. Births Dip To 30-Year Low; Fertility Rate Sinks Further Below Replacement Level«, in: *NPR*, 17. Mai 2018. https://www.npr.org/sections/thetwo-way/2018/05/17/611898421/u-s-births-falls-to-30-year-low-sending-fertility-rate-to-a-record-low?t=1552560187848

86 **dass die durchschnittliche Beziehungsdauer ...** »Old at heart? Quiet life of the average 20 something in 2017«, Nationwide Building Society, 23. Februar 2017.

86 **Die Deutschen haben im Leben ...** Holger Geißler und Christoph Drössler, Wir Deutschen und die Liebe: Wie wir lieben. Was wir lieben. Was uns erregt (Edel Books, 2017).

86 **Mehr als die Hälfte aller nicht Verheirateten ...** »Haben Sie derzeit eine feste Partnerschaft?«, Statista, 2019. https://de.statista.com/statistik/daten/studie/180041/umfrage/feste-partnerschaft-vorhanden/

»Sisters Only«: Eingeführt bei den Terror-Schwestern

90 **Sechs Mitglieder dieser Familie ...** David Lipson, »Surabaya bombings: neighbours say family responsible seemed like ›ordinary people‹«, in: ABC, 14. Mai 2017. https://www.abc.net.au/news/2018-05-14/indonesia-church-attacks-joko-widodo-orders-investigation/9757512

90 **Aber dass ganze Familien ...** Ebd.

90 **das hat eine neue Qualität ...** Cameron Sumpter, »Extremism in Indonesia is a family affair«, in: *East Asia Forum*, Mai 2017, https://www.eastasiaforum.org/2018/05/18/extremism-in-indonesia-is-a-family-affair/, und Kirsten Schulze, »The Surabaya Bombings and the Evolution of the Jihadi Threat in Indonesia«, in: *CTC Sentinel*, Vol. 11/6 (Juni/Juli 2018), https://ctc.usma.edu/surabaya-bombings-evolution-jihadi-threat-indonesia/

90 **Zu dieser Übergangsphase gehört ...** Für weitere Informationen über die Sozialisierung in Extremistengruppen siehe z. B. Diego Muro, »What does Radicalisation Look Like? Four Visualisations of Socialisation into Violent Extremism«, University of St Andrews and Barcelona Centre of International Studies, 2016.

93 **Anleitungen zum Bombenbau ...** Siehe Kumar Ramakrishna, *Islamist Terrorism and Militancy in Indonesia: The Power of the Mchean Mindset* (Singapore: Springer, 2015), und ders., »Radical Pathways: Understanding Radicalisation in Indonesia«, in: *Contemporary Southeast Asia*, Vol. 32, No. 1 (April 2010), S. 102-104.

93 **In den vergangenen Jahren haben ...** Beh Lih Yi, Oliver Holmes und Luke Harding, »ISIS claims responsibility for Jakarta gun and bomb attacks«, in: *The Guardian*, 14. Januar 2016, https://www.theguardian.com/world/2016/jan/14/jakarta-bombings-multiple-casualties-after-indonesian-capital-hit-by-suicide-attacks, und Gayatri Suroyo and Stefanno Reinard, »Indonesia makes arrests as Islamic State claims Jakarta attacks«, auf: *Reuters*, 26. Mai 2017, https://www.reuters.com/article/us-indonesia-blast-arrests/indonesia-makes-arrests-as-islamic-state-claims-jakarta-attacks-idUSKBN18M0F3

93 **Eine Kombination von Facebook ...** Francis Chan, »Batam militants behind foiled Marina Bay plot jailed for terrorism conspiracy«, in: *The Straits Times*, 7. Juni 2017, https://www.straitstimes.com/asia/se-asia/members-of-batam-terror-cell-behind-foiled-mbs-rocket-attack-plot-found-guilty-of, und Wahyudi Soeriaatmadja, »Foiled rocket attack's Batam rocket site was 18km away from MBS«, auf: *Asia One*, 27. September 2016, https://www.asiaone.com/singapore/foiled-rocket-attacks-batam-launch-site-was-18km-mbs

94 **Neun von zehn Smartphone-Usern ...** »Internet Usage in Indonesia«, Statista, 2016, https://www.statista.com/topics/2431/internet-usage-in-indonesia/, und »Indonesia Social Media Habit Report Q1 2017«, JakPat, Mai 2017, https://blog.jakpat.net/indonesia-social-media-habit-report-q1-2017/

95 **Mitte 2014, als der IS ...** J. M. Berger, »The Evolution of Terrorist Propaganda: The Paris Attack and Social Media«, Brookings Institution, 27. Januar 2015. https://www.brookings.edu/testimonies/the-evolution-of-terrorist-propaganda-the-paris-attack-and-social-media/

95 **2016 war der Anteil der ...** National Consortium for the Study of Terrorism and Responses to Terrorism, »The Use of Social Media by United States Extremists«, Research Brief, 2018. Dieser Bericht basiert auf der PIRUS-

Datenbank, die hier zugänglich ist: https://www.start.umd.edu/data-tools/profiles-individual-radicalization-united-states-pirus

95 **Facebook ist eine gute Idee ...** Public Intelligence, »DHS Terrorist Use of Social Networking, Facebook Case Study«, 5. Dezember 2010. https://publicintelligence.net/ufouoles-dhs-terrorist-use-of-social-networking-facebook-case-study/

97 **Um die Enttarnung zu vermeiden ...** Malcolm Nance und Chris Sampson, *Hacking ISIS: How to Destroy the Cyber Jihad* (New York: Skyhorse Publishing, 2017), S. 60-78.

97 **Es sind immer noch 36 Stunden ...** Regierung des Königreichs Großbritannien, »PM Speech at UNGA: preventing terrorist use of the Internet«, Transkript der Rede vom 21. September 2017. https://www.gov.uk/government/speeches/pm-speech-at-unga-preventing-terrorist-use-of-the-internet

98 **Im 5. Jahrhundert v. Chr. soll ...** Jennifer T. Roberts, *Herodotus: A Very Short Introduction* (Oxford: OUP UK, 2011), S. 92.

99 **Wenige Monate vor dem Einsturz ...** Jack Kelly, »Terror groups hide behind web encryption«, in: *USA Today*, 5. Mai 2001. https://usatoday30.usatoday.com/life/cyber/tech/2001-02-05-binladen.htm

99 **Ghost Security, eine Expertengruppe ...** Pierluigi Paganini, »ISIS members have developed a mobile app for its communications«, in: *Security Affairs*, 7. Dezember 2015. https://securityaffairs.co/wordpress/42581/intelligence/isis-mobile-app.html

102 **Das Ideal ist nicht mehr ...** Vgl. Kirsten E. Schulze, »The Surabaya Bombings and the Evolution of the Jihadi Threat in Indonesia«, in: *CTC Sentinel*, Vol. 11/6 (Juni/Juli 2018). https://ctc.usma.edu/surabaya-bombings-evolution-jihadi-threat-indonesia/

102 **Im Oktober 2017 ging der IS ...** Charlie Winter, »Big news: the latest issue of #IS's newspaper features an unambiguous call to arms directed at female supporters«, Twitter, 5. Oktober 2017.

102 **Die 45-jährige Araberin ...** US-Justizministerium, »Wisconsin Woman Charged With Attempting to Provide Material Support to ISIS«, 13. Juni 2018. https://www.justice.gov/opa/pr/wisconsin-woman-charged-attempting-provide-material-support-isis

102 **Dem FBI zufolge stellte sie ...** »US woman charged with IS support had ›virtual library‹ on bomb making«, BBC, 14. Juni 2018. https://www.bbc.com/news/world-us-canada-44485682

Infokriege: Konfrontiert mit dem Medienimperium von Tommy Robinson

106 **Nachdem ich undercover der ...** Julia Ebner, »The far right thrives on global networks. They must be fought online and off«, in: *The Guardian*, 1. Mai 2017. https://www.theguardian.com/commentisfree/2017/may/01/far-right-networks-nationalists-hate-social-media-companies

108 **Der Fall zeigt, wie dem Establishment ...** Raheem Kassam, »Tommy Robinson Vs. Quilliam Shows How the Establishment's Grip on Political Narratives is Slipping«, auf: *Breitbart*, 5. Mai 2017. https://www.breitbart.com/europe/2017/05/07/kassam-tommy-robinson-vs-quilliam-shows-how-the-establishments-grip-on-political-narratives-is-slipping/

108 **Die Dynamik zwischen den etablierten Medien ...** Ebd.

112 **Während Choudary de facto ...** Jamie Grierson, »Found far-right plots thwarted last year, says counter-terrorism chief«, in: *The Guardian*, 26. Februar 2018. https://www.theguardian.com/uk-news/2018/feb/26/four-far-right-plots-thwarted-last-year-says-counter-terrorism-chief-mark-rowley

112 **2016 fuhr der rechtsradikale Terrorist ...** Lizzie Dearden, »Finsbury Park trial as it happened: Messages sent by Tommy Robinson to terror suspect Darren Osborne revealed in court«, in: *The Independent*, 23. Januar 2018. https://www.independent.co.uk/news/uk/crime/finsbury-park-at tack-trial-live-darren-osborne-court-muslims-mosque-van-latest-news-updates-a8173496.html

112 **Obwohl Robinson behauptet ...** Lizzie Dearden, »Tommy Robinson supporters perform Nazi salutes at violent London protest, amid warnings of return to racist street movement«, in: *The Independent*, 11. Juni 2018. https://www.independent.co.uk/news/uk/crime/tommy-robinson-free-protest-nazi-salutes-london-violence-police-arrests-attacks-pri son-a8393566.html

113 **wegen ›gross offence‹ verurteilt wurde ...** Lizzie Dearden, »Man who taught girlfriend's pet pug dog to perform Nazi salutes fined £ 800«, in: *The Independent*, 23. April 2018. https://www.independent.co.uk/news/uk/crime/count-dankula-nazi-pug-salutes-mark-meechan-fine-senten ced-a8317751.html

113 **Anfang 2019 gründete er mit ...** Jake Ryan, »Tommy Robinson to cash in on his notoriety by launching UK media company«, in: *The Sun*, 7. Januar

2019. https://www.thesun.co.uk/news/8113022/tommy-robinson-to-cash-in-on-his-notoriety-by-launching-uk-media-company/

113 **An einem Samstagnachmittag im Februar 2019 ...** »Tommy Robinson holds Salford protest against BBC«, *BBC*, 23. Februar 2019. https://www.bbc.com/news/uk-england-manchester-47335414

113 **Nur wenige Tage vor der Premiere ...** »Trump supporter attacks BBC cameraman at El Paso rally«, *BBC*, 12. Februar 2019. https://www.bbc.com/news/world-us-canada-47208909

113 **›Alternative‹ Nachrichtenplattformen und ...** Vgl. z. B. Sophie McBain, »What Steve Bannon Really Believes In«, in: *New Statesman*, 12. September 2018. https://www.newstatesman.com/world/north-america/2018/09/what-steve-bannon-really-believes

113 **die beide viele Bewegungen finanziell ...** Betsy Woodruff, »The Secret Heiress Funding the Right-Wing Media«, in: *The Daily Beast*, 13. September 2016. https://www.thedailybeast.com/the-secret-heiress-funding-the-right-wing-media

113 **Wie jedoch bei allen populären ...** Paul P. Murphy, Kaya Yurieff und Gianluca Mezzofiore, »Exclusive: Youtube ran ads from hundreds of brands on extremist channels«, CNN, 20. April 2018. https://money.cnn.com/2018/04/19/technology/Youtube-ads-extreme-content-investigation/index.html

114 **In seinem Buch *Das egoistische Gen* ...** »This is where internet memes come from«, in: *MIT Technology Review*, 11. Juni 2018. https://www.technologyreview.com/s/611332/this-is-where-internet-memes-come-from/

115 **Nur Stunden nachdem #KeinGeldfürRechts ...** Henryk M. Broder, »Der Denunziant von Scholz & Friends«, auf: Achse des Guten, 7. Dezember 2016. https://www.achgut.com/artikel/der_denunziant_von_scholz_und_friends

116 **Berichten zufolge sind zwischen ...** Anya Kamenetz, »Professors Are Targets in Online Culture Wars; Some Fight Back«, in: *National Public Radio*, 4. April 2018. https://www.npr.org/sections/ed/2018/04/04/590928008/professor-harassment

117 **Er selbst wurde wegen seiner ...** Joshua A. Cuevas, »A New Reality? The Far Right's Use of Cyberharassment Against Academics«, *American Association of University Professors*, Januar/Februar 2018. https://www.aaup.org/article/new-reality-far-rights-use-cyberharassment-against-academics#.XI90sqBCepo

117 **Es ist 13 Uhr und für ein Glas Wein ...** Lizzie Dearden, »Tommy Robinson

case: why EDL founder could be jailed again for contempt of court«, in: *The Independent*, 26. September 2018. https://www.independent.co.uk/news/uk/crime/tommy-robinson-prison-jailed-why-contempt-court-grooming-gangs-muslim-protest-a8472566.html

117 **›Doxen‹, eine Kurzform für ...** https://www.economist.com/the-economist-explains/2014/03/10/what-doxxing-is-and-why-it-matters

117 **Laut Crash Override Network ...** Crash Override Network, »Preventing Doxing: A primer on removing your personal information from the most commonly exploited places«, 2018. http://www.crashoverridenetwork.com/preventingdoxing.html

118 **Aber im Laufe der vergangenen Jahre ...** Mat Honan, »What is Doxing?«, in: *Wired*, 3. Juni 2014. https://www.wired.com/2014/03/doxing/

118 **Sie wurde mit Halbwahrheiten ...** Zoë Quinn, »What happened after Gamergate hacked me«, in: *Time*, 11. September 2017. http://time.com/4927076/zoe-quinn-gamergate-doxxing-crash-override-excerpt/

118 **Das Ziel des böswilligen ...** Bruce Schneier, »2015: The year ›doxing‹ will hit home«, auf: *BetaBoston*, 31. Dezember 2014. https://www.schneier.com/essays/archives/2014/12/2015_the_year_doxing.html

119 **Sie haben unsere Profile ...** Crash Override Network, »Preventing Doxing: A primer on removing your personal information from the most commonly exploited places«, 2018. http://www.crashoverridenetwork.com/preventingdoxing.html

119 **So kann die Entfernung ...** Vgl. https://www.peoplelookup.com/privacy-policy

121 **Die zehn am wenigsten beschimpften ...** Becky Gardiner et al., »The dark side of Guardian comments«, in: *The Guardian*, 12. April 2017. https://www.theguardian.com/technology/2016/apr/12/the-dark-side-of-guardian-comments

121 **Die Folgen sind oft schwerwiegend ...** »IFJ Survey: Two-thirds of women journalists suffered gender-based online attacks«, in: *IJF*, 7. Dezember 2018. https://www.ifj.org/media-centre/news/detail/category/press-releases/article/ifj-survey-two-thirds-of-women-journalists-suffered-gender-based-online-attacks.html

121 **Desinformation heißt nicht ...** Caroline Jack, »Lexicon of Lies: Terms of Problematic Information«, Data & Society Research Institute, 8. September 2017. https://datasociety.net/output/lexicon-of-lies/

122 **Ganz in der Tradition der ...** Peter Pomerantsev, *Nichts ist wahr und alles ist möglich. Abenteuer in Putins Russland* (Deutsche Verlags-Anstalt, 2015),

und John Pollok, »Russian Disinformation Technology«, in: *MIT Technology Review*, 13. April 2017. https://www.technologyreview.com/s/604084/russian-disinformation-technology/

122 **James Jesus Angleton, Gründungsoffizier bei ...** David Robarge, »Moles, Defectors, and Deceptions: James Angleton and CIA Counterintelligence«, in: *Journal of Intelligence History*, Vol. 3 (2), Winter 2003, S. 31.

123 **Beispielsweise helfen russische ...** Chloe Colliver et al., »Smearing Sweden: International Influence Campaigns in the 2018 Swedish Election«, ISD, Oktober 2018. https://www.isdglobal.org/wp-content/uploads/2018/11/Smearing-Sweden.pdf

124 **Seine Messages ...** Paris Martineau, »How Alt-Right Twitter Tricks the Media into Panicking«, in: *The Outline*, 13. Juni 2018. https://theoutline.com/post/4918/how-alt-right-twitter-tricks-the-media-into-panikking?zd=1&zi=q7pd3g2h

124 **Bei den meisten Kampagnen ging ...** Samantha Bradshaw und Philip N. Howard, »Challenging Truth and Trust: A Global Inventory of Organized Social Media Manipulation«, The Computational Propaganda Project, University of Oxford, 20. Juli 2018. https://comprop.oii.ox.ac.uk/research/cybertroops2018/

124 **Die Erosion des bürgerlichen Diskurses ...** Jennifer Kavanagh und Michael D. Rich, »Truth Decay: An Initial Exploration of the Diminishing Role of Facts and Analysis in American Public Life«, RAND Corporation. https://www.rand.org/pubs/research_reports/RR2314.html

125 **Republikaner glaubten mehr als ...** Public Policy Polling, April 2013. Pressemitteilung und Kurzzusammenfassung abrufbar auf: https://www.publicpolicypolling.com/wp-content/uploads/2017/09/PPP_Release_National_ConspiracyTheories_040213.pdf

125 **In einer zweiten Stufe eskalierte ...** Jennifer Kavanagh und Michael D. Rich, »Truth Decay: An Initial Exploration of the Diminishing Role of Facts and Analysis in American Public Life«, RAND Corporation. https://www.rand.org/pubs/research_reports/RR2314.html

125 **Er brachte viele am rechten ...** Fabian Klask, »Die Stille nach der lauten Nacht«, in: *Die Zeit*, 29. Dezember 2017. https://www.zeit.de/2018/01/silvesternacht-koeln-sexuelle-belaestigung-schweigen-medien

126 **geistigen Raumes jenseits von ... in dem die eherne Regel der Belegbarkeit ...** David Neiwert, *Alt-America. The Rise of the Radical Right in the Age of Trump*, Verso, 2017.

126 **Eine Studie des Pew Research Centre ...** Angela Moon, »Two-thirds of

American adults get news from social media: survey«, Reuters, 8. September 2017. https://uk.reuters.com/article/us-usa-internet-socialmedia/two-thirds-of-american-adults-get-news-from-social-media-survey-idUKKCN1BJ2A8

127 **Eine solche Desinformations- und Verdunkelungsstrategie ...** Der Begriff ›Source-Hacking‹ wurde geprägt von Joan Donovan, einer beim New Yorker Forschungsinstitut Data & Society arbeitenden Wissenschaftlerin; s. z. B. Craig Timberg und Drew Harwell, »We studied thousands of anonymous posts about the Parkland attack – and found a conspiracy in the making«, in: *Washington Post*, 28. Februar 2018. https://www.washingtonpost.com/business/economy/we-studied-thousands-of-anonymous-posts-about-the-parkland-attack---and-found-a-conspiracy-in-the-making/2018/02/27/04a856be-1b20-11e8-b2d9-08e748f892c0_story.html?noredirect=on&utm_term=.931174bdc67c

127 **Im Dezember 2018 deckte der *Spiegel* ...** Ullrich Fichtner, »SPIEGEL legt Betrugsfall im eigenen Haus offen«, in: *Der Spiegel*, 19. Dezember 2018. https://www.spiegel.de/kultur/gesellschaft/fall-claas-relotius-spiegel-legt-betrug-im-eigenen-haus-offen-a-1244579.html

127 **Dieser Skandal war für rechtsextreme ...** Martin Sellner, »Claas Relotius und der Spiegel haben uns alle belogen«, 19. Dezember 2018. https://www.Youtube.com/watch?v=bpZEoAYDv2c

127 **Sie klebten Plakate und Flugblätter ...** Helena Piontek, »Rechtsextremisten greifen Medienhäuser und Parteien an«, in: *Der Tagesspiegel*, 14. Januar 2019. https://www.tagesspiegel.de/berlin/polizei-justiz/bundesweite-aktion-der-identitaeren-rechtsextremisten-greifen-medienhaeuser-und-parteien-an/23862586.html

128 **Wenige Wochen später veranstaltete ...** Till Eckert, »Erste Konferenz der freien Medien: Wie die AfD rechte Blogger und Identitäre in den Bundestag einlud«, Correctiv, Mai 2019. https://correctiv.org/faktencheck/hintergrund/2019/05/21/erste-konferenz-der-freien-medien-wie-die-afd-rechte-blogger-und-identitaere-in-den-bundestag-einlud/

128 **2018 verbreiteten rechtsextreme Aktivisten ...** Chloe Colliver, Julia Ebner et al., »The Battle for Bavaria: An Analysis of Online Information and Influence Campaigns in the 2018 Bavarian State Election«, ISD, Februar 2019.

128 **Gleichzeitig stellten schwedische Neurechte ...** Chloe Colliver, Peter Pomerantsev et al., »Smearing Sweden: International Influence Campaigns in the 2018 Swedish Election«, ISD, Oktober 2018. https://www.isdglobal.org/wp-content/uploads/2018/11/Smearing-Sweden.pdf

128 **Der deutsch-amerikanische Soziologe …** Yascha Mounk, *Der Zerfall der Demokratie – Wie der Populismus den Rechtsstaat bedroht* (Droemer, 2018).

Meme-Kriege: Undercover bei der größten Troll-Armee Europas

130 **Youtube ist einer der Hauptnährböden …** Raphael Ottoni et al., »Analyzing Right-wing Youtube Channels: Hate, Violence and Discrimination«, in: *Proceedings of the 10th ACM Conference on Web Science*, N.Y.: ACM, 2018. https://arxiv.org/pdf/1804.04096.pdf

130 **Mit über 1,8 Milliarden …** Ben Gilbert, »Youtube now has over 1.8 billion users every month, within spitting distance of Facebook's 2 billion«, in: *Business Insider*, 4. Mai 2018. https://www.businessinsider.de/Youtube-user-statistics-2018-5

130 **Die Tatsache, dass ihre Algorithmen …** Jonas Kaiser, »The Dark Side of the Networked Society«, The Harvard Berkman Klein Center for Internet & Society. https://cyber.harvard.edu/events/2018/luncheon/01/Kaiser

131 **die Hetze von weißen Nationalisten …** Zeynep Tufekci, »Youtube, the Great Radicalizer«, in: *The New York Times*, 10. März 2018. https://www.nytimes.com/2018/03/10/opinion/sunday/Youtube-politics-radical.html

131 **Jetzt wurde ich neugierig und habe …** Ebd.

132 **Auch wenn manche Witze …** Angela Nagle, *Die digitale Gegenrevolution. Online-Kulturkämpfe der Neuen Rechten von 4Chan und Tumblr bis zur Alt-Right und Trump*, transcript Verlag, 2018.

132 **rechte Trolle, linke Trolle, Newsfeeds …** Daren L. Linvill und Patrick L. Warren, »Troll Factories: The Internet Research Agency and State-Sponsored Agenda Building«, Juli 2018. http://pwarren.people.clemson.edu/Linvill_Warren_TrollFactory.pdf

136 **Die daraus resultierende, unter dem Obersten Führer …** Gabriele Thoß und Franz-Helmut Richter, *Ayatollah Khomeini: Zur Biographie und Hagiographie eines islamischen Revolutionsführers*, Münster 1991 (Wurf Verlag), S. 156f.

136 **pragmatischer Fundamentalismus …** Ervand Abrahamian, *Khomeinism. Essays on the Islamic Republic*, University of California Press, 1993, S. 2.

136 **illiberale Demokratie …** »The Oxymoron of ›Illiberal Democracy‹«, Brookings Institution, 2004. https://www.brookings.edu/opinions/the-oxymoron-of-illiberal-democracy/

138 **Die ›Trending Topics‹-Funktionen …** Caroline Jack, »Lexicon of Lies: Terms for Problematic Information«, Data & Society Research Institute, 2017. https://datasociety.net/pubs/oh/DataAndSociety_LexiconofLies.pdf

139 **Der offenbar von einem bayrischen ...** J. Davey und J. Ebner, »The Fringe Insurgency: Connectivity, Convergence and Mainstreaming of the Extreme Right«, ISD, 2017.

141 **Die Bewegung bekam starken Zulauf ...** Sheila Johnston, »The Wave: the experiment that turned a school into a police state«, in: *The Telegraph*, 5. September 2018. https://www.telegraph.co.uk/culture/film/3559727/The-Wave-the-experiment-that-turned-a-school-into-a-police-state.html

142 **Psychologische Studien haben gezeigt ...** Michael Sailer et al., »How gamification motivates: An experimental study of the effects of specific game design elements on psychological need satisfaction«, In: *Computers in Human Behavior*, Vol. 69, April 2017, S. 371-380. https://www.sciencedirect.com/science/article/pii/S074756321630855X

142 **Die britische Islamisten-Webseite ...** Jarret Brachman und Alix Levine, »The World of Holy Warcraft: How Al Qaida is using online game theory to recruit the masses«, in: *Foreign Policy*, 13. April 2011. https://foreignpolicy.com/2011/04/13/the-world-of-holy-warcraft/

142 **Schon im Jahr 2003 drehte al-Qaida ...** Linda Schlegel: »Playing jihad: The gamification of radicalization«, in: *The Defense Post*, 5. Juli 2018. https://thedefensepost.com/2018/07/05/gamification-of-radicalization-opinion/

142 **Das rechtsextreme Nachrichtenportal Daily Stormer ...** Siehe https://www.moddb.com/mods/stormer-doom

143 **Ein anderer ergänzte: »viele Völkermord-Optionen, ganz großer Spaß« ...** Siehe https://yuki.la/pol/114837006

143 **Einige Trolle auf 4chan montierten ...** Julia Ebner und Jacob Davey, »Mainstreaming Mussolini: How the Extreme Right Attempted to ›Make Italy Great Again‹ in the 2018 Italian Election«, ISD, 2018. https://www.isdglobal.org/wp-content/uploads/2018/03/Mainstreaming-Mussolini-Report-28.03.18.pdf

143 **trollen, beleidigen, reinziehen ...** Ahmed Al-Rawi, »Video games, terrorism, and ISIS's Jihad 3.0«, in: *Terrorism and Political Violence*, Vol. 30, 2018, Issue 4. https://www.tandfonline.com/doi/abs/10.1080/09546553.2016.1207633

144 **Man kann nicht jeden, der einem in die Quere kommt ...** »Konstruktive Kritik«, hochgeladen von Nerkur Xenus am 17. März 2018, https://www.Youtube.com/watch?reload=9&v=nP5xZQaYgas&feature=youtu.be

145 **Einige der Aktivitäten der Reconquista ...** Das Handbuch ist hier abrufbar: https://www.hogesatzbau.de/wp-content/uploads/2018/01/HANDBUCH-F%C3%9CR-MEDIENGUERILLAS.pdf

145 **Um die automatisierten Blockade- oder Löschmechanismen ...** Das ursprüngliche »Redpilling«-Handbuch war auf dieser Seite zu finden: http://d-gen.de/2017/10/art-of-redpilling/ Alle Inhalte wurden jedoch von Hogesatzbau gesichert und können hier eingesehen werden: https://www.hogesatzbau.de/wp-content/uploads/2018/01/HANDBUCH-F%C3%9CR-MEDIENGUERILLAS.pdf

145 **Meme sind das wichtigste Online-Manipulationswerkzeug ...** Stephanie Mencimer: »›The Left Can't Meme‹: How Right-Wing Conservatives Are Training the Next Generation of Social Media Warriors«, Mother Jones, 1. April 2014. https://www.motherjones.com/politics/2019/04/right-wing-groups-are-training-young-conservatives-to-win-the-next-meme-war/

146 **Inzwischen ist die memetische Kriegsführung ...** Jeff Giesea, »It's time to embrace memetic warfare«, in: *Defense Strategic Communications Journal*, NATO Stratcom COE, 2017. https://www.stratcomcoe.org/jeff-giesea-its-time-embrace-memetic-warfare

146 **Während des US-Wahlkampfs 2016 ...** Benita Heiskanen, »Meme-ing Electorial Participation«, in: *European Journal of American Studies*, 12-2, Sommer 2017. https://journals.openedition.org/ejas/12158

146 **Großen Meme-Krieg ...** Jack Phillips, »›Great Meme War‹ Could Hit the Media«, in: *Epoch Times*, 11. November 2016. https://www.theepochtimes.com/4chan-reddits-the_donald-may-take-great-meme-war-to-the-media_2184823.html

146 **Der Stanford-Absolvent Jeff Giesea ...** Joseph Bernstein, »This Man Helped Build The Trump Meme Army – Now He Wants to Reform It«, auf: *Buzzfeed*, 18. Januar 2017. https://www.buzzfeednews.com/article/josephbernstein/this-man-helped-build-the-trump-meme-army-and-now-he-wants-t

146 **Eine Analyse von 160 Millionen ...** Savvas Zannettou et al., »On the Origins of Memes by Means of Fringe Web Communities«, in: Publikation zu ACM Proceedings of the Internet Measurement Conference 2018, S. 188-202. https://dl.acm.org/citation.cfm?id=3278550

147 **Die soziodemografische Forschung ...** Matthew Costello & James Hawdon, »Who Are the Online Extremists Among Us? Sociodemographic Characteristics, Social Networking, and Online Experiences of Those Who Produce Online Hate Materials«, in: *Violence and Gender*, 5, Heft 1, 2018, S. 55-60.

147 **Eine andere Studie kam zu dem Ergebnis ...** Nelli Ferenczi et al., »Are sex dif-

ferences in antisocial and prosocial Facebook use explained by narcissism and relational self-construal?«, in: *Computers in Human Behavior*, Vol. 77, Dezember 2017, S. 25-31. https://www.sciencedirect.com/science/article/pii/S0747563217305010

147 **Eine Studie des Pew Research Center ...** Maeve Duggan, »Online Harassment«, Pew Research Institute, 22. Oktober 2014. https://www.pewinternet.org/2014/10/22/online-harassment/

147 **Insgesamt 1,1 Millionen Hass-Tweets ...** »Toxic Twitter: A Toxic Place for Women«, Amnesty International and Element AI, 2018. https://www.amnesty.org/en/latest/research/2018/03/online-violence-against-women-chapter-1/

147 **Und da ziehe jedes Register. Lass nichts aus ...** Das Handbuch liegt jetzt im Archiv von Hogesatzbau und kann hier eingesehen werden: https://www.hogesatzbau.de/wp-content/uploads/2018/01/HANDBUCH-F%C3%9CR-MEDIENGUERILLAS.pdf

148 **Die englische Sängerin Lily Allen ...** Harriet Agerholm, »Lily Allen gives up Twitter account after she is taunted over stillbirth of her son«, in: *The Independent*, 26. Februar 2017. https://www.independent.co.uk/news/people/lily-allen-stillbirth-twitter-trolls-abuse-online-bullying-a7600416.html

148 **Die konservative britische Parlamentsabgeordnete ...** ›Exposure: Brexit Online Uncovered‹, iTV, 2019. https://www.itv.com/presscentre/ep1week-10/exposure-brexit-online-uncovered

148 **Insgesamt gesehen haben 40 Prozent ...** Maeve Duggan, »Online Harassment«, Pew Research Institute, 22. Oktober 2014. https://www.pewinternet.org/2014/10/22/online-harassment/

149 **In einer Studie in Kooperation mit ...** Philip Kreißel, Julia Ebner, Alex Urban und Jakob Guhl, »Hass auf Knopfdruck: Rechtsextreme Trollfabriken und das Ökosystem koordinierter Hasskampagnen im Netz«, ISD/#ichbinhier, Juli 2018.

150 **Die von europäischen Troll-Armeen ...** Jacob Davey and Julia Ebner, »The Fringe Insurgency: Connectivity, Convergence and Mainstreaming of the Extreme Right«, ISD, 2017.

150 **Eine andere gern eingesetzte ...** Alt-Right Open Intelligence Initiative, »Mapping the Alt-Right: The US Alternative Right across the Atlantic«, Juli 2017. https://wiki.digitalmethods.net/Dmi/AltRightOpenIntelligenceInitiative

150 **Vor den Wahlen in Frankreich, Deutschland ...** Julia Ebner und Jacob Davey,

»Mainstreaming Mussolini: How the Extreme Right Attempted to ›Make Italy Great Again‹ in the 2018 Italian Election«, ISD, 2018. https://www.isdglobal.org/wp-content/uploads/2018/03/Mainstreaming-Mussolini-Report-28.03.18.pdf

151 **Den Versuch, Einfluss zu nehmen ...** Philip Kreißel, Julia Ebner, Alex Urban und Jakob Guhl, »Hass auf Knopfdruck: Rechtsextreme Trollfabriken und das Ökosystem koordinierter Hasskampagnen im Netz«, ISD/#ichbinhier, Juli 2018.

151 **Auch traditionelle Medienhäuser ...** Whitney Phillips, »Oxygen of Amplification: Better Practices for Reporting on Extremists, Antagonists, and Manipulators«, Date & Society Research Institute, 22. Mai 2018. https://datasociety.net/output/oxygen-of-amplification/

152 **Das hat in der Vergangenheit ...** Vgl. ebd.

4. Vernetzung

Alt-Tech: Radikale Netzwerke weltweit

156 **Mein Ziel sind die 14 Worte ...** Die »14 Worte« lauten folgendermaßen: »We must secure the existence of our people and a future for White children.« (auf Deutsch in etwa: »Wir müssen die Existenz unseres Volkes und weißen Kindern eine Zukunft sichern.«)

164 **Das Ziel des identitären Tools ...** Die App wurde auf der AltRight.com-Plattform von Richard Spencer beworben. Abrufbar unter: https://altright.com/2017/02/16/patriot-peer-connecting-the-silent-majority/

165 **Sie verfügt über einen Patrioten-Radar ...** Der diesbezügliche Thread auf dem /pol board auf 4Chan ist zugänglich unter: https://archive.4plebs.org/pol/thread/112316443/

165 **Die Website AltRight.com ...** Martin Sellner, »Patriot Peer – Connecting the Silent Majority«, auf: *AltRight*, 2017. https://altright.com/2017/02/16/patriot-peer-connecting-the-silent-majority/

168 **So fühlt es sich sicherlich nicht an ...** »Zuckerberg: Facebook ›certainly doesn't feel like a monopoly to me‹«, in: *The Washington Post*, 10. April 2018. https://www.Youtube.com/watch?v=zcFAvuWUL1I

169 **Der Cambridge-Analytica-Skandal ...** Tony Romm, »Congress wants to drag Google and Twitter into Facebook's privacy crisis«, in: *The Washington Post*, 26. März 2018. https://www.washingtonpost.com/news/the-switch

/wp/2018/03/26/facebooks-stock-falls-as-the-federal-trade-commission-confirms-its-investigating-the-company/?utm_term=.c477d98fe151

170 **Bambeneks Tracker fand zum Beispiel heraus ...** Billy Bambrough, »Bitcoin donations to neo-nazis are climbing ahead of this weekend's Unite the Right rally«, *Forbes*, 6. August 2018. https://www.forbes.com/sites/billybambrough/2018/08/06/bitcoin-donations-to-neo-nazis-are-climbing-ahead-of-this-weekends-unite-the-right-rally/#927b6ee69ac6

171 **Auf Telegram und im Darknet ...** Nikita Malik, »Terror in the Dark: How Terrorists Use Encryption, the Dark Net and Cryptocurrencies«, Henry Jackson Society, 8. April 2018. https://henryjacksonsociety.org/publications/terror-in-the-dark-how%20terrorists-use-encryption-the-darknet-and-cryptocurrencies/

171 **Die an al-Qaida angedockte Gruppierung ...** David Carlisle, »Cryptocurrencies and Terrorist Financing: A Risk, But Hold the Panic«, RUSI, 2. März 2017. https://rusi.org/commentary/cryptocurrencies-and-terrorist-financing-risk-hold-panic

Folge Q: In der bizarren Welt der Verschwörungstheorien

173 **Folge Q: In der bizarren Welt ...** Ich habe für dieses Kapitel Gespräche mit ungefähr einem Dutzend QAnon-Anhängerinnen und -Anhängern geführt. Im Sinne der Lesbarkeit habe ich die Zahl der Protagonisten auf einige wenige reduziert und Äußerungen zusammengeführt.

173 **hier kommen alle klassischen Verschwörungstheorien zusammen ...** Für mehr Informationen über diese klassischen Verschwörungstheorien siehe Stempel et al. (2007), Wood et al. (2012) und McHoskey (1995).

174 **Sie erfüllen unterschiedlichste Aufgaben ...** Vgl. Armin Pfahl-Traughber, »›Bausteine‹ zu einer Theorie über ›Verschwörungstheorien‹: Definitionen, Erscheinungsform, Funktionen und Ursache« In: Reinalter, Helmut (Hrsg.): *Verschwörungstheorien, Theorie – Geschichte – Wirkung* (Innsbruck, 2002).

174 **Wissenschaftler sind jedoch ...** Jan-Willem van Prooijen und Karen M. Douglas, »Conspiracy theories as part of history: The role of societal crisis situations«, in: *Memory Studies* 10 (3), 2017, S. 323f. https://www.ncbi.nlm.nih.gov/pmc/articles/PMC5646574/

174 **Schneller fast als das Feuer ...** Michael J. G. Gray-Fow, »Why the Christians? Nero and the Great Fire«, in: *Latomus* 57 (3), 1998, S. 595-616. https://www.jstor.org/stable/41538370?seq=1#page_scan_tab_contents

175 **60 Prozent aller Briten ...** »Brexit and Trump voters more likely to believe in conspiracy theories, survey study shows«, YouGov-Cambridge Center, University of Cambridge, 23. November 2018. https://www.cam.ac.uk/research/news/brexit-and-trump-voters-more-likely-to-believe-in-conspiracy-theories-survey-study-shows

175 **Er schließt genauso gern Informationslücken ...** »Brains fill gaps to produce likely pictures«, auf: *Science Daily*, 27. Juni 2014. https://www.sciencedaily.com/releases/2014/06/140627094551.htm

177 **Seitdem Q im Oktober 2017 ...** Der erste Post kann hier nachgelesen werden: https://i0.kym-cdn.com/photos/images/newsfeed/001/322/344/860.jpg

177 **Weltuntergangsfantasien können attraktiv ...** Jerry S. Piven, *Terror and Apocalypse Psychological Undercur*, iUniverse, 2002.

177 **Der Begriff ›Apokalypse‹ kommt ...** Vgl. den Eintrag zur Etymologie von ›apocalypse‹ im Merriam Webster Dictionary, https://ww.merriam-webster.com/dictionary/apocalypse

177 **Aber es lässt sich kaum ...** Michael Barkun, »Failed Prophecies Won't Stop Trump's True Believers«, in: *Foreign Policy*, 8. November 2018. https://foreignpolicy.com/2018/11/08/failed-prophecies-wont-stop-trumps-true-believers/

178 **Die Motivation, Fakten neu ...** Leon Festinger, Henry Reicken und Stanley Schacter, When Prophecy Fails (Harper and Row, 1956), und Lorne L. Dawson, »The Failure of Prophecy and the Future of IS«, ICCT Policy Brief, September 2017. https://icct.nl/wp-content/uploads/2017/09/ICCT-Dawson-The-Failure-of-Prophecy-and-The-Future-of-ISIS-Sept-2017.pdf

178 **Man sehe sich nur die Weltuntergangsprepper ...** Hayley Peterson, »Amazon and Costco are selling emergency kits that can feed a family for a year – and it reveals a disturbing new normal in America«, in: *Business Insider*, 9. März 2018. https://www.businessinsider.de/costco-amazon-emergency-kits-2018-3, und Kylie Mohr, »Apocalypse Chow: We Tried Televangelist Jim Bakker's ›Survival Food‹«. NPR, 3. Dezember 2015. https://www.npr.org/sections/thesalt/2015/12/03/456677535/apocalypse-chow-we-tried-televangelist-jim-bakkers-survival-food

178 **Neben dieser Zombie-Apokalypse-Ausrüstung ...** Siehe z. B. https://www.emergencyfoodstorage.co.uk/products/brexit-box

179 ***The Book of Q*, eine Sammlung ...** »The Book of Q: The biggest drop ever«, 20. November 2017. https://issuu.com/banga/docs/q_s_posts_-_cbts_-_4.2.0

180 **Alles sieht danach aus, als sei ...** Ryan Broderick auf *Buzzfeed.News*, 6. August 2018. https://www.buzzfeednews.com/article/ryanhatesthis/its-looking-extremely-likely-that-qanon-is-probably-a

180 **Das Hacker-Kollektiv Anonymous ...** Siehe den Tweet von Anonymous: https://twitter.com/youranonnews/status/1025454095228985349?lang=de

180 **Mitte der 1990er Jahre startete eine ...** Stewart Home, *Mind Invaders: A Reader in Psychic Warfare, Cultural Sabotage and Semiotic Terrorism* (London: Serpent's Tail, 1997).

182 **Das Symbol wurde ursprünglich ...** Will Sommer, »Why a Red ›X‹ is the New Symbol of Conservative Twitter«, in: *The Daily Beast*, 8. Oktober 2018. https://www.thedailybeast.com/why-a-red-x-is-the-new-symbol-of-conservative-twitter

183 **Was ist besser für uns? ...** Abrufbar unter: https://qanon.news/archives/clone/4258967

185 **Dieselbe Studie fand heraus ...** Michael J. Wood, Karen Douglas und Robbie M. Sutton, »Dead and alive: Belief in contradictory conspiracy theories«, in: *Social Psychology and Personality Science*, 3, 2012, S. 767-773.

185 **Wer an eine Verschwörungstheorie glaubt ...** S. Moscovici, »The conspiracy mentality«, in : C. F. Graumann und S. Moscovici (Hrsg.), *Changing Conceptions of Conspiracy*, (New York, NY: Springer, 1987), S. 151-169.

186 **Dieser Zusammenhang wird auch ...** David Dunning, »Chapter Five: The Dunning-Kruger Effect: On Being Ignorant of One's Own Ignorance«, in: *Advances in Experimental Social Psychology*, Vol. 44, 2011, S. 247-296. https://www.sciencedirect.com/science/article/pii/B978012385522000056

186 **Für den Schweizer Historiker ...** Vgl. https://twitter.com/danieleganser/status/824953776280854528?lang=en

186 **Auf 8chan können User Fragen ...** Vgl. https://8ch.net//qresearch//res/4279775.html#4280231#

186 **Manche Anons ärgern sich ...** Vgl. https://www.qanon.pub

187 **Im August 2018 tauchte ...** Kyle Feldscher, »QAnon-believing ›conspiracy analyst‹ meets Trump in the White House«, CNN, 25. August 2018. https://edition.cnn.com/2018/08/25/politics/donald-trump-qanon-white-house/index.html

187 **Sogar Prominente wie die ...** Will Sommer, »What is QAnon? The Craziest Theory of the Trump Era, Explained«, auf: *The Daily Beast*, 7. Juni 2018. https://www.thedailybeast.com/what-is-qanon-the-craziest-theory-of-the-trump-era-explained

187 **Es gab den Moment, in dem ...** Fruzsina Eordogh, »What is QAnon, the Conspiracy Theory Atracting Alex Jones, Roseanne Barr and... a Guy from ›Vanderpump Rules‹«, in: *Elle*, 7. August 2018. https://www.elle.com/culture/career-politics/a22665744/qanon-conspiracy-theory-explainer/

188 **Als Folge von Jones' Behauptungen ...** Emma Grey Ellis, »Win or Lose, The Alex Jones Lawsuit Will Help Redefine Free Speech«, in: *Wired*, 8. Juni 2018. https://www.wired.com/story/alex-jones-lawsuit-will-help-redefine-free-speech/

190 **In einer Untersuchung, die ich ...** ›Exposure: Brexit Online Uncovered‹, iTV, 2019. https://www.itv.com/presscentre/ep1week10/exposure-brexit-online-uncovered

190 **30 Prozent derJenigen, die ...** »Brexit and Trump voters more likely to believe in conspiracy theories, survey study shows«, YouGov-Cambridge Center, 23. November 2018. https://www.cam.ac.uk/research/news/brexit-and-trump-voters-more-likely-to-believe-in-conspiracy-theories-survey-study-shows

190 **Es gibt kein eindeutiges Profil ...** Michael Butter, *Nichts ist, wie es scheint*, Suhrkamp, 2018.

190 **Schon in den 1960er Jahren schrieb ...** Richard Hofstadter, »The Paranoid Style in American Politics«, in: *Harper's Magazine*, Ausgabe vom November 1964. https://harpers.org/archive/1964/11/the-paranoid-style-in-american-politics/

190 **Heute gibt es jedoch ...** Vgl. Michael Butter, *Nichts ist, wie es scheint* (Suhrkamp, 2018).

190 **Sie bedienten sich der Verschwörungstheorien ...** Andrew F. Wilson, »#whitegenocide, the Alt-right and Conspiracy Theory: How Secrey and Suspicion Contributed to the Mainstreaming of Hate«, in: *Secrecy and Society* 1(2), 2018. Abrufbar unter: https://core.ac.uk/download/pdf/153389078.pdf

192 **Der 30 Jahre alte Matthew ...** Bill Morlin, »Terrorism suspect makes reference to extremist conspiracies«, Southern Poverty Law Center (SPLC), 20. Juli 2018. https://www.splcenter.org/hatewatch/2018/07/20/terrorism-suspect-makes-reference-extremist-conspiracies

192 **Zwei Jahre zuvor schoss Edgar Welsh ...** Mark Fisher, John W. Cox und Peter Herman, »Pizzagate: From rumor, to hashtag, to gunfire in D.C.«, in: *The Washington Post*, 6. Dezember 2016. *https://www.washingtonpost.com/local/pizzagate-from-rumor-to-hashtag-to-gunfire-in-dc/2016/12/06/4c7def50-bbd4-11e6-94ac-3d324840106c_story.html?utm_term=.bc73f20e6fa5*

192 **Im Januar 2019 tötete ...** Blake Montgomery, »A Man Allegedly Killed His Brother With A 4-Foot Sword Because He Thought He Was a Lizard Person«, auf: *Buzzfeed*, 10. Januar. https://www.buzzfeednews.com/article/blakemontgomery/man-brother-murder-charge-sword

5. Mobilisierung

»Unite the Right«: Im Organisationsteam der Charlottesville-Proteste

198 **Alle, die es aus irgendeinem Grund nicht ...** »Charlottesville Unite the Right Updates from TRS and Cantwell«, auf: *The Daily Stormer*, 9. August 2017. https://www.dailystormer.com/charlottesville-unite-the-right-updates-from-trs-and-cantwell/

198 **Wenn ihr an diesem Wochenende eine Revolution startet ...** Ebd.

199 **Seit den 1980er Jahren hat ...** Cynthia Miller-Idriss, *The Extreme Gone Mainstream: Commercialization and Far Right Youth Culture in Germany* (Princeton University Press, 2018).

199 **In ihrem Frauenbild spiegeln ...** Bernhard Forchtner und Christoffer Kølvraa, »Extreme right images of radical authenticity: Multimodal aesthetics of history, nature, and gender roles in social media«, in: *European Journal of Cultural and Political Sociology*, Vol. 4, Issue 3, 7. Juli 2017. https://www.tandfonline.com/doi/abs/10.1080/23254823.2017.1322910

199 **Mode und Lifestyle sind ...** Vgl. Cynthia Miller-Idriss, a.a.O.

199 **In seinem Aufsatz *Das Kunstwerk* ...** Vgl. Walter Benjamin, *Das Kunstwerk im Zeitalter seiner technischen Reproduzierbarkeit* (Suhrkamp, 2010).

199 **Ähnlich der Alt-Right-Bewegung ...** Vgl. Artur Beifuss und Francesco Trivini Bellini, *Branding Terror: The Logotypes and Iconography of Insurgent Groups and Terrorist Organizations* (Merrell Publishers, 2013).

199 **Eine Marke, die emotionale ...** Vgl. Patrick Hanlon, *Primalbranding: Create Zealots for Your Brand, Your Company, and Your Future* (Free Press, 2011).

200 **Das Spektakel sorgt für eine derart ...** Paul P. Murphy, »White nationalists use tiki torches to light up Charlottesville march«, CNN, 14. August 2017. https://edition.cnn.com/2017/08/12/us/white-nationalists-tiki-torch-march-trnd/index.html

200 **In den sozialen Medien verbreiten ...** Jacob Davey und Julia Ebner, »The Fringe Insurgency«, ISD, 2017.

201 **Ein historischer Moment ...** Ebd.

201 **Dann können die Rechten die Linken …** Hunter Wallace, »Why we should #UniteThe Right«, in: *Occidental Dissent*, 4. August 2017. http://www.occidentaldissent.com/2017/08/04/why-we-should-unitetheright/

201 **Wir müssen alles tun, um …** Lee Rogers, »Join Stormer Staff at the ›Unite the Right‹ Rally in Charlottesville, Virginia«, in: *Daily Stormer*, 30. Juli 2017. https://dailystormer.name/join-daily-stormer-staff-at-the-unite-the-right-rally-in-charlottesville-virginia/

202 **Die etwas mainstreamigere Öffentlichkeit …** Vgl. Jacob Davey und Julia Ebner, »The Fringe Insurgency«, ISD, 2017.

202 **Mit der Renaissance der …** Mark Bray, *Antifa: The Anti-Fascist Handbook* (Melville House, 2017).

202 **Des Weiteren haben Charlottesville-Unterstützer …** Ebd.

204 **Wenn die Mitglieder einer Gruppe …** Harvey Whitehouse, Jonathan Jong et al., »The evolution of extreme cooperation via shared dysphoric experiences«, in: *Scientific Reports* 7: Artikel Nr. 44292. https://www.nature.com/articles/srep44292

204 **Und die gefühlte Einheit …** Harvey Whitehouse, »Dying for the group: Towards a general theory of extreme self-sacrifice«, in: *Behavioral and Brain Sciences* 7, S. 1-63. https://www.cambridge.org/core/journals/behavioral-and-brain-sciences/article/dying-for-the-group-towards-a-general-theory-of-extreme-selfsacrifice/48A78D0F49EAC9B245ECC1062FC3F0E3

206 **Wer sich nicht aufregt …** »Charlottesville: Who was victim Heather Heyer?«, BBC, 14. August 2017. https://www.bbc.com/news/world-us-canada-40924922

206 **Der 20-jährige Schwarze …** Christine Hauser, »DeAndre Harris, Beaten by White Supremacists in Charlottesville, Is Found Not Guilty of Assault«, in: *The New York Times*, 16. März 2018. https://www.nytimes.com/2018/03/16/us/deandre-harris-charlottesville.html

211 **Im Januar 2019 etwa stand …** »Political Event Calendar«, Right Wing United, 2019. https://rightwingunited.wordpress.com/political-event-calendar/

211 **Vieles in der vom RWU …** »Guide to Attending Rallies«, Right Wing United, 2019. https://rightwingunited.wordpress.com/guide-to-attending-rallies/

212 **Auf Powerpoint-Folien von …** Joseph Cox, »Leaked Documents Show Facebook's Post-Charlottesville Reckoning with American Nazis«, *Motherboard*, 25. Mai 2018. https://motherboard.vice.com/en_us/article/mbkbbq/facebook-charlottesville-leaked-documents-american-nazis

214 **Diese unwahrscheinliche Allianz ...** Kelly Weil, »The Far-Right is Trying to Co-Opt the Yellow Vests«, auf: *Daily Beast*, 8. Januar 2019. https://www.thedailybeast.com/the-far-right-is-trying-to-co-opt-the-yellow-vests

214 **Die Proteste der Gelbwesten ...** Alexander Hurst, »The Ugly, Illiberal, Anti-Semitic Heart of the Yellow Vest Movement«, in: *New Republic*, 7. Januar 2019. https://newrepublic.com/article/152853/ugly-illiberal-anti-semitic-heart-yellow-vest-movement

214 **Eine Meinungsumfrage ergab ...** Die für BFM TV am 5. Dezember 2018 von Elabe durchgeführte Umfrage ist hier einzusehen: https://elabe.fr/wp-content/uploads/2018/12/rapport_20181205_elabe_bfmtv_les-francais-les-gilets-jaunes-et-les-mesures-annoncees-par-edouard-philippe.pdf

214 **In Großbritannien haben bei Ableger-Protesten ...** John Sharman & Lizzie Dearden, »Yellow vest protests: who is the far-right element abusing MPs outside Parliament?«, in: *The Independent*, 8. Januar 2019. https://www.independent.co.uk/news/uk/politics/yellow-vest-protests-parliament-protest-anna-soubry-brexit-nazi-james-goddard-who-met-police-owen-a8716621.html

215 **Aus den Demonstrationen entwickelten sich ...** Philip Kuhn, »Die unheimliche Mobilisierung der Neonazis in Chemnitz«, in: *Die Welt*, 28. August 2018. https://www.welt.de/politik/deutschland/article181342196/Rechtsextreme-Ausschreitungen-Die-unheimliche-Mobilisierung-der-Neonazis-in-Chemnitz.html

215 **Ein paar Tage nach den ersten ...** David Crossland, »Germany: Migrant beaten with iron chain as far-right violence spreads«, in: *The Times*, 30. August 2018. https://www.thetimes.co.uk/article/germany-migrant-beaten-with-iron-chain-as-farright-violence-spreads-fkj687ott

215 **Sogar Mitglieder der rechtsterroristischen ...** Klaus Ott, Annette Ramelsberger, Nicolas Richter und Antonie Rietzschel, »Revolution von rechts«, in: *Süddeutsche Zeitung*, 1. Oktober 2018. https://www.sueddeutsche.de/politik/revolution-chemnitz-1.4152545

216 **Der identitäre Rapper Chris Ares ...** Simone Rafael und Miro Dittrich, »Online-Mobilisierung für Chemnitz: Bewegtbild-Hetze sorgt für Reichweite«, Belltower, 1. September 2018. https://www.belltower.news/online-mobilisierung-fuer-chemnitz-bewegtbild-hetze-sorgt-fuer-reichweite-49176/

216 **Die deutsche, antifaschistische Amadeu ...** Simone Rafael und Miro Dittrich, »Online-Mobilisierung für Chemnitz: Bewegtbild-Hetze sorgt für Reichweite«, Belltower, 1. September 2018. https://www.belltower.

news/online-mobilisierung-fuer-chemnitz-bewegtbild-hetze-sorgt-fuer-reichweite-49176/

Schild & Schwert: Besuch bei einem Neonazi-Festival

220 **Andrew Anglin erklärte die Sneakers …** Vgl. hier: https://dailystormer.name/your-uniform-new-balance-just-became-the-shoes-of-white-people/

221 **Letzterer ist kleinzellig organisiert …** Samira Alshater, »Die Rückkehr von ›Blood & Honour‹ und dem bewaffneten Arm ›Combat 18‹«, auf: *Belltower*, 10. April 2018. https://www.belltower.news/die-rueckkehr-von-blood-honour-und-dem-bewaffneten-arm-combat-18-47464/

222 **Der NSU hat zwischen 2000 …** Patrick Gensing, »Chronik zum NSU-Terror: Rassistische Mordserie, staatliches Versagen«, auf: *tagesschau.de* (ARD), 27. August 2013. https://www.tagesschau.de/inland/rechtsextrememordserie104.html

224 **Ihre offiziellen Musikvideos …** Vgl. https://www.facebook.com/terrorsphaera/, und https://www.Youtube.com/watch?v=iAGIOepeq8k

226 **Patrick Schröder ist …** Redaktion Endstation Rechts, »Verbotener Hitler-Gruß kostet Neonazi Patrick Schröder 3.150 Euro«, auf: *Endstation Rechts.*, 4. Dezember 2014. https://www.endstation-rechts.de/news/verbotener-hitler-gruss-kostet-neonazi-patrick-schroeder-3150-euro.html

227 **Nach Recherchen von …** Roman Lehberger, »Nazi-Mode: Die Hintermänner der rechten Mode-Labels«, *SpiegelTV*, 2. Juli 2018. https://www.spiegel.tv/videos/1542610-nazi-mode

227 **Man müsste in die Richtung schulen …** Andreas Dieste/Roman Lehberger, »Stil-Berater Patrick Schröder: Der nette Nazi«, *SpiegelTV*, 20. Januar 2014. https://www.spiegel.tv/videos/160827-der-nette-neonazi

228 **Das machen Rapper, das machen Labels …** Roman Lehberger, »Nazi-Mode: Die Hintermänner der rechten Mode-Labels«, *SpiegelTV*, 2. Juli 2018. https://www.spiegel.tv/videos/1542610-nazi-mode

228 **Das Hintergrundbild seines Twitter-Profils …** Schröders Twitter-Profil ist hier zu finden: https://twitter.com/patricks_fsn?lang=de

228 **Die wichtigste Zielgruppe …** Redaktion Belltower News, »Nazi Hipster Patrick Schröder«, auf: *Belltower*, 16. April 2014. https://www.belltower.news/nazi-hipster-patrick-schroeder-37300/

228 **Wenn man mit den Jugendlichen sprechen …** Andreas Dieste/Roman Lehberger, »Stil-Berater Patrick Schröder: Der nette Nazi«, *SpiegelTV*, 20. Januar 2014. https://www.spiegel.tv/videos/160827-der-nette-neonazi

230 **Während bei den meisten »Fight Nights« ...** Vgl. hier: http://www.kampf-der-nibelungen.com/ueber-uns/

231 **Der russische Hooligan Denis ...** Simon Parkin, »The rise of Russia's neo-Nazi football hooligans«, in: *The Guardian*, 24. April 2018. https://www.theguardian.com/news/2018/apr/24/russia-neo-nazi-football-hooligans-world-cup

231 **unterstützt die Veranstaltung ...** Robert Claus, *Hooligans: Eine Welt zwischen Fußball, Gewalt und Politik* (Berlin: Die Werkstatt, 2017), und Christoph Ruf, »Wie rechte Hooligans den Kampfsport erobern«, in: *Der Spiegel*, 9. Oktober 2017. http://www.spiegel.de/sport/sonst/kampf-der-nibelungen-wie-hooligans-den-kampfsport-erobern-a-1170558.html

231 **Alle Inhalte, hinter denen ...** Tim Hume, »A Russian Neo-Nazi Football Hooligan is Trying to Build an MMA Empire Across Europe«, in: *Vice*, 26. Juli 2018. https://news.vice.com/en_us/article/435mjw/a-russian-neo-nazi-football-hooligan-is-trying-to-build-an-mma-empire-across-europe

6. Angriff

Jihobbyisten: Unterricht bei den Hackern des IS

240 **Jeweils einer bis zwei von hundert Jungs ...** Malcolm Nance und Chris Sampson, *Hacking ISIS: How to Destroy the Cyber Jihad* (N.Y.: Skyhorse Publishing, 2017), S. 23-26.

240 **Ironischerweise hatten die Jungs ...** Ebd.

241 **In dem Artikel stand ...** Jessica Mazzola, »Pro-ISIS group hacks N.J. school website, posts recruitment video«, auf: *NJ*, 7. November 2017. http://www.nj.com/essex/index.ssf/2017/11/hack_posts_isis_recruitment_video-_on_nj_school_web.html

242 **Alle, die diese Webseite an jenem Vormittag ...** »Prince Albert Police Service website hacked, pro-ISIS message left«, CBS News, 8. November 2017. http://www.cbc.ca/news/canada/saskatchewan/prince-ablert-police-website-hacked-isis-1.4392568

243 **Die meisten ernstzunehmenden Hacker ...** Vgl. Malcom Nance und Chris Sampson, *Hacking ISIS: How to Destroy the Cyber Jihad*, a.a.O., S. 31.

243 **in einem Beitrag davor warnt ...** Der Blogbeitrag wurde hier gepostet: http://azazelantijihadblogger.blogspot.com

245 **Im Frühjahr 2019 gelang es ...** Zack Whittaker, »Hackers are spreading Is-

lamic State propaganda by hijacking dormant Twitter accounts«, auf: *Techcrunch*, 2. Januar 2019. https://techcrunch.com/2019/01/02/hackers-islamic-state-propaganda-twitter/?utm_source=tctwreshare&sr_share=twitter

245 **Twitter gab bekannt ...** Yoel Roth und Del Harvey, »How Twitter is fighting spam and malicious automation«, Twitter Blog, 26. Juni 2018. https://blog-twitter.com/official/en_us/topics/company/2018/how-twitter-is-fighting-spam-and-malicious-automation.html

245 **Und trotzdem war es möglich ...** Zack Whittaker, »Hackers are spreading Islamic State propaganda by hijacking dormant Twitter accounts«, auf: *Techcrunch*, 2. Januar 2019. https://techcrunch.com/2019/01/02/hakkers-islamic-state-propaganda-twitter/?utm_source=tctwreshare&sr_share=twitter

246 **Via Photoshop montierten die Netz-Dschihadisten ...** Bridget Johnson, »Cyber Caliphate Vows to Kill Anonymous Hackers Who Have Been Taking Down ISIS«, in dem Blog *PJ Media*, 15. August 2018. https://pjmedia.com/homeland-security/cyber-caliphate-vows-to-kill-anonymous-hackers-who-have-been-taking-down-isis/

247 **Als es immer mehr IS-Kommunikationskanäle ...** Rebecca Tan, »Terrorists' love for Telegram, explained«, *Vox*, 30. Juni 2017. https://www.vox.com/world/2017/6/30/15886506/terrorism-isis-telegram-social-media-russia-pavel-durov-twitter

247 **Auf die Frage ...** Natasha Lomas, »Telegram Now Seeing 12BN Daily Messages, Up From 1BN in February«, auf: *Techcrunch*, 2015. https://techcrunch.com/2015/09/21/telegram-now-seeing-12bn-daily-messages-up-from-1m-in-february/

249 **Hacken kann schlicht bedeuten ...** Vgl. die Definition auf Techopedia: https://www.techopedia.com/definition/26361/hacking

249 **Nicht nur die Technik, sondern auch ...** »Guardians of the New World« (Hacking Documentary), 6. Februar 2018. https://www.Youtube.com/watch?v=jUFEeuWqFPE

251 **Im Juli 2018 entwickelte die Hamas ...** Oliver Holmes, »Israel: Hamas created fake dating app to hack soldiers' phones«, in: *The Guardian*, 3. Juli 2018. https://www.theguardian.com/world/2018/jul/03/israel-hamas-created-fake-dating-apps-to-hack-soldiers-phones

252 **Auf den Massenhack im Deutschen Bundestag ...** »Russia ›was behind German parliament hack‹«, *BBC News*, 13. Mai 2016. https://www.bbc.com/news/technology-36284447

252 **die gehackten E-Mails von Hillary Clintons …** Raphael Satter, »Inside Story: How Russians hacked the Democrats' emails«, *Associated Press*, 4. November 2017. https://www.apnews.com/dea73efc01594839957c3c9a6c962b8a

252 **Macron-Daten-Leaks …** Megha Mohan, »Macron Leaks: anatomy of a hack«, *BBC Trending*, 9. Mai 2017. https://www.bbc.com/news/blogs-trending-39845105

252 **Ziele von großem öffentlichen Interesse …** »NHS ›could have prevented‹ Wannacry ransomware attack«, *BBC News*, 27. Oktober 2017. https://www.bbc.com/news/technology-41753022

252 **Ironischerweise wurde der 22-jährige …** Andy Greenberg, »Hacker who stopped Wannacry charged with writing banking malware«, in: *Wired*, 3. August 2017. https://www.wired.com/story/wannacry-malwaretech-arrest/

252 **Was Sicherheitsexperten …** Valeria C. Moreno et al., »Analysis of physical and cyber security-related events in the chemical and process industry«, in: *Process Safety and Environmental Protection*, Vol. 116, Mai 2018, S. 621-631. https://www.sciencedirect.com/science/article/pii/S095758201830079X

253 **Er gehörte zu den insgesamt …** Alix Langone, »An 11-Year-Old Hacked Into a U.S. Voting System Replica in 10 Minutes This Weekend«, in: *Time*, 14. August 2018. http://time.com/5366171/11-year-old-hacked-into-us-voting-system-10-minutes/

253 **Diese Gruppe konzentrierte sich …** Yonah Jeremy Bob, »Exclusive: Islamic Cyber Terrorists Trying to Target Infrastructure«, in: *Jerusalem Post*, 9. Juli 2018. https://www.jpost.com/Arab-Israeli-Conflict/Exclusive-Islamic-cyber-terrorists-trying-to-target-infrastructure-562052

254 **Ich wäre nie darauf gekommen …** Raphael Satter, »Russians Posed as ISIS Hackers, Threatened US Military Wives«, *Associated Press*, 8. Mai 2018. https://www.military.com/daily-news/2018/05/08/russians-posed-isis-hackers-threatened-us-military-wives.html

Black Hats: In Weevs Hacker-Armee

257 **Es kursiert auch folgendes Zitat …** Katie Marsal, ›Hacker involved in iPad security breach arrested on felony drug charges‹, Apple Insider, 17. Juni 2010. https://appleinsider.com/articles/10/06/17/hacker_involved_in_ipad_security_breach_arrested_on_felony_drug_charges

257 **Kurz nach dem Vorfall ...** J. R. Raphael, »Hacker Claims Credit For Amazon Gay-Themed Book ›Glitch‹«, in: *PC World*, 13. April 2009. https://www.pcworld.com/article/163024/hacker_claims_credit_for_amazons_gay_themed_book_glitch.html

258 **Daraufhin reichte Weev ...** Karen McVeigh, »US hacker Andrew Auernheimer given three years jail term for AT&T breach«, in: *The Guardian*, 18. März 2013. https://www.theguardian.com/technology/2013/mar/18/us-hacker-andrew-auernheimer-at-t

258 **Der Hacker wurde schuldig ...** Kim Zetter, »AT&T Hacker ›Weef‹ Sentenced to 3,5 Years in Prison«, in: *Wired*, 3. August 2013. https://www.wired.com/2013/03/att-hacker-gets-3-years/

258 **Ich bereue es, dass ich so nett ...** Archiviert auf Reddit: http://www.reddit.com/r/IAmA/comments/1ahkgc/i_am_weef_i_may_be_going_to_prison_under_the/c8xgqq9

258 **Was ich während meiner Zeit ...** Weev, »What I Learned from My Time in Prison«, auf: *Daily Stormer*, Oktober 2014. https://dailystormer.name/what-i-learned-from-my-time-in-prison/

259 ***in die Wunden des ZOG ...*** Die von Neonazis häufig benutzte Abkürzung ›ZOG‹ steht für ›Zionist Occupation Government‹ (für: ›zionistische Besetzerregierung‹).

259 ***Deshalb wurde ich im Juni ...*** Weevs Blog entnommen. Vgl. hier: https://weev.livejournal.com

259 **Dann ging es los mit den ...** Ebd.

259 **Sie haben alles getan, um ...** Ebd.

259 **Juden halten das gesamte Internet ...** Michael Edison Hayden, »Nazis on Gab Social Network Show There is No Such Thing As A Free Speech Internet«, in: *Newsweek*, 22. September 2017. https://www.newsweek.com/nazis-free-speech-hate-crime-jews-social-media-gab-weev-668614

260 **Was wiederum bedeutet, dass er ...** Weevs Hatreon-Seite lässt sich hier finden: https://hatreon.net/weev/

260 **Wenn ihr uns nicht in Frieden anderer Meinung ...** Lydia Smith, »Neo Nazi behind Daily Stormer Andrew ›Weev‹ Auernheimer ›is of Jewish Descent‹, his Mother says, *The Independent*, 4 January 2018. https://www.independent.co.uk/news/world/americas/neo-nazi-daily-stormer-troll-jewish-descent-anti-semitic-andrew-auernheimer-weev-a8140946.html

260 ***Bevor ich sterbe ...*** Luke O Brien, »The Making of an American Nazi«, *The*

Atlantic Magazine, December 2017. https://www.theatlantic.com/magazine/archive/2017/12/the-making-of-an-american-nazi/544119/

261 **Ich bin verflucht einsam ...** Dieser Post kann in folgendem archivierten 4chan-Thread nachgelesen werden: https://archive.4plebs.org/pol/thread/157481867/

262 **Er bezeichnete sie als ...** Rachel Gutman, »Who is Weev, And Why Did He Derail A Journalist's Career?«, in: *The Atlantic*, 14. Februar 2018. https://www.theatlantic.com/technology/archive/2018/02/who-is-weev/553295/. Die Unterlagen zum Gerichtsprozess sind einzusehen unter: https://www.splcenter.org/sites/default/files/whitefish_complaint_final.pdf

263 **Lange war dieser linke Vordenker ...** Dylan Matthews, »Who is Saul Alinsky, and why does the right hate him so much?«, Vox, 6. Oktober 2014. https://www.vox.com/2014/10/6/6829675/saul-alinsky-explain-obama-hillary-clinton-rodham-organizing

268 **Hackers Dump Data ...** Stefan Nicola, »Hackers Dump Data on Merkel, Politicians in Giant German Leak« (in etwa: »Hacker kippen Datenberge über Merkel aus, deutsche Politiker betroffen von riesigem Leak«), *Bloomberg*, 4. Januar 2019. https://www.bloomberg.com/news/articles/2019-01-04/hackers-release-personal-data-of-hundreds-of-german-politicians

268 **German politicians targeted ...** »German politicians targeted in mass data attack« (in etwa: »Deutsche Politiker werden massenhaft Opfer eines Datenangriffs«), *BBC News*, 4. Januar 2019. https://www.bbc.com/news/world-europe-46757009

271 **Damals hatten sich die Hacker ...** Patrick Beuth et al., »Merkel und der schicke Bär«, in: *Die Zeit*, No. 20/2017, 10. Mai 2017. https://www.zeit.de/2017/20/cyberangriff-bundestag-fancy-bear-angela-merkel-hacker-russland

273 **Regierungen der industriellen Welt, Ihr müden Giganten ...** John Perry Barlow, »Unabhängigkeitserklärung des Cyberspace«, in: *Telepolis*, 6. Februar 1996 (übersetzt von Stefan Münkler). https://www.heise.de/tp/features/Unabhaengigkeitserklaerung-des-Cyberspace-3410887.html

273 **eine Welt, die alle betreten können ...** Ebd.

273 **Stand 2019 haben 3,2 Milliarden ...** »New ITU statistics show more than half of the world is now using the internet«, in: *NTU News*, 6. Dezember 2018. https://news.itu.int/itu-statistics-leaving-no-one-offline/

275 **Wer Abu Musab al-Suri 2005 …** Abu Mus'ab al-Suri, »The Call for a Global Islamic Resistance«, 2004 (englischsprachige Übersetzung). https://archive.org/details/The-call-for-a-global-Islamic-resistance/page/n825

277 **Künstliche Intelligenz kann …** Alex Hern, »New AI fake text generator may be too dangerous to release, say creators«, in: *The Guardian*, 14. Februar 2014. https://www.theguardian.com/technology/2019/feb/14/elon-musk-backed-ai-writes-convincing-news-fiction

277 **Fotos von Menschen …** Paige Leskin, »The AI tech behind scare real celebrity ›deepfakes‹ is being used to create completely fictitious faces, cats, and Airbnb listings«, in: *Business Insider*, 26. Februar 2019. https://www.businessinsider.de/deepfake-tech-create-fictitious-faces-cats-airbnb-listings-2019-2?r=US&IR=T

277 **Gesichter in Echtzeit …** Lizzie Plaugic, »Watch a man manipulate George Bush's face in real time«, in: *The Verge*, 21. März 2016. https://www.theverge.com/2016/3/21/11275462/facial-transfer-donald-trump-george-bush-video

277 **Die NGO ›OpenAI‹ beschloss …** Alex Hern, »New AI fake text generator may be too dangerous to release, say creators«, in: *The Guardian*, 14. Februar 2014. https://www.theguardian.com/technology/2019/feb/14/elon-musk-backed-ai-writes-convincing-news-fiction

279 **Der Irrsinn ist bei Einzelnen …** Friedrich Nietzsche, *Jenseits von Gut und Böse. Vorspiel zu einer Philosophie der Zukunft*, 4. Kapitel. Zitiert nach: https://gutenberg.spiegel.de/buch/jenseits-von-gut-und-bose-8646/6

280 **Risse tun sich auf entlang …** Vgl. Amy Chua, *Political Tribes: Group Instinct and the Fate of Nation* (Bloomsbury, 2018).

280 **Die urbanen Eliten an …** Ebd., S. 164.

280 **Auch der britische Herausgeber …** David Goodhart, *The Road to Somewhere: The New Tribes Shaping British Politics* (Hurst, 2017).

283 **Google, der Mutterkonzern von …** Hamza Shaban, »Google for the first time outspent every other company to influence Washington in 2017«, in: *The Washington Post*, 23. Januar 2018. https://www.washingtonpost.com/news/the-switch/wp/2018/01/23/google-outspent-every-other-company-on-federal-lobbying-in-2017/?noredirect=on&utm_term=.9ef88d34f4d2

283 **Kommerzielle soziale Netzwerke …** »Bundestag nimmt umstrittenes Face-

book-Gesetz an«, in: *Handelsblatt*, 30. Juni 2017. http://www.handels blatt.com/politik.deutschland/hass-im-netz-bundestag-nimmt-um strittenes-facebook-gesetz-an/20002292.html

283 **Während manche es als vielversprechendes …** Vgl. etwa »Germany: Act to Improve Enforcement of the Law on Social Networks undermines free expression«, in: *Article 19*, 1. September 2017. https://www.article19.org/resources/germany-act-to-improve-enforcement-of-the-law-on-social-networks-undermines-free-expression/

284 **Sie setzten eine Datenbank …** Mehr Informationen über das ›Global Internet Forum to Counter Terrorism (GIFCT)‹ steht hier zur Verfügung: https://gifct.org/about/

284 **Wenn ein Unternehmen, das …** Michael Scheppe, »NetzDG – das umstrittene Gesetz«, in: *Handelsblatt*, 1. April 2018. https://www.handelsblatt.com/politik/deutschland/fragen-und-antworten-netzdg-das-umstritte ne-gesetz/20812704.html

285 **Die in Großbritannien sitzende Organisation …** »Regulating social media: we need a new model that protects free expression«, in: *Article 19*, 25. April 2018. https://www.article19.org/resources/regulating-social-media-need-new-model-protects-free-expression/

286 **Unsere Telefone und Computer sind zum …** James B. Comey, »Going Dark: Are Technology, Privacy, and Public Safety on a Collision Course?«, Federal Bureau of Investigation, 16. Oktober 2014. https://www.fbi.gov/news/speeches/going-dark-are-technology-privacy-and-public-sa fety-on-a-collision-course

290 **Die Gefahr falsch positiver Diagnosen …** Mehr Informationen zur ›Tech Against Terrorism‹-Initiative gibt es unter: https://www.techagainst terrorism.org

291 **Auf diesem Weg stärkt ›HateAid‹ …** Mehr Informationen über HateAid gibt es hier: https://fearlessdemocracy.org/hate-aid

292 **Dieser experimentelle Ansatz …** Jacob Davey, Jonathan Birdwell und Rebecca Skellett, »Counter Conversations: A Model For Direct Engagement With Individuals Showing Signs of Radicalisation Online«, ISD, 2018. https://www.isdglobal.org/wp-content/uploads/2018/03/Counter-Conversations_FINAL.pdf

293 **Um mediale Manipulation …** Interview mit Donara Banovan. Zusätzlich: https://www.thedailybeast.com/the-baltic-elves-taking-on-pro-rus sian-trolls

294 **Das Anonymous-Kollektiv beispielsweise …** Adam Boult, »Hackers flood

ISIS social media accounts with gay porn«, in: *The Telegraph*, 25. April 2017. https://www.telegraph.co.uk/news/2017/04/25/hackers-flood-isis-social-media-accounts-gay-porn/

294 **Dass diese lästigen Vorfälle ...** Simon Parkin, »Operation Troll ›IS‹: Inside Anonymous' War to Take Down Daesh«, in: *Wired*, 6. Oktober 2016. https://www.wired.co.uk/article/anonymous-war-to-undermine-daesh

295 **Die ›Hate Library‹, eine von ...** Mehr Informationen über die ›Hate Library‹ findet man unter: https://www.nickthurston.info/Hate-Library

296 **Über die Kunst der Satire ...** Mehr Informationen zu ›Deuscthland#-ASNCHLUSS#Österreich‹ findet man unter: https://www.km-k.at/de/exhibition/jan-bohmermann/text/

296 **Wenn andere User das betroffene ...** Mehr Informationen über #ichbinhier findet man hier: https://ichbinhier.eu

Christchurch: Ein Nachtrag

Gamifizierter Terrorismus

(Aus dem Englischen von Philipp Albers)

301 **der Terrorist an Martin Sellner gespendet hatte ...** Jason Wilson, »Christchurch shooter's links to Austrian far-right ›more extensive than thought‹«, in: *The Guardian*, 16. Mai 2019. https://www.theguardian.com/world/2019/may/16/christchurch-shooters-links-to-austrian-far-right-more-extensive-than-thought.

302 **Sogenannte »Krisen-Narrative« ...** J. M. Berger, *Extremism*, in: MIT Press Essential Knowledge Series, 2018.

305 **2018 erhielten ungefähr genauso viele Rechtsextreme Unterstützung ...** Home Office UK, »Individuals referred to and supported through the Prevent programme, April 2017 to March 2018«, 13. Dezember 2018. https://assets.publishing.service.gov.uk/government/uploads/system/uploads/attachment_data/file/763254/individuals-referred-supported-prevent-programme-apr2017-mar2018-hosb3118.pdf.

305 **bis zu 12700 gewaltbereite Rechtsextremisten ...** Bundesministerium des Innern, für Bau und Heimat, »Verfassungsschutzbericht 2018«, Juni 2019. https://www.verfassungsschutz.de/de/oeffentlichkeitsarbeit/publikationen/verfassungsschutzberichte/vsbericht-2018.

305 **Verbindungen zu mindestens einer rechtsextremen Bewegung ...** Anti-Defa-

mation League, »Murder and Extremism in the United States in 2018«, 2019. Auf: https://www.adl.org/murder-and-extremism-2018.

306 **Heutzutage ist beinahe alles gamifiziert ...** Ty McCormick, »Gamification: A Short History«, in: *Foreign Policy*, 24. Juni 2013. https://foreignpolicy.com/2013/06/24/gamification-a-short-history/.

306 **1,5 Millionen hochgeladene Videos ...** Die offizielle Erklärung aus dem Facebook Newsroom ist verfügbar unter https://twitter.com/fbnewsroom/status/1107117981358682112.

307 **Einige sagen in die Kamera ...** auf: https://encyclopediadramatica.rs/Brenton_Tarrant.

309 **mindestens ein Drittel der seit 2011 erfolgten rechtsextremen Terrorangriffe ...** Weiyi Cai und Simone Landon, »Attacks by White Extremists Are Growing. So Are Their Connections«, in: *The New York Times*, 3. April 2019. https://www.nytimes.com/interactive/2019/04/03/world/white-extremist-terrorism-christchurch.html.

309 **»Wir haben schon 3 Sprachen ...«** Robert Evans, »Ignore The Poway Synagogue Shooter's Manifesto: Pay Attention to 8chan's /pol/ Board«, auf: *Bellingcat*, 28. April 2019. https://www.bellingcat.com/news/americas/2019/04/28/ignore-the-poway-synagogue-shooters-manifesto-pay-attention-to-8chans-pol-board/.

310 **Sie hatten Hinweise, aber die reichten nicht aus ...** Andrew Marantz, »The Poway Synagogue Shooting Follows an Unsettling New Script«, in: *The New Yorker*, 29. April 2019. https://www.newyorker.com/news/news-desk/the-poway-synagogue-shooting-follows-an-unsettling-new-script.

311 **Die Rechtsterroristen ... frequentieren alle dieselben Online-Communitys ...** »Gab and 8Chan: Home to Terrorist Plots Hiding in Plain Sight«, ADL, n.d. auf: https://www.adl.org/resources/reports/gab-and-8chan-home-to-terrorist-plots-hiding-in-plain-sight#_ftn1

311 **Glaube an antisemitische Verschwörungstheorien ...** M. Bilewicz et al. »Harmful Ideas, The Structure and Consequences of Anti-Semitic Beliefs in Poland«, in: *Political Psychology*, 2013, 34(6), S. 821-839.

311 **Das N-Wort wurde seit 2016 ...** Joel Finkelstein et al., »A Quantitative Approach to Understanding Anti-Semitism«, Cornell University, 5. September 2018. https://arxiv.org/abs/1809.01644.

312 **Diese Idee ist als Akzelerationismus ...** Robert Evans, »Ignore The Poway Synagogue Shooter's Manifesto: Pay Attention to 8Chan's /pol/ Board«, auf: *Bellingcat*, 28. April 2019. https://www.bellingcat.com/news/

americas/2019/04/28/ignore-the-poway-synagogue-shooters-mani festo-pay-attention-to-8chans-pol-board/.

314 **Alt-Right von mindestens 100 000 Twitter-Accounts ...** J. M. Berger, »The Alt-Right Twitter Census: Defining and Describing the Audience for Alt-Right Twitter Content on Twitter«, in: VOX-Pol Network of Excellence, 2018. https://www.voxpol.eu/download/vox-pol_publication/AltRight TwitterCensus.pdf.

314 **2019 eine Erhebung zur Generation Identity Europe ...** Jacob Davey und Julia Ebner, »›The Great Replacement‹: The Violent Consequences of Mainstreamed Extremism«, in: Institute for Strategic Dialogue, Juni 2019. https://www.isdglobal.org/wp-content/uploads/2019/07/The-Great-Replacement-The-Violent-Consequences-of-Mainstreamed-Extre mism-by-ISD.pdf.

314 **Das Ausmaß der Tweets zu rechtsextremen Begriffen ...** Ibid.

315 **Anspielungen auf deren Verschwörungstheorien ...** »Europe's Far-Right Parties Hunt Down the Youth Vote«, in: *Associated Press*, 16. Mai 2019. https://www.apnews.com/7f177b0cf15b4e87a53fe4382d6884ca.

316 **die Idee, dass Muslime in Europa einmarschieren würden ...** Ibid.

316 **Im April 2019 schwor der ehemalige österreichische Vizekanzler ...** »Wann hört das endlich auf, Herr Strache?«, in: *Kronen Zeitung*, 28. April 2019. https://www.krone.at/1911848

316 **Dries Van Langenhoven ... schrieb wiederholt ...** Übersetzung der im Original auf Flämisch geschriebenen Postings durch die Autorin. https://www.facebook.com/KiesDries/posts/2102641296693640?comment_id=2102 646506693119&comment_tracking=%7B%22tn%22%3A%22R%22%7D und https://twitter.com/DVanLangenhove/status/1118153920508039170.

316 **Beiden Politikern gelang es, bei den Europawahlen ...** Laurens Cerulus, »Inside the far right's Flemish victory«, in: *Politico*, 27. Mai 2019. https://www.politico.eu/article/inside-the-far-rights-flemish-victory/.

316 **geistige Vater der Verschwörungstheorie vom »Großen Austausch« ...** »Européennes: pourquoi Renaud Camus retire sa liste«, in: *Le Parisien*, 22. Mai 2019. http://www.leparisien.fr/elections/europeennes/europeennes-renaud-camus-annonce-le-retrait-de-sa-liste-la-ligne-claire-22-05-2019-8077329.php.

316 **setzte Trump Migranten mit »Invasoren« gleich ...** Alex Ward, »The New Zealand shooter called immigrants ›invaders‹. Hours later, so did Trump«, in: *Vox*, 15. März 2019. https://www.vox.com/2019/3/15/18267745/new-zealand-mosque-attack-invade-trump

317 **»Zusammen mit den Flüchtlingen kommen …«** Jacob Davey und Julia Ebner, »›The Great Replacement‹: The Violent Consequences of Mainstreamed Extremism«, in: Institute for Strategic Dialogue, Juni 2019. https://www.isdglobal.org/wp-content/uploads/2019/07/The-Great-Replacement-The-Violent-Consequences-of-Mainstreamed-Extremism-by-ISD.pdf.

317 **»Aus Europas Geschichte lernen …«** AfD Berlin, 8. April 2019, auf: https://www.facebook.com/afdberlin/photos/a.153594904822650/1149164865265644/?type=3&theater

KATAPULT
102 grüne Karten zur Rettung der Welt
st 5083. 203 Seiten
(978-3-518-47083-1)

»Diese genialen Infografiken erklären souverän den Zustand der Welt.«

Berliner Zeitung

Wie viel Tropenwald verliert die Erde jedes Jahr? Welche Stadt investiert am meisten in Radwege? Wie gut setzen die Staaten das Pariser Klimaschutzabkommen um? Wie heiß wird es 2050 in Oslo? Und überhaupt: Bestimmt jeder Einzelne über die Zukunft der Welt, oder ist vor allem die Politik gefordert? Antworten auf diese und viele andere Fragen finden sich in den erschreckenden, erhellenden und Mut machenden Karten von Deutschlands innovativstem Magazin.
Auf einen Blick wird klar, wie dramatisch der Zustand der Erde ist – aber auch, wie leicht es wäre, ihn zu verbessern.

»Der Band bricht viele der drängendsten Fragen zu Umweltschutz, Nachhaltigkeit, Lebensstil und Politik auf überraschend einfache, schlüssige Grafiken herunter – und zeigt damit vor allem: Wir können! Also legen wir los!«

stern

suhrkamp taschenbuch

Weitere Informationen erhalten Sie unter www.suhrkamp.de
oder in Ihrer Buchhandlung.